U0907447

该书的出版得到了以下项目基金的资助，属于阶段性研究成果：

1.河南省高等教育教改项目《我校MTI专业学位研究生创新型人才培养的探索和实践》(2017-JG-019)；

2.河南省高等学校软科学研究重点项目《河南省跨境电子商务人才外语能力培养研究》（18A880015）；

3.河南省社会科学规划决策咨询项目《中国（郑州）跨境电子商务综合实验区建设提升策略研究》（2017JC16）；

4.河南省教育厅人文社科项目《“一带一路”背景下河南省跨境电子商务人才培养研究》（2018-ZDJH-180）；

5.华北水利水电大学校级教改项目《信息技术条件下大学英语翻转课堂教学模式实证研究》(2017-JG-01)。

跨境电商发展策略与人才培养研究

曹盛华 著

·北京·

内 容 提 要

本书以“跨境电商发展策略与人才培养”为主题，从对电子商务与跨境电子商务的界定出发，依次探讨跨境电商的相关理论，跨境电商的交易流程，跨境电子商务发展现状与综合服务平台，中国跨境电子商务发展的优势与问题，跨境电商人才与我国人才现状，跨境电子商务人才培养对策，跨境电子商务人才出口操作技能、人才进口技能、人才营销技能培养以及跨境电子商务未来发展的趋势等。

图书在版编目（CIP）数据

跨境电商发展策略与人才培养研究 / 曹盛华著. —北京：中国水利水电出版社，2017.11（2022.9重印）

ISBN 978-7-5170-6015-4

Ⅰ. ①跨…　Ⅱ. ①曹…　Ⅲ. ①电子商务－人才培养－研究　Ⅳ. ①F713.36

中国版本图书馆 CIP 数据核字（2017）第 268495 号

责任编辑：陈　洁　　　**封面设计：王　伟**

书　　名	**跨境电商发展策略与人才培养研究** KUAJING DIANSHANG FAZHAN CELÜE YU RENCAI PEIYANG YANJIU
作　　者	曹盛华 著
出版发行	中国水利水电出版社 （北京市海淀区玉渊潭南路 1 号 D 座　100038） 网址：www. waterpub. com. cn E-mail：mchannel@263. net（万水） 　　　　sales@mwr.gov.cn 电话：(010)68545888(营销中心）、82562819（万水）
经　　售	全国各地新华书店和相关出版物销售网点
排　　版	北京万水电子信息有限公司
印　　刷	天津光之彩印刷有限公司
规　　格	170mm×240mm　16 开本　14 印张　247 千字
版　　次	2018年1月第1版　2022年9月第2次印刷
印　　数	2001-3001册
定　　价	56.00 元

Preface 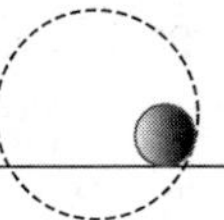

前言

在“一带一路”国家倡议背景下，跨境电子商务正在搭建一条看不见的、新的空中“丝绸之路”，以与陆上丝绸之路经济带和21世纪海上丝绸之路遥相呼应、相互补充。据估计，“一带一路”沿线总人口约44亿，约占全球总人口的63%，经济总量约21万亿美元，约占全球经济总量的29%。“一带一路”的实施，将惠及沿线65个国家和地区，实现多国家、多民族、多文化、多语言的大连接和大融合。在这场重大变革浪潮中，中国跨境电子商务正面临着重要的历史性发展机遇和严峻的挑战。

跨境贸易电子商务是指分属不同关境的交易主体，通过电子商务平台达成交易、进行支付结算，并通过跨境物流送达商品、完成交易的一种跨境商业活动。跨境贸易电子商务不仅冲破了国家间的障碍，使国际贸易趋向无国界，同时它也正在引发世界经济贸易的巨大变革。目前，中国跨境电子商务发展强劲，已成为国际贸易的新方式和新手段。在全球电商快速发展的背景下和中国电商全球化的大趋势下，预测中国跨境电商交易规模将持续高速增长，电子商务在中国进出口贸易中所占的比重将会越来越大。我国跨境电子商务所拓展的国际目标市场比较广泛，既有需求旺盛、同时域内跨境电子商务交易氛围浓厚的发达国家，如美国、英国、德国、澳大利亚、日本、韩国等；也有因内部的需求，正在寻求机会促进跨境电子商务发展的部分发展中国家，如“金砖国家”俄罗斯、巴西、印度等。还有一些国家本土电商企业不发达，无法满足本国消费者的网上购物需求，而中国制造的产品物美价廉，在这些国家的市场上更具有竞争优势，成为我国发展跨境电子商务的又一大推动力。此外，全球大量电商企业也在拓展亚太新兴经济体市场，人口众多、海外购物需求旺盛的中国，正在凭借这一巨大的消费潜力吸引着eBay、亚马逊等电商平台巨头纷纷进入这一新兴市场。

本书以“跨境电商发展策略与人才培养”为主题，从对电子商务与跨境电子商务的界定出发，依次探讨跨境电商的相关理论，跨境电商的交易流程，跨境电子商务发展现状与综合服务平台，中国跨境电子商务发展的优势与问题，跨境电商人才及我国人才现状，跨境电子商务人才培养对策，跨境电子商务人才出口操作技能、人才进口技能、人才营销技能培养以及跨境电子商务未来发展的趋势等。

全书在撰写过程中参考了大量的论文、期刊、著作和文献资料，吸收了国内许多资深商务人士的宝贵经验和建议，获得了有关部门和同事们的大力支持和帮助，在此表示诚挚的谢意。由于撰写时间和经验所限，加之跨境电商为新兴业态并且发展比较迅速，很多相关的概念和观点尚未达成共识，更由于作者能力有限，书中难免存在缺漏，烦请读者指出不足之处，以便修改和完善。

作　者
2017 年 9 月

Contents 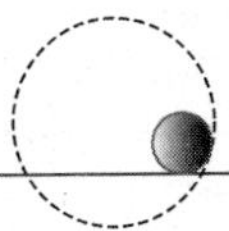

目录

第一章　电子商务与跨境电子商务

跨境电子商务是全球化背景下国际贸易发展的重要趋势，世界上主要国家和国内重要中心城市都在积极发展跨境电子商务。近年来，跨境电子商务国际环境逐步完善，带动了“一带一路”下跨境电子商务的发展，在 G20 体系下各国之间的跨境电子商务发展模式也呈现出新的态势。

第一节　电子商务

一、电子商务的内涵

世界商业领袖比尔·盖茨和马云都表示，“21 世纪要么电子商务，要么无商可务”，我们这个时代的传奇正在电子商务的狂潮下全面勾画出来。电子商务通常是指世界范围内广泛的商业贸易活动，在浏览器或服务器应用的基础上，在互联网开放的大环境下，买卖双方在不谋面的情况下所进行的各种商业活动。电子商务轻松实现了消费者的在线购物，是商家之间进行在线交易和在线电子支付以及各种交易活动、商务活动、金融活动和相关综合服务活动的一种新的商业模式。

《中国电子商务蓝皮书》中对电子商务的定义是：通过互联网完成业务交易。交易内容可分为货物和服务交易，交易指商品和货物的易位，交易必须具有资金流、信息流、现代物流的支持。

电子商务的前提条件就是信息化、数据化，信息的采集、加工和处理及信息内容的合理、准确是电子商务发展推广应用的根基。《大数据时代》中提到：“人类从依靠自身判断做决定到依靠数据做决定的改变，也是大数据做出的大贡献之一。”

电子商务的核心是人。第一，电子商务是一个社会系统，社会系统的中心必然是人；第二，商业体系实际上是围绕商品交易的各个方面代表和网络所形成的所有人的利益的关系网；第三，虽然我们经常强调工具的作用，但是在电子商务活动中，最终起着关键作用的还是人。由于电子商务是现代信息技术与现代企业相结合的一个国家、一个地区可以培养大量能够掌握电子商务理论和实践运作的复合型人才，成为国家和区域发展电子商务的关键因素①。

近年来中国的电子商务呈现井喷式发展，在“互联网+”趋势之下，电子商务这一新的发展引擎将使中国的经济再次腾飞。在江苏省有这样一个村镇——沙集镇，地处苏北睢宁县盐碱地，人均 GDP 位列江苏省倒数第四，无矿产、能源等自然资源，也无家具加工传统，原来主要从事垃圾回收。2006 年该镇东风村的年轻人孙寒从县移动公司辞职，开办了第一家从事拼装家具的网络销售及加工的店铺。2012 年，该镇有农民网商达到 3000 多人，2051 家网店，2014 年销售额达 15 亿元，创造了我国经济发展落后地区脱贫致富的奇迹。

二、电子商务的起源和发展

早在 1839 年，当电报刚刚出现的时候，人们就开始了对运用电子手段进行商务活动的讨论。当贸易开始以莫尔斯码点和线的形式在电线中传输的时候，就标志着运用电子手段进行商务活动新纪元的开始。

现代电子商务是在与计算机技术、网络通信技术的互动发展中产生和不断完善的，近年来依托于计算机互联网络，并随其爆炸性发展而急剧拓展。

作为新兴事物，从 20 世纪 90 年代中期开始，我们可以将电子商务的发展划分为三个阶段。

（一）高速发展的初始阶段

20 世纪末，基于通信和计算机结合的网络环境出现，在因特网上从事能产生效益的商务活动成为经济活动中的热点。出于对发展前景的美好展望，电子商务得到了快速发展，大量的风险投资家涌入电子商务领域，不断有企业宣布从事电子商务，新的电子商务网站大量涌现。

资本市场的投入对电子商务的爆发式发展起到了推动作用。从 20 世纪末期开始，美国股市在 IT 行业快速发展的推动下连续上涨了 10 年，创造了历史

① 向钇樾. 跨境电商环境下国际物流模式分析［J］. 现代商贸工业，2016，37（2），第 48 页.

上的经济奇迹。自 20 世纪 90 年代中期以来，美国股市对网络概念股票倍加关注，网上图书销售平台亚马逊的收入从 1996 年的 1580 万美元增加到 1998 年的 4 亿美元。在互联网应用前景利好的情况下，网络概念股价稳中有升。各种资金在财富效应的驱动下开始涌入网络为核心的 IT 领域，电子商务经历了初步的爆发式发展。

（二）调整蓄势阶段

2000 年初，在疯狂投资者的追捧下，纳斯达克股价接近 5000 点。此时 IT 行业经过 10 年的快速发展积累后，问题开始显现。电子商务的发展也不例外。虽然一些电子商务网站已经达到一定的规模，经营收入做的很大，但是相对支出更大，所以不能产生盈利。另外，随着规模的不断扩大，在物流管理方面的问题开始凸显，如何继续保持快速而高效的发展成为电子商务一个重要问题。

从 2000 年中期开始，随着整个 IT 行业进入低潮，电子商务开始进入调整期。股市泡沫破灭，纳斯达克指数在一年之内跌破 5000 点。随着资金的撤出，许多依靠资本市场资金进入的网站遭遇了困境，许多网站开始清算破产。据不完全统计，网站的三分之一以上的网站退出了电商的历史舞台。电子商务经历了发展过程中的冬天。

（三）复苏稳步发展阶段

自 2002 年底以来，电子商务发展进入复苏稳步发展阶段。经过严峻考验的最后阶段，生存下来的电商业主开始懂得电子商务网站的经营必须要认清市场、脚踏实地，要在经营上找到经济的盈利点。有了这可贵的磨砺和经营实践，这些经营性的网站在长期亏损的局面中得以扭转，出现了盈利的春天。电子商务网站的运作实现了突破，使人们又看到了希望。毕竟电子商务是新事物，具有强大的活力，短期调整不能改变其上升的趋势。经过一段时间的调整，也就是从 2002 年底，电子商务行业开始复苏，不断有电子商务企业公布盈余，是其发展的最好标志。

目前电子商务的发展出现了新的发展趋势，电子政务服务是电子商务与政府的管理和采购行为相结合的发展模式，移动商务是与个人手机通信相结合模式，网上游戏是与娱乐和消遣相结合的发展模式，这些模式都得到了很好的发展。

三、电子商务的特征

(一) 商务性

这是电子商务的本质特性，即提供买卖交易的服务、手段和机会。

(二) 服务性

电子商务作为一种交易方式，必须有相应的服务作为支撑。电子商务环境中的大部分交易仍然是传统商品，货物没有变化，但服务模式发生了变化，通过更好的服务来满足客户需求，提高客户满意度，这是电子商务的关键。

(三) 方便性

在电子商务环境中，人们购物的方式不再受地域的限制，客户能以非常便捷的方式完成过去纷繁复杂的商业活动（如通过网络银行能够全天候地存取账户资金、查询信息等)，同时使企业对客户的服务质量得到极大提高。在电子商务经营活动中，有大量的人力资源可开发和沟通，从业时间灵活，在完成公司业务要求的同时，既解决了就业问题，又获取了劳动报酬。

(四) 安全性

安全性是电子商务发展和应用的必然要求，同时又是目前制约电子商务可持续发展的重要因素。

(五) 协调性

商务活动是一种协调过程，它需要雇员、客户、生产方、供货方以及商务伙伴间的协调。为提高效率，许多组织都提供了交互式的协议，使电子商务活动可以在这些协议的基础上进行。

(六) 可扩展性

企业运用电子商务是一个循序渐进的过程。企业电子商务的解决方案必须随着客户群的变化、企业业务的发展、市场环境和管理环境的变化而进行扩展和调整。

第二节　跨境电子商务

一、跨境电子商务的相关理论

（一）跨境电子商务的内涵

跨境电子商务作为电子商务的重要分支，已经成为我国企业开展国际贸易活动的重要手段，成为当前我国对外贸易稳增长、调结构的推动力量。

所谓跨境电子商务（Cross Border E-Commerce），是电子商务应用中一种较为高级的形式，是指分属不同关境的交易主体通过电子商务平台达成交易、进行支付结算，并通过跨境物流送达商品、完成交易的一种国际商业活动。它被国际社会普遍认为是一种以电子数据交换和网上交易为主要内容的商业模式。

跨境电子商务是在一种被称为“小额外贸”的外贸形式中产生的。至2005年这种形式开始在全国推广，主要是通过互联网双方达成交易协议，通过PayPal等第三方支付结算付款。作为个人买家，交易量小，交易金额小，这种贸易主要是通过DHL、联邦快递等快递方式完成交货，形成了与传统贸易进出口不同的进出口交易模式。①

目前国内跨境电子商务发展迅速。2009年以前外贸电子商务是阿里巴巴黄页的推广模式，不能支持交易，而现在的外贸电子商务已经完成了从信息时代向交易时代的转型。

2009年以后，阿里巴巴继敦煌网之后推出了阿里全球速卖通（AliExpress），于2010年4月正式上线，包括海外推广、交易支持、纠纷处理、在线支付、在线物流、信用体系和售后服务等整合服务平台。经过数年的迅猛发展，速卖通已经覆盖220多个国家和地区的海外买家，每天海外买家的流量超过5000万，最高峰值达到1亿，是全球最大的跨境交易平台。截至美国太平洋时间2015年11月11日24点，即北京时间11月12日16点，速卖通2015年“双十一”跨境出口共产生2124万笔订单，比上年增长212%，其中成交前十位的国家分别是俄罗斯、西班牙、美国、以色列、乌克兰、白俄罗斯、法国、智利、英

① 肖旭．跨境电商实务［M］．北京：中国人民大学出版社，2015，第136页．

国、加拿大，“双十一”当天速卖通 APP 在全球 121 个国家和地区购物类 APP 综合排名中（含下载量、用户活跃度等多项指标）均为第一。2016 年“双十一”速卖通共产生 3577.9 万笔订单，覆盖 230 个国家和地区。像淘宝一样，速卖通把宝贝编辑成在线信息，通过速卖通平台发布到海外。类似国内的发货流程，通过国际快递，将宝贝运输到买家手上，就这样轻轻松松与 230 多个国家和地区的买家达成交易，赚取美元。

据 PayPal 称，在 PayPal 业务中，中国的跨境电子商务贸易占亚洲市场份额的 50%左右，增长速度非常惊人。全球速卖通是阿里巴巴帮助国内中小企业快速联络终端批发零售商，通过多批次、小批量、快速销售的模式，扩大利润空间，并在线上建立了支付、订单、交货和物流的融合于一体的线上交易外贸电子商务平台，原理如图 1-2-1 所示。在全球贸易新形势下，阿里巴巴全球速卖通销售为国内中小企业创造更多的收入和发展空间，这是出口跨境电子商务。同时，在进口跨境电子商务方面，阿里宣布了 2014 年 2 月 19 日正式上线天猫国际，为国内消费者直接供应海外进口商品。

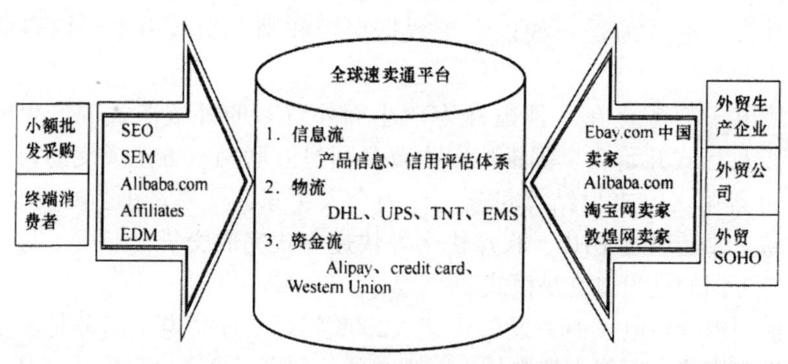

图 1-2-1　全球速卖通平台示意图

（二）跨境电子商务的特征

基于网络发展的跨境电子商务，相对于物理空间的网络空间，它是虚拟但客观存在的世界，是由网站和密码组成的。网络空间的独特价值观和行为模式深刻影响跨境电子商务，使其与传统的交易方式不同，并显示出自己的特点。具体表现见表 1-2-1。

表 1-2-1 跨境电子商务的特征及诠释

类型	特征诠释
全球性	电子商务与传统的交易方式相比，一个重要特点在于电子商务是一种无边界交易，不受传统交易所要求的地理因素的限制。互联网用户不需要考虑跨越国界因素就可以把产品尤其是高附加值产品和服务提交到市场。其全球性特征带来的积极影响是信息的最大程度的共享，消极影响是用户必须面临因文化、政治和法律的不同而产生的风险
无形性	数字化产品和服务基于数字传输活动的特性必然具有无形性，传统交易以实物交易为主，而在电子商务中，无形产品却可以替代实物成为交易的对象。以书籍为例，传统的纸质书籍，其排版、印刷、销售和购买被看作是产品的生产、销售。然而在电子商务交易中，消费者只要购买网上的数据权便可以使用书中的知识和信息
匿名性	在线交易的消费者往往不显示自己的真实身份和自己的地理位置，重要的是这丝毫不影响交易的进行，网络的匿名性也允许消费者这样做。然而在虚拟社会里，隐匿身份的便利却导致自由与责任的不对称。人们在这里可以享受最大的自由，却只承担最小的责任，甚至干脆逃避责任
即时性	传统交易模式中信息交流方式如信函、电报、传真等，在信息的发送与接收间，存在着长短不同的时间差。而电子商务中的信息交流，无论现实距离远近，一方发送信息与另一方接收信息几乎是同时的，就如同生活中面对面交谈。某些数字化产品（如音像制品、软件等）的交易，还可以即时清洁、订货、付款、交货在瞬间完成
无纸化	电子商务主要采取无纸化操作的方式，这是以电子商务形式进行交易的主要特征。在电子商务中，电子计算机通讯录取代了一系列的纸面交易文件。整个信息发送和接收过程实现了无纸化
演变性	互联网是一个新生事物，现阶段它尚处在幼年时期，网络设施和相应的软件协议的未来发展具有很大的不确定性，也必将以前所未有的速度和无法预知的方式不断演进。基于互联网的电子商务活动也处在瞬息万变的过程中，短短的几十年中电子交易经历了从 EDI 到电子商务零售业的兴起的过程，而数字化产品和服务更是花样翻新，不断地改变着人类的生活

（三）跨境电子商务的模式

随着国家对跨境电商的政策支持，进出口稳中有升的环境下，跨境电商快速发展。2016年中国跨境电商市场交易额为6.5万亿元人民币（包括批发和零售），同比增长28%，预计到2020年，中国跨境电商零售交易额将达到或超过12万亿元人民币（包括批发和零售），年均增幅30%以上。跨境电商对接“中国制造”激活了“买卖全球”，它与跨境电商联合则成为“中国制造”在全球崛起的重要支点。这得益于互联网的迅速发展和壮大，以及进出口需求的增加。传统进出口企业、机构纷纷利用各自的固有优势，开始大规模地进入线上跨境电商市场，跨境电商平台快速被人们所认知，中国以阿里巴巴、京东全球购、天猫全球购等为代表，国际主要以亚马逊、eBay等为代表。除此之外，作为服务商的PayPal、中国邮政等已成为跨境电商重要支撑平台。

（四）跨境电子商务的分类

1. 按商品流向分类

按商品的流向分类，跨境电子商务可以分为出口跨境电子商务和进口跨境电子商务，见表1-2-2。

表1-2-2　以商品的流向分类的跨境电子商务

类别名称	含义
出口跨境电子商务（又称出境电子商务）	指将本国生产或加工的商品通过电子商务平台达成交易、收取货款，并通过跨境物流运送商品、输往国外市场的一种国际商业活动
进口跨境电子商务（又称入境电子商务）	指将外国商品通过电子商务平台达成交易、支付货款，并通过跨境物流运送商品、输入本国市场的一种国际商业活动

2. 按商业模式分类

按商业模式分类，跨境电子商务主要有B2B、B2C和C2C三种模式，见表1-2-3。

表1-2-3　以商业模式分类的跨境电子商务

类别名称	含义与解读
B2B跨境电商 Business to Business	是外贸企业间通过互联网进行产品、服务及信息交换的一种商业模式。B2B跨境电商企业面对的最终客户为企业或企业集团。目前，在中国跨境电商市场交易规模中，B2B跨境电商市场交易规模占总交易规模的90%以上，代表企业主要有敦煌网、中国制造、阿里巴巴国际站和环球资源网等

续表

类别名称	含义与解读
B2C 跨境电商 Business to Consumer	是跨境电商企业针对面向个人消费者开展的网上零售活动。目前，B2C 类跨境电商在中国整体跨境电商市场交易规模中的占比不断升高，代表企业主要有速卖通、兰亭集势、米兰网、大龙网等
C2C 跨境电商 Consumer to Consumer	是从事外贸活动的个人对国外个人消费者进行的网络零售商业活动。目前，我国的跨境电商出口以 B2B 和 B2C 为主，进口以 B2C 为主
F2C 跨境电商 Factory to Consumer	它指的是即从工厂到消费者。F2C 模式直接把出自加工厂的产品送到消费者手中，可以理解为工厂借助于网络平台进行的产品直销。F2C 使消费者在线向工厂下订单成为可能，是 B2C 模式的升级版。F2C 最大的优势就是强有力的线下产业支撑、有效的全程品控、快速的市场反应，这是 B2C 跨境电商无法抗衡的

3. 按运营方式分类

按运营方式分类，现阶段跨境电子商务主要有两种类型：平台运营跨境电商和自建网站运营跨境电商，见表 1-2-3。

表 1-2-3　按运营方式分类的跨境电子商务

类别名称	含义
平台运营跨境电商	指从事跨境电商的交易主体在亚马逊、eBay 等诸多电商平台上开设网店从事外贸业务活动
自建网站运营跨境电商	如兰亭集势、环球易购等，是企业在自建网站上从事相关外贸业务活动，其中兰亭集势属综合类跨境电商企业，环球易购和 DX 属垂直类电商企业

从长期发展趋势看，平台运营跨境电商和自建网站运营跨境电商两种模式的融合度日益增强。在跨境电商平台开设网店的企业做到一定规模后，由于无法从平台获取客户数据，往往选择自建网站；一些做独立网站的跨境电商企业同样也会选择在类似亚马逊和 eBay 这样流量大的平台上开设店铺，如环球易购。

由于资金和营销推广能力等诸多因素限制，入驻平台往往是中国企业介入跨境电子商务业务的第一选择，其中，亚马逊、eBay 和全球速卖通是可供选择的主要平台。中国的跨境电商企业集中分布在上海、广州、深圳和杭州等城市。服装、电子和家居是它们切入的主要细分市场。代表企业除上面提及的一些企业，还包括：3C 电子产品销售商湖南海翼电子商务有限公司（ANKER）、中国本土品牌智能手机及周边产品的自建电商 Antelife、义乌外贸饰品零售网店 Gofavor 和遥控飞机出口网店 Hobby-Wing 等。这些企业中，跨境电商年销售额过亿的大约有 80 家。

二、跨境电商与国内电子商务的区别

（一）在业务环节方面，跨境电商比国内电子商务更为复杂

国内电子商务属于国内贸易的范畴，跨境电商实际上属于国际贸易的范畴。与国内电子商务相比，跨境电商业务的交易环节较为复杂，需要通过海关通关、检验检疫、外汇结算、出口退税、进口征税等诸多复杂环节。在货物运输方面，跨境电商通过邮政包裹、快递出境的方式来进行。由于路途较远，货物从出售到国外消费者手中的时间较长，在途中货物容易发生损坏，并且各国的邮政送货能力相对有限，急速增长的包裹量也容易造成贸易摩擦。国内电子商务发生在国内，通过货物运送方式到达消费者，路途近，到货快，货物损坏概率低。

（二）在交易主体方面，跨境电商面临的是不同关境的交易主体

电子商务交易的主体一般在国内，国内企业之间、企业与个人之间、个人与个人之间。跨境电商交易的主体是关境之间。可能是国内企业对外国企业、国内企业对外国人或国内个人对外国人。世界各地交易的主体，有不同的消费习惯、生活习惯、文化心理，这就要求跨境电商引进国际化的流量、广告营销，国外本土品牌有更深入的了解，对外贸需求、互联网、分销系统、消费者行为有深刻的理解，必须有“本地化/本地化”的思想，这远远超出了日常的国内电商业务。

（三）在交易风险方面，跨境电商比国内电子商务承担的风险更大

国内部分企业知识产权意识较弱，再加上跨境 B2C 电商市场的产品不需要高科技，多为大规模生产的日常消费品，许多企业缺乏产品定位意识，什么是热卖点就推出什么产品，大量无品牌、低附加值、低品质商品和假冒伪劣商品充斥跨境电商市场，侵犯知识产权等现象时有发生。在商业环境和法律制度

更完善的国家，容易造成知识产权纠纷，追究司法诉讼和赔偿是非常麻烦的。国内电子商务行为发生在同一个国家，双方对商标、品牌等知识产权的交易统一了解，因为侵权造成的争议较少，即使有争议，处理时间较短，处理也比较简单。

（四）在适用规则方面，跨境电商比国内电子商务更为详细、复杂

跨境电商企业比一般国内电商企业需要适应更多、更详细、更复杂的规则。第一是平台规则。除了国内平台，跨境电商借助的平台还可能在国外平台上开展交易，国内 B2B 和 B2C 平台已经很多，每个平台有不同的运营规则，海外国家的平台及其规则让人眼花缭乱。跨境电商公司需要熟悉国内外不同平台的运行规则，有在不同商业模式下进行多平台操作的技能。

国内电子商务只需要遵循一般电子商务的规则，而跨境电商业务则需要以双边贸易协定为基础，遵循国际通用系列贸易协定。跨境电商业务需要得到强有力的国家政策支持，经营者需要对国际贸易规则有高度的敏感性，能够跟上国际贸易规则、进出口管制、关税规则等政策变化，对进出口情况也应该有更深入的了解和分析。

第二章 跨境电子商务的相关理论

本章对跨境电商相关理论的论述，主要涵盖以下几个方面：国际服务贸易与跨境电子商务、数字经济理论与跨境电子商务、流通经济学理论与跨境电子商务。

第一节 国际服务贸易与跨境电子商务

一、国际服务贸易与跨境电子商务的内涵

（一）国际服务贸易的概念和分类

国际服务贸易（International Service Trade）是指当一国或地区的服务提供者向另一国或地区的服务需求者（包括自然人、法人或其他组织等）提供服务时，按照自愿有偿的原则取得外汇收入的过程，即服务的出口；一国或地区的服务消费者购买另一国或地区服务提供者的有效服务，即服务的进口。

目前，普遍接受的是 WTO《服务贸易总协定》（General Agreement on Trade in Services，GATS）关于服务贸易的分类方法，《服务贸易总协定》将服务贸易分成 12 大类，包括商业服务，通信服务，建筑服务，销售服务，教育服务，环境服务，金融服务，健康及社会服务，旅游及相关服务，文化、娱乐及体育服务，交通运输服务及其他服务，见表 2-1-1。

表 2-1-1 GATS 的服务贸易 12 大类

类别名称	内容
商业服务	专业服务、计算机及相关服务、研究与开发服务、不动产服务、设备租赁服务、其他服务

续表

类别名称	内容
通信服务	邮电服务、信使服务、电信服务、视听服务、其他通信服务
建筑服务	工程建筑设计、工程建筑施工、安装及装配、维修与装潢、其他建筑服务
销售服务	代理机构服务、批发业务、零售业务、特许经营服务、其他销售服务
教育服务	初等、中等、高等及其他教育服务
环境服务	污染物处理、废物处理、卫生及相关服务
金融服务	与保险有关的服务、银行及其他金融服务、其他金融服务
健康及社会服务	医疗服务、与人类健康有关的服务、社会服务及相关服务
旅游及相关服务	住宿餐饮服务、导游服务、旅行社及其他服务
文化、娱乐及体育服务	不包括广播、电影、电视在内的剧场、图书馆、博物馆及其他文化服务和体育服务
交通运输服务	海运服务、内河航运、空运服务、空间服务、铁路运输服务、公路运输服务、管道运输、运输的辅助服务
其他服务	

采用《服务贸易总协定》的标准分类已成为一种惯例，加入 WTO 的新成员均按该分类做出具体的入世承诺。需要注意的是，WTO 关于服务贸易的定义，虽然没有注明“国际”字眼，但 WTO 属多边协定性质，其条款适用于所有世贸组织成员，所以该定义应属国际服务贸易范畴。

（二）跨境电子商务与国际服务贸易的关系

跨境电子商务是电子商务的一种特殊形式。电子商务是以信息技术为基础，以商业活动为主体，通过电子化手段，在法律范围内开展各种业务活动。电子商务本身就是传统业务的电子化，其本质仍然是商务，是服务业类，是现代服务业的重要组成部分。因此，跨境电子商务也应属于服务范围，是国际服务贸易的一种形式，是现代服务业的一个重要组成部分。

电子商务服务业是以信息技术为基础的一个新的服务业体系，是伴随着电子商务的发展从电子商务活动中衍生出来的、为电子商务活动提供各种服务的各行业的综合。目前，关于电子商务服务业内涵有两种解释：一是对传统服务业本身的广泛认识是电子化的，其本质是技术进步，也就是传统服务业与互联网信息技术优化升级后实现电子服务，由行业自身优化升级，属于新技术应用，产业升级类。二是狭隘的理解，是指电子商务的诞生或专门为电子商务活动而发展，为新兴服务业体系提供服务，服务业本身的本质就是延伸和深化。

跨境电子商务是国际服务业中通信服务与销售服务融合发展的产物，具有创新性，是人类社会新技术发展应用而衍生的新兴产业或行业，是一种商业模式的创新，富有广阔的发展前景，属于创新技术应用和衍生的范畴。

（1）跨境电子商务是计算机和信息服务贸易的延伸和深化，是信息技术进步创新引致的发展跨境电子商务，是在信息技术尤其是互联网技术取得突破后发展起来的，通过不断应用新技术，将现有通信技术集成应用到一个新的环境中，属于一种商业模式的创新。因此，跨境电子商务服务在 GATS 关于服务贸易部门分类里应属计算机和信息服务贸易范畴，是信息技术不断进步和创新引致的发展结果。

（2）跨境电子商务是分销行业与互联网结合的新业态通信手段的革命、信息处理能力的大幅提高以及信息网络的广泛应用，使现代经济中的生产、流通、分配和交换环节发生了根本性的变化。跨境电子商务业态使得商品流通方式更加快速、便捷，加快了信息、资源、资金、商品和服务的流转，但并没有改变商品的流通本质。从这个意义上来说，跨境电子商务是 GATS 服务贸易分类中分销服务中的批发和零售这种传统行业与互联网和信息技术结合，不断创新发展的一种新型服务贸易业态形式。

（3）跨境电子商务的本质是创新经济。著名经济学家熊彼特（J. Achumpter）在其《经济发展理论》一书中提出了“经济创新”的概念。根据他的定义，“创新”是指“企业家实行生产要素的新组合”。熊彼特的“创新”不等同于新技术的发明，只适用于经济活动中的技术发明，并建立了相应的制度和管理机构，确保其能够创新，促进经济发展。在形成跨境电子商务的过程中，管理创新、技术创新、理念创新、制度创新，特别是制度创新已成为市场参与者生存和发展的关键，成为经济增长的强大动力。跨境电子商务服务业积极开展技术创新、商业模式创新和服务创新等多种创新，已经成为新兴的、备受关注的现代服务业。

综上所述，跨境电子商务是国际服务贸易自身的延伸和深化，是信息技术进步催生或衍生的新兴行业，是计算机和信息服务贸易、分销行业与互联网结合的新业态，其本质应当属于创新经济。跨境电子商务与国际服务贸易的关系如图 2-1-1 所示。

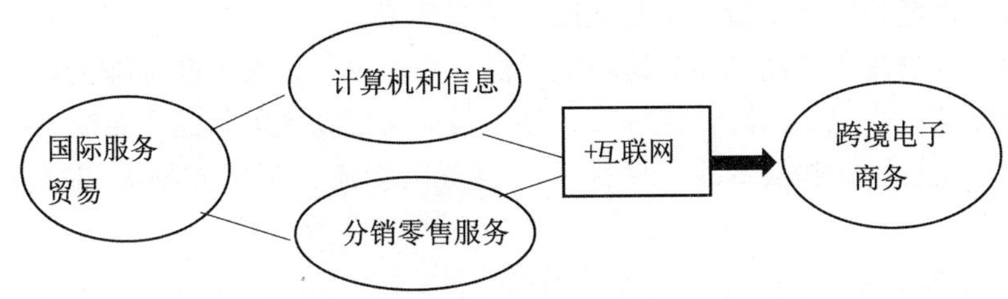

图 2-1-1　跨境电子商务和国际服务贸易的关系

二、计算机与信息服务贸易与跨境电子商务

（一）计算机与信息服务贸易的含义

计算机与信息服务业（Computer Service Industry）是为满足使用计算机或信息处理的有关需要而提供软件和服务的行业。计算机与信息服务业与计算机制造业区别开来，归属于服务业中的信息服务。

计算机与信息服务业是一种不消耗自然资源、无公害、附加价值高、知识密集的新型行业，是信息产业的重要组成部分。如果按照产业大类来划分，信息服务业属于服务业。信息服务业是服务业的一部分，因而信息服务贸易理所当然是服务贸易的一个构成部分。

（二）跨境电子商务是信息技术进步的产物

1. 工具的创新

当前正在发生的第四次科技革命以信息革命和生物工程等为主要特征，为国际贸易创新提供了技术基础。跨境电子商务就是其主要创新成果之一，它为国际贸易提供了新的交易工具、支付工具、沟通工具和物流工具等，是当代国际贸易创新的重要组成部分。

第一，交易工具的创新。在互联网上几乎把现实的经济进行了复制，你可以在互联网上进行投资获益、制造虚拟产品、提供在线服务、网络采购和网上销售，也可以购买储存和进行电子消费。EDI 外贸无纸化，网络营销代替了电视、杂志、报纸等日常媒体，廉价的网络通道可以在任何两地之间传输大量的数据，可以提供任何形式的产品和服务，商业流程也可以进行大范围的分解，设计、生产、销售、客户服务都在进行分离和外包。

第二，付款方式的创新。除电子商务网上银行系统的网络电子付款外，近年来，由于电子商务的发展带动，第三方支付、P2P 小额借贷、众筹等互联网金融服务也蓬勃发展，带来了互联网金融的繁荣。

第三，物流方式的创新。跨境电子商务物流模式也在不断推陈出新，除常用的国际邮政小包、国际快递等形式外，目前跨境物流创新的主要模式有海外仓、边境仓、国际物流专线、保税区与自贸区物流、第三方物流和第四方物流等。

2. 成本降低

信息技术的发展使跨境电子商务能显著降低企业的交易成本，如时间成本、营销成本、渠道成本、物流成本、资金周转成本、信用成本等。

首先，降低交易成本。信息技术和网络的发展直接将交易双方联系在一起，缩短了生产厂商与最终用户之间供应链上的距离，降低了交易成本。相较于传统外贸，跨境电商通过互联网减少了中间环节，直接对接终端需求，降低了渠道成本，也降低了外贸企业和消费者的时间成本、信用成本。

其次，降低营销成本。跨境电商具有海量商品信息库、个性化广告推送、口碑聚焦等优势，可有效降低外贸的营销成本。

再次，降低物流成本。外贸企业通过专业的跨境电子商务物流平台，能够提高物流运输效率和降低物流成本，同时有效解决物流运输中供需信息的不对称问题。

最后，降低资金周转成本。传统外贸的多级分销零售体系中，各级分销商和零售商之间往往存在复杂的账目关系，呆账和坏账比较多，影响企业资金流转速度；跨境电商使企业渠道层级简化，电子支付服务能够帮助企业直接在网上完成支付结算过程，从而降低企业资金周转成本。

此外，跨境电子商务还降低了市场准入条件，减少了企业竞争的无形壁垒，降低了中小企业和新企业进入市场的初始成本。

3. 创新经济形态

信息技术的发展不仅使跨境电子商务有效降低企业交易费用，而且正在改变世界市场的交易结构和形态。跨境电子商务是在信息技术尤其是互联网技术取得突破后发展起来的，同时不断应用新技术，将现有技术及其集成应用到一个新的环境中，属于一种商业模式的创新。由于信息技术的突破，才使跨境电商这一应用模式得以发展，即信息技术的创新导致商业模式的创新得以实现。

按照创新对象，熊彼特将创新分为五种不同的类型：新产品、新的生产方式、新的供应源、开辟新市场、新的企业组织方式。其中的产品创新和工艺创新受到经济学界的普遍关注，但是，不能因此而忽略创新的其他重要方面。按照熊彼特的观点，组织创新还包括企业之间的安排，比如整个产业的重组，跨境电子商务更多体现的是一种组织创新。跨境电子商务改变了传统的外贸模式，简化了贸易流程，降低了交易成本，进而提高了经济效益，无疑是一种重大的创新；通过跨境电子商务可以构建起一个 e-marketplace，集聚世界各地的信息，从而在市场无限扩大的情况下仍然从制度上保证国际贸易活动的效率。

三、分销服务贸易与跨境电子商务

（一）分销服务的内涵与外延

分销服务（Distribution Service）是产品从生产者向消费者转移过程中所涉及的一系列的活动①。专门从事将商品从生产者转移到消费者活动的机构和人员被称为分销商，分销服务活动大规模发展并形成产业，而产业化以后，就形成了分销服务业。分销服务业对于一个国家的经济发展至关重要，是国家支柱性行业，是国际服务贸易的重要组成部分。

根据 WTO 协议，分销服务所提供的服务主要包括四个部分，即佣金代理服务、批发服务、零售服务和特许经营服务。根据 WTO 各成员方普遍认可的规定和我国相关国内法，批发服务包括向零售商、工业、商业、机构或其他专业性企业用户或其他批发商销售商品；零售是专门销售为个人或家庭消费用的商品。各部分不仅提供其主要服务，还包括了相关的附属服务，分销服务业提供的不仅仅是商品，更重要的是服务。分销服务是服务贸易的一个重要内容。

（二）跨境电子商务时代的分销和零售

分销服务是一种新的服务贸易领域，分销和零售是服务贸易的重要组成部分，各国都非常重视分销和零售业的发展。跨境电子商务是分销和零售在互联网时代的创新发展，跨境电子商务的发展又推动了分销和零售模式的创新。

1. 跨境电子商务时代分销渠道的扁平化

传统的分销渠道由生产商、批发商、代理商、零售商共同组成，渠道的每一环节都很重要。这种现象被称为“微笑曲线”，制造商和中小分销商占据了“微笑曲线”的两端，批发商则沉重地坠下去了，如图 2-1-2 所示。

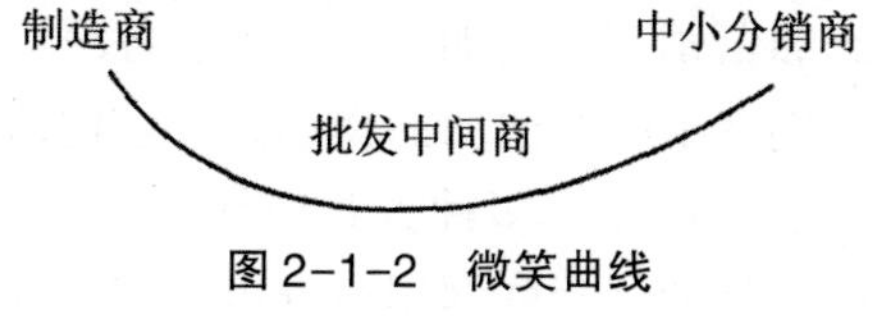

图 2-1-2 微笑曲线

① 郑吉昌 . WTO 框架下的中国物流服务业：影响与对策［J］. 商业研究，2003（12），第 163 页.

信息技术和跨境电子商务的发展使得传统国际贸易分销渠道发生了很大变化，各生产环节的联系更加方便，通过网络，生产企业可以直接与最终用户进行联系，大大减少了流通环节，降低了中间成本，如图 2-1-3 所示。由于制造商可以跨越中间商，与国外的零售商直接签订协议，直接交易，国际贸易流通渠道明显减少，中间层次不断压缩，进而所需的业务人员与直销人员也明显减少，分销商的数量也减少了，还出现了虚拟分销部门等企业内外部的虚拟组织，流通渠道呈多元化发展。

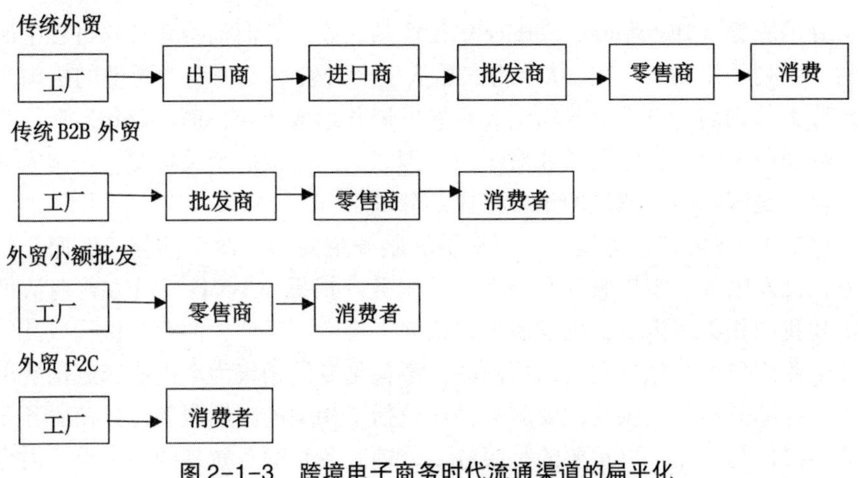

图 2-1-3　跨境电子商务时代流通渠道的扁平化

2. 跨境电子商务时代零售模式的创新

以云计算、物联网以及大数据为主的信息技术的发展，为零售业跨境电子商务业态提供了技术支持，带来了新的机会，带动零售业商业模式的不断创新。

第一，信息技术的发展带动跨境电商零售模式的创新。新的信息技术带动了零售业跨境电子商务各种模式的创新，如与社交网络（Social Network Sits，SNS）的融合、与移动互联网的融合、与云计算的融合。

第二，零售业跨境电子商务营销方式更注重创新。信息技术的发展使得零售业跨境电子商务业态的营销方式更加注重创新。各跨境电商通过与 SNS、微博、微信等进行整合，创造了跨境微商的新模式。通过适时推送产品信息，经过人们之间的评价、分享、转发等多种方式传播，同时与各种 APP 整合，扩大经营规模，将经营链条延伸到互联网用户身边，满足并创造消费者需求，在最大程度上节约了常规销售中的层层耗费和广告成本。近期，洋码头、海蜜、蜜芽等众多跨境电子商务平台在其 APP 内设置新社区来开辟社交功能，希望增加客户黏性，以提高客户忠诚度。贝贝网、蜜芽、宝宝树等母婴跨境电商平台也都推出各自“社区频道”，进行 SNS 营销。

第二节　数字经济理论与跨境电子商务

一、数字经济的概念和基本特征

（一）数字经济的概念

发生在虚拟而又严谨的数字空间中，应用数字技术、交易数字产品等相关的经济活动被称为数字经济。数字经济是新经济。

数字经济是数字技术得到广泛应用的经济体系，从而带来整个经济环境和经济活动的根本性变化。数字经济也是信息和商业活动数字化的新的社会政治和经济系统。数字经济侧重于依靠数字技术的商品和服务的生产和分销。

（二）数字经济的基本特征

1. 快捷性

互联网突破了传统国家和地区的边界，网络使整个世界成为一个整体，形成了“地球村”。人们的信息传播、经济交流更加便捷，数字经济接近实时收集和处理信息的速度，大大加快了国际业务处理节奏。

2. 高渗透性

由于信息和网络技术的高渗透性，信息服务业正在迅速扩张到第一、第二产业。三大产业之间的界限越来越模糊。第一、第二、第三产业相互融合和交流的趋势越来越明显。

3. 自我膨胀性

数字经济的价值等于网络中节点数的平方，表明网络带来的好处和利益随网络用户的增加而呈指数增长。在数字经济中，人们的心理反应和行为惯性不断加剧和强化优劣势的程度，存在“强者更强，弱者更弱”的垄断局面。

4. 边际效益递增性

一个是数字经济边际成本的下降，也就是说，对于每一个产品单位的生产，生产成本逐渐降低。如果软件行业在开发阶段一次性投入研发费用，自生产软件产品以来，简单地拷贝了研发成果，数字技术、虚拟和可复制功能决定了数字经济边际成本递减规律。

二是数字经济有累积价值。数字经济中的互联网领域一直由 Met-calfe Law 主导，其中网络的价值等于其节点数量的平方。因此，随着连接节点（计算机）的数量的增加，网络的价值将迅速增加。对于一个网站，点击率是“节点数”，具体实施方式也是衡量网站价值的主要指标。

（三）数字经济的本质

数字经济的本质在于信息技术。信息化是将工业经济从计算机和互联网等生产工具引起的数字技术革命转变为信息经济的社会经济过程。具体来说，信息技术包括信息技术产业化、传统行业信息化、基础设施信息化、生活方式信息化等。信息产业化和产业信息化，即信息化的生产和应用，是信息技术在经济领域应用的重要方面，主要是利用信息技术改造农业、工业和服务业等传统产业。

二、大数据在跨境电子商务中的应用

（一）大数据时代的来临

新一代信息技术在电子商务服务中得到了快速应用，大数据技术的发展得到了世界各国的极大关注，美国政府将大数据定义为“未来的新石油”，大数据已成为全球语言。但对于大数据的定义众说纷纭，没有统一的规范定义。

Forrester 分析师布赖恩·埃韦尔松写道：“首席信息官，请用大数据扩展数字视野”报告提出了有关大数据的四大特征，即所谓的“四 V”：①海量（Volume）：巨大数据，从 TB 级跳到 PB 级。IDC 最近预测，到 2020 年，全球数据量将扩大 50 倍。②多样性（Variety）：指图像、视频、音频、网络日志、位置信息等广泛的数据。③高速（Velocity）：指数据创建和移动速度更快，企业创建实时数据流，快速分析和实时分析，满足用户的实时需求。④易变性（Variability）：大数据的变异意味着大数据将显示各种形式和类型。

大数据是一次颠覆性的技术变革，大数据分析已经成为各行业研究的热点，对于各企业和各行业都将产生巨大的影响。在数据量大的时代，数据量将呈指数爆炸式增长。图灵奖获奖者 Jim Gray 和 IDC 公司预测，全球数据每 18 个月翻一番。例如，eBay 分析平台每天处理高达 100PB 的数据，超过了纳斯达克的每日数据吞吐量；亚马逊处理订单每秒 72.9 个。因此，电子商务网站数据是典型的大数据。

（二）大数据在跨境电子商务中的应用

将大数据技术应用于国际商务与贸易领域，极大提高了跨境电子商务的运营效率。跨境电子商务各个环节几乎都可以利用数据形式来运作，采购、营销、客户管理、财务核算、运营管理等都利用数据视图进行分析运作，提高了跨境电子商务各业务环节的效率。

1. 大数据用于跨境电子商务外部营销

（1）利用大数据实现跨境电商企业个性化、精准化营销。通过大数据分析，跨境电子商务企业能准确地找到潜在的客户，实现精准分析和精准营销，提高商品成交率，实现利润最大化，使得企业在开拓海外市场时更加快速高效。比如 eBay、速卖通等跨境电商可根据用户以往的购买记录和浏览记录来判断该客户想要购买的商品，或者根据相似特征用户的喜好和购买记录，来推断该用户的潜在需求。通过各种因素的综合分析判断，这些电商的后台可以在短短几秒时间里将特定商品页面推送给相应的用户。

（2）通过全球大数据平台整合寻找全球消费新增长点。全球领先的互联网跨境贸易及大数据应用公司亿赞普认为，通过大数据分析，全球各大数据平台能够充当“全球经济雷达”，使跨境电子商务企业更好地了解全球消费走势，从而更敏锐地发现新市场、创造新市场和创造新的就业机会。比如，我们通过大数据分析，发现作为非洲人口大国的尼日利亚，其人民正热衷于把卷发拉直并成为潮流，这就可能为我国生产卷梳、烫发的企业创造新市场机会。

（3）利用大数据技术构建覆盖全球的营销网络。目前，信息技术的发展使得传统媒体（如电视台、报纸或杂志等）的影响力大为降低，跨境电商企业可以通过大数据技术和各种实时竞价等机制来建立全球范围的互联网营销网络，使我们的产品到达任何有互联网覆盖的地方，向全球消费者推广，既可以提高中国产品在国际的知名度、提高品牌形象，又可以提高中国产品的议价能力。

2. 大数据用于跨境电商内部运营

企业内部运营过程中，将企业外部海量消费者数据与企业内部海量运营数据联系起来，通过数据分析来提升运营效率，这需要企业内部有较高的信息化水平、数据采集和分析能力。

（1）大数据分析可以优化自身商务网站。公司利用大数据，根据网站上各个页面的点击和浏览情况，分析不同国家消费者的喜好，判断哪些页面对于消费者缺乏吸引力，进行相应改进，实现网站页面设计和内容优化。

（2）利用大数据技术实现商品数据化管理。大数据不仅能帮助企业进行商品需求预测，而且能够与企业产品结合，成为企业产品背后竞争力的核心支持或者直接成为产品，如提供信息服务、增强产品功能、分析用户的个性化需求、掌控信用状况等方面。

(3) 大数据用于客户关系维护，提升顾客忠诚度。在跨境电子商务客户关系维护中，公司可通过借助大数据和智能化的技术，使复杂的客户关系变得轻松有效，比如进行客服团队数据化管理，利用智能化的分析模型做出更加客观的决策，以改善客户体验及提高营销有效性；通过对竞争对手和自己的对比分析，找到突破口，以巩固客户关系，提升客户价值；通过网络售后服务的数据收集，发现故障前兆，主动提供服务。

(4) 实现供应链数据化管理，提升国际物流效率。公司可以通过综合全球各地需求、各国物流状况、天气、季节性变化、不同市场的售价、不同渠道的费用、各地的人力成本，甚至突发性的需求等场景，来分析设置物流模式和配送方式，最大限度地提高物流效率。

3. 大数据用于跨境电子商务全产业链

大数据决策不仅可提高跨境电商企业的全球化运作，而且对跨境电商全产业链的发展至关重要。

(1) 通过大数据技术可促进企业贸易模式创新。传统跨境电子商务普遍采用 B2C 模式，只能提供网页信息化，无法从根本上解决语言障碍、市场需求、市场推广以及中间商过多带来的利润被压缩等问题，因此跨境电子商务需要从 B2C 模式升级到 F2C 模式（Factory to Consumer，工厂直达用户）。F2C 模式可使跨境电商企业无需中间商，直接利用大数据网络来了解全球市场，通过数据化营销网络送达商品信息，通过 F2C 跨境电子商务平台实现商品的交易和物流到达，加快企业商品在海外的渗透和扩张。

(2) 通过大数据技术升级海关 IT 系统，提升海关进出口便利性和可监管性。即通过大数据技术升级海关系统，对接电子海关系统与跨境电子商务平台。平台产生订单的同时，可将信息同步到海关系统，这样不仅能够实现快速通关，也能实现海关对国际贸易的有效监管。海关的对接对于应对跨境电子商务的国外政策风险也很有意义，可避免因国外海关突发因素导致的风险。

(3) 通过大数据技术进行第三方支付、收单系统的部署。目前国外居民在中国的跨境电子商务平台上消费，主要使用的是国外第三方支付系统，如 PayPal 等，需要缴纳较高的服务费用。如果我国的跨境支付系统对接更多的收单行，将使更多的用户得到覆盖，手续费可大幅减少。

(4) 通过大数据技术以全球订单为导向来布局保税仓和出口加工区。在海外建设保税仓类似于小范围自贸区功能，企业可实现合理数量的货品保税仓储、暂缓缴税，并按照实际货品交易需求进行按单清关、缴税，降低关税预支风险，加快本地物流速度，提升境外消费体验。另外，出口加工区的合理部署可解决我国部分家电、服装等产品关税过高的问题，以出口元器件的形式到当地组装、贴牌，由于元器件关税比整件关税低很多，可有效降低关税成本。

第三节　流通经济学理论与跨境电子商务

一、商品流通的概念

商品流通（Commodity Circulation）是指商品或服务从生产领域向消费领域转移的过程，是流通经济学的一个核心概念。商品流通的过程是由商品到货币、货币到商品的不断的转换过程。这一过程不仅涉及商品所有权的转移，而且涉及了商品价值形态的转换，它清晰地反映了商品经营的本质和流通经济的特点，具有很强的解释力。因此，要探究商品流通的运行规律，首先要探究商品流通的复杂性，有效处理好商品所有者之间的关系，合理分析商品流通的资源配置。商品的流通过程实际上是商流和物流的统一。这一概念既包括了交换，又涵盖了市场，还暗含了商业出现的必然性，如此复杂的商品交换，如果没有媒介商品的出现是不可想象的，可见这一概念具有高度的概括力，成为流通经济的核心概念。

二、流通经济学在中国的发展及走向

在高度集中的计划经济体制完全建立和相对成熟的时期内，建立相应的流通体系和配套体质机制是经济发展的客观要求。我国的商业、食品、供销合作、对外贸易等流通组织制度是逐步建立起来的，但这些流通组织制度的发展过程一直是起伏不定的，特别是在“文革”时期，我国的流通体系遭受了巨大的重创。这一时期的流通特点是：形成了部门色彩强的流通体制，构成了典型流通组织网络。在中国计划经济体制下，按照功能划分的几个主要流通体系非常明确。在此期间，人们必须重新认识严酷的现实下流通的作用，流通在这一时期开始受到初步关注。当时著名的经济学家孙义芳批评当时的“无流通论”，开始研究价值和流通的规律的问题。

20 世纪 90 年代以后，社会主义市场经济体制开始形成，流通状况逆转。

随着计划经济向市场经济的全面转型，流通的民间化、社会化、微观化、大部分国家流通功能转移到民间，不需要特殊的国有流通体系承担，所以原来的五大流通部门的功能地位开始下降，功能开始弱化，国家开始撤出，部分部门之间合并，可以说流通的“重要性”明显削弱，流通理论研究急剧降温，流通经济学的衰落和困惑也随之出现了。

三、跨境电子商务条件下商品流通体系的发展和变化

（一）网络平台的生产、流通和消费需求一体化

网络平台在信息化条件下开始出现，一方面使流通行业出现了产业整合的发展趋势，另一方面使电子商务成为重要的流通形式，商品流通的作用进一步加强，形成了集生产、流通和消费需求一体化的形式。由于存在买方市场，市场化导向已经成为现代企业一般的行为选择，消费者对网络世界的选择偏好在所有企业的生存和发展中都起到了非常重要的决定性作用。这不仅促进了传统企业管理形式和组织结构的现代化变革，而且成为参与企业流动的重要动力。同时，各种新流通中介组织也开始迅速发展。

（二）网络平台的供应链体系

所谓的供应链管理，是指企业沿着供应链所做的规划、组织、协调、控制等一般行为的总称，从产品制造商到零售企业的全过程高效管理过程。在很大的意义上，这个过程的主角可以是生产企业，也可以是零售企业。对于大型生产企业，将以自有出货渠道和零售企业为依托，建立供应链，保证产品的正常销售；对于大型零售企业，具有相应的生产企业供应链。一般来说，企业供应链的平稳度决定着企业的利益。

（三）基于网络平台的分销网联结

企业可以快速而有效通过现代网络和信息技术，获取到有关消费者的各种信息，生产者的所有活动都将真正根据消费者的需求来开展，企业的生产经营业务活动的重点将由生产流通来完成。电子商务支持的现代流通将主导社会的再生产，电子商务和现代信息技术无疑将为分销网络带来新的意义。

（四）在专业化虚拟发展的同时，实体流通进一步强化

互联网和电子商务的变化带动了网络化组织结构前所未有的发展和虚拟企业的出现。一方面，互联网领域的货物流通正在进行更加细致的分工，也热切

期待着更密切的合作。在线购物、互动交流、低成本、高效的信息渠道，使专业化越来越虚拟。另一方面，电子商务的发展，特别是在线购物，使得商品基础设施和配套产业的重点发生了变化（实际上这种变化在美国已经成为现实），包括各种类型的运送系统、安全维护、商业软件、支付公司、广告信息服务等新型中介机构的发展状况加快，使得物流能力得到加强。

第三章　跨境电子商务的交易流程

进入 21 世纪，全球经济在各个领域已经进入了互联网时代。利用互联网进行国际贸易已经成为国际贸易发展的方向。本章就跨境电商交易业务的实施过程及各个环节的基本操作方法进行说明，阐述了进出口交易流程、网上信息搜集、交易磋商、询盘、发盘、还盘、接受等流程。

第一节　跨境电子商务交易流程简介

一、跨境电商交易流程

跨境电商首先要做的是交易前的准备工作：包括目标市场，选择目标客户（通过发出询盘与信息反馈，对潜在的客户进行筛选）。选定客户后，建立客户关系，进而进行实质性的业务洽谈，即进入交易磋商和订立合同阶段。交易磋商的环节包括：询盘、报盘、还盘和受盘（接受）。交易双方对所洽谈的各项贸易条件达成一致意见，即为交易成功，并签订合同。以上各项工作均主要通过互联网手段完成。接下来就是第三阶段的工作，即履行合同。该阶段工作包括很多业务环节，按照工作落实的顺序要求包括：备货、落实信用证（在信用证支付条件下）、订舱、制单、结汇。这个阶段中一些环节的工作是通过互联网途径制订完成的。

以 CIF 价格成交，信用证支付的出口业务为例，其整个交易的全部环节按照各项工作的流程来进行。

其他贸易术语或使用其他运输方式的出口合同，其所涉及的环节同上述环节大致相同。由于使用的贸易术语不同，交易的卖方和买方承担的义务和责任有所差异。

进口贸易在交易准备阶段和交易磋商阶段中的各个业务环节与出口交易的程序是相同的。买卖双方通过谈判达成买卖协议后，一般多以出口合同的形式规定买方和卖方的责任和义务。此后，进入到履行合同阶段。一方履行出口合同，意味着另一方履行进口合同。

二、跨境电商交易流程图

跨境电子商务整个交易的全部环节应按照各项工作的流程来进行，如图3-1-1所示。

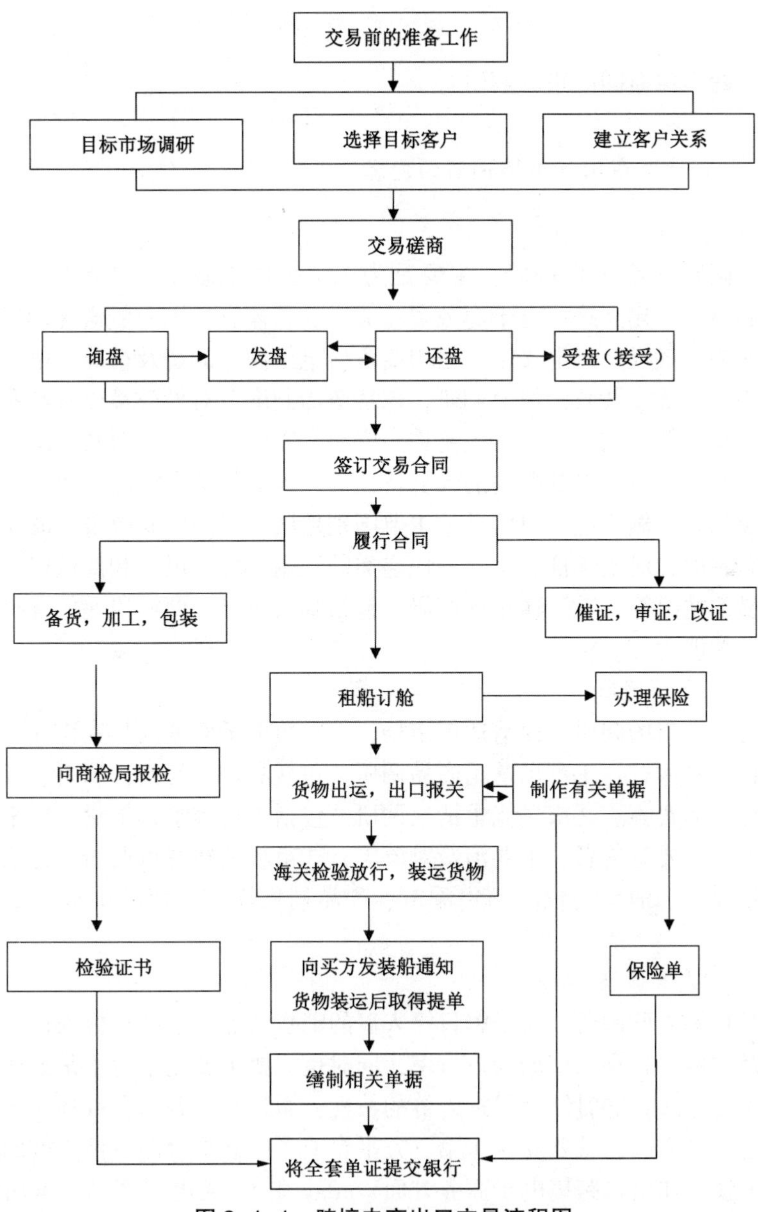

图3-1-1　跨境电商出口交易流程图

第二节 跨境电子商务的市场调研与客户开发

一、跨境电商国际市场调研

（一）跨境电商国际市场调研的内容

1. 国别（地区）调研

通过国别（地区）调研，主要是为了贯彻国别政策，选择适宜的市场，创造有利条件，建立跨境电子商务贸易关系。具体有：①一般概况调研。包括人口、面积、气候、函电文字、通用语言、电子商务的普及情况，电子商务平台的使用情况等。②政治情况调研。包括政治制度、对外政策以及与我国的关系等。③经济情况调研。包括主要物产资源、工农业生产、财政金融、就业状况、收入状况、使用电商购物的人群特性等。④对外贸易情况调研。包括主要进出口商品贸易额，进出口贸易的主要国别地区，对外贸易政策，海关税率和商检措施，海关对于邮件、小包、快递类的管制措施，民法和商法以及与我国进行贸易的情况等。⑤运输条件调研。包括邮政包裹、商业快递的选择和使用情况，清关能力等。

2. 商品市场调研

进行商品市场调研，摸清适销市场，使跨境电子商务商品销售在有利的条件下进行。具体有：①市场适销商品调研。包括品种、规格、用料、颜色、包装、商标、运费等。②市场竞争情况调研。包括市场容量、供货主要来源、主要生产者、主要竞争者、主要消费对象等。③市场消费特点调研。包括消费水平、质量要求、消费习惯、销售季节、产品销售周期、商品供求价格变动规律等。

3. 目标人群调研

通过目标人群调研，要了解目标人群的消费特点，了解目标人群喜爱的品牌，以及这些品牌在该市场的占有率，同时也需要了解竞争对手是如何布局他们的同类商品线。同时结合目标人群的特性，做好第三方平台或独立平台的选择，在选商品方面，就要立足于第三方平台或者独立平台的目标人群的需求以及购物习惯。如出口跨境电子商务方面，eBay 在 3C 类电子产品、家居类上销量较好，亚马逊在品牌服饰上优势明显，速卖通在新兴市场国家销量增长较快等。

（二）国际市场调研的步骤

国际市场调研的步骤主要包括：确定调研目标；制定调研计划；执行调研计划；分析、解释调研结果并撰写调研报告。①

1. 确定调研目标

国际市场研究的第一步是确定调研目标。这一步看似很简单，其实非常复杂，对未来的整个研究和决策都起着至关重要的作用。例如，一段时间内在一个国家的销售额呈直线下降趋势，那么可能会有很多原因，如目标消费者对产品包装不满意、服务水平不符合目标国家需求、广告媒体的不当行为等，这些因素都可能导致企业产品在全国销量下滑。

2. 制定调研计划

国际市场调研过程的第二个步骤是制定调研计划。首先要确定市场调研需要哪些信息，然后再确定信息的来源。如果企业已发现导致销售额下降的原因是广告媒介选择失当，那么企业应进行调研，确定决策。

3. 执行调研计划

执行调研计划主要涉及数据收集、处理和分析等工作。收集信息的过程可由内部研究人员完成，但也可由国内外专门调研公司来完成。但是，尚未处理的信息是混乱的，根据不同的统计方法来计算从不同来源处获取的信息，其及时性和准确性是不同的，有些甚至相互矛盾。因此，只有收集和处理的信息才能使其具有可比性并作为决策的依据。

4. 解释并报告调研结果

市场调研的最后一步是对调研结果做出解释和说明，得出结论，向管理部门提交调研报告。调研报告不能只是一系列的统计数据和高深的统计公式，应当附有简明扼要的结果及说明，应对以后的企业决策活动提出建议。

（三）收集国际市场行情资料的途径

（1）利用互联网、跨境电子商务平台和手机是收集国际市场行情资料最主要的途径。尤其是利用主要的跨境电子商务平台，通过关键字检索，可以快速了解到该品类商品在该平台上的销售情况以及相关国际商场行情。

（2）利用国外的推销网和客户渠道，通过各项业务活动收集和积累有关国际市场行情的资料。

---

① 李鹏博．揭秘跨境电商［M］．北京：电子工业出版社，2015，第150页．

（3）利用国内外综合的和各种专业的交易会，有目的地开展调查研究。

（4）通过出口推销、考察小组，结合业务需要进行实地调查，收集当地市场以及其他有关国际市场行情方面的资料。

（5）利用参加各种国际性交易会的机会，有针对性地收集有关动态资料，进行调查研究。

（6）与国际经济组织，国外商业情报机构、研究机构、咨询公司、数据库建立经常联系，获得有关资料。

（7）通过驻外商务机构和企业收集有关资料。

（8）与国内企业和科技单位发展多种形式的联系，获得有关的资料。

二、寻找和了解客户的途径

（一）引擎搜索

搜索引擎营销是外贸企业海外推广的有效手段之一，而在搜索引擎营销中，最为重要的莫过于选好关键词，并对关键词进行良好的关联管理。下面介绍利用搜索引擎寻找客户的主要步骤和方法。

第一步　明确营销目标。

在项目启动前，您应该建立营销项目的预期目标，分析目标用户，并了解用户在各种采购周期的关注点变化的影响因素。对目标用户的分析需要了解以下几个方面：目标用户会有什么文化习惯？哪些国家和地区是目标用户？用户经常访问哪些网站？用户使用哪些方法来查找他们需要的产品和服务？通过对这些问题的分析，推广工作才会更有针对性。

第二步　选取和评估主题关键词。

了解与公司品牌、行业特色、产品线、产品特点和营销活动相关的“关键词”。要研究这些关键词，列表中尽可能地将“关键字”罗列详细，并采取详尽的方式列出短语和词组的所有组合。

第三步　创建合理的分类。

第四步　分析竞争对手。

（二）谷歌搜图功能在外贸中的运用

1. 什么时候需要用到此功能

●客户发来一款产品，不知道名称时；

●客户发来一款产品让报价，我们需要查找供应商时；

●客户发来一款产品，我们要了解这款产品在国外的售价时。

Google 图片搜索产品采用自动图像识别技术、元数据技术，使用图像内容、透视和颜色等因素（如图像搜索）来帮助用户找到近似的图像搜索结果。Google 搜索引擎除了允许用户添加图像 URL 来搜索图片外，还支持图像上传，如果您使用的是 Google Chrome 或 Firefox 浏览器，还可以直接用鼠标拖动图片，快速上传图片，直接搜索图片。

2. 利用谷歌分析客户

（1）通过已知的邮箱、网址、公司名称等信息搜出客户全面的信息，了解客户销售的网络、销售产品的类型、客户自己的就职经历、公司实力，来决定下一步应对方式、报价策略等，为拿下订单打下基础。

（2）通过客户的公司名称，查出对方所在国家的行业 B2B 以及其他推广的平台。继而去注册自己公司的信息，拓宽公司的国际网络推广力度。

（3）利用谷歌地图查看客户的公司所在地，是中心区还是郊区，是工厂还是 CBD，抑或是别墅，来判断客户是属于生产型的公司还是贸易型的公司，另外根据地图测量功能推断对方公司的规模和实力。在谷歌上搜索客户公司名称和客户名称，来了解其过往询盘以及求购信息。在 YouTube 频道搜索客户公司名称，来查看与客户有关的视频，如产品广告、公司宣传视频等，进一步了解客户。通过谷歌新闻频道了解客户公司近期或曾经发生的事情。

（三）其他适用于外贸的谷歌搜索语法

1. “-”语法，减号语法

Google 用减号表示“非”操作，“A-B”就是搜索包含 A 但没有 B 的网页。在搜索国外客户时很不希望得到国内厂家的信息，所以可以用这个语法排除国内部分厂家的信息，例如“产品名字-factory manufacturer”搜索出来的排除了部分工厂的信息，至少可以排除部分信息，减少工作量。而在这之前必须自己总结一下不想找到的那部分信息的特征，要有基本的归纳能力。

2. “OR”语法，大写 OR 语法

Google 用 OR 表示逻辑“或”的操作，“A OR B”表示网页中有 A 或有 B 或既有 A 又有 B 的网页，这个语法不同于 A 空格 B，后者表示既有 A 又有 B，前者得到的信息更加宽泛。用这个语法同样是为了减少工作量，无须用三个（A，B，AB）关键词分别搜索。

3. inurl/allinurl 语法

inurl 语法得到的是网页的链接中包含第一个关键字，后面的关键字出现在链接中或者网页文档中的结果。伊朗远期信用证代理的 URL（Uniform Resource Locator，统一资源定位器，就是地址栏里的内容）完整内容是：

www. 5ihhxx. com/2011/02/专业伊朗进出口代理，伊朗远期信用证代理 . html，当然你实际复制粘贴过来的链接不是这样的，中间有个转换的过程，但是实际在 URL 中出现了比较重要的关键词，这样在外贸的过程中通过搜索 URL 中的关键词，可以提高准确率和减少工作量。

inurl 后面不能有空格，Google 也不对 URL 符号进行搜索，所谓 allinurl 语法得到的结果则是所有的关键词都是显示在 URL 里的结果。

4. intitle/allintitle 语法

这个语法和上面的语法类似，需要解决的就是理解 title 的含义，“<title>外贸学习博客</title>”就是这个博客的标题。现在很多公司的首页标题都比较长，除了网站的名称，还有主营的产品信息，这主要就是为了在搜索引擎结果中获得比较好的排名而设置的。由此可见，title 里面包含了关键词的网站绝对是相关度极高的网站，用这个方法搜索国外的客户可以减少很多时间，但是这个方法找到的信息很可能是国内的厂家，不过对于外贸公司来说没有坏处，你肯定也在关注国内工厂的信息，顺便可以了解竞争对手或是供应商的情况。

5. inanchor/allinanchor 语法

anchor，计算机语言里面应该翻译为“锚文本”，通常我们文章中链接到另外一篇文章不是完整地将另外一篇文章的 URL 直接复制过来，而是会有一段描述，如“专业伊朗进出口代理，伊朗远期信用证代理”，然后对这段文字添加链接，那么这段文字就是锚文本。通过 anchor 语法搜索出来的结果可以了解到那些比较关注特定关键词的网页，但是必须要说明的一点是，一般公司的产品目录里面都有一个总目录，然后链接到单个的产品，所以这个方法可以找到这个公司的产品网页，无论是工厂还是贸易公司都会有这样一个页面。其用法与 intitle 和 inurl 相同。

6. bphonebook 语法

这个语法可以搜索商务电话的资料，另外还有一个 phonebook 语法，得到的是美国本地的结果。如你想了解一个公司的信息，用电话号码或是传真号码去搜索往往可以得到更准确的结果，因为电话号码，特别是传真号码是不太会换的。

7. insubject 语法

这个语法可以得到那些在论坛主题中包含关键词的结果，用这个语法主要是为了可以找到相关的网页论坛博客做外链。用法为“insubject：外贸学习”。

8. link 语法

这个语法可以查询链接到某个 URL 的网页（不一定是所有的），这也是为了找相关的网页论坛博客。不一定用自己的公司地址做 URL，可以找同行中做得最好的公司或是相关网站地址做 URL，这样与之相关的网站肯定也与自己的网站相关，然后逐个去回帖宣传留言。用法为“link：www.alibaba.com”。

（四）网络黄页

网络黄页（企业名录）是跨境贸易人士获取商业信息的主要途径之一。它是纸上黄页在互联网上的延伸和发展的结果，是了解境外客户的直接渠道。传统黄页是以纸张形式打印企业电话号码的黄页广告。产品包括公司地址、公司名称、邮政编码、电话号码、联系人等基本信息。网络黄页形式具有独立业务 LOGO 企业网站，可提供多种选择的版本，包括企业邮件、产品动态、数据库空间、交易信息、业务简介、即时消息、短信交互等功能。通过网页上的行业划分，可以找到你要在线查找的企业，或输入关键字，搜索你需要搜索的企业。

（五）行业协会网站

行业协会网站的信息集中反映行业领域内（业内）有关国内及国外生产、销售、市场状况的行业性网站，是外贸行业人士比较喜爱的用于了解国内外商务行情的便利渠道。在搜索引擎中输入所要找的行业协会的名称，即可找到该协会的网站。例如，在搜索引擎百度上输入文字“中国食品土畜进出口商会”，就可找到该商会的网站。进入某境外行业网站，在搜索引擎中输入关键词，例如输入“产品名称+association”，就能找到相关的协会网站。

（六）国际展览会、博览会网站

国内外大型的、固定办展的进出口商品展览会或博览会往往都有本展会的官方网站，并且拥有大量的世界范围的参展客户名录。这些参展企业一般都是相关的制造商或经销商或进出口贸易企业。上这些网站搜索信息，能够使企业的商业视野更加宽阔，并获得参展的信息和参展产品情况的信息。查询展览会、博览会网站的方法比较简单，即在搜索引擎（如百度）中输入博览会名称，即可找到该会网站。例如：输入“广州进出口商品交易会官方网站”就会得到该网站的页面和网站地址（网址：http：//www.gdz1188.com/）。同理，输入中国—东盟自由贸易区博览会官方网站，就可看到该网站的页面和网址了（http：//www.caexpo.org/ index.html？gb=1）。

要搜索国外展会网站，同样在国外的搜索引擎中输入关键词，即可找到该网站，例如“产品+exhibition 或 fair 或 conference”。在这些展会网站里，通常可以得到有关展会的概况、参展企业名称及参展企业数量、参展企业来源国家或地区，展馆及参展的大类产品参展动态，尤其是新产品发展的动态等。

（七）我国各级商务组织的外派机构

我国对外经贸交往十分广泛。国内从中央到地方的一些官方或半官方的对外贸易组织，往往向在与我国或地区有主要经贸交往的国家或地区设立常驻机构，配备驻外商务代表。国家层面的驻外机构，如驻各国大使馆经济商务参赞处，地方外派的商务组织形式，多为贸易办事处、商务小组，或仅仅为商务代表，如天津×××集团驻澳大利亚墨尔本商务代表处负责处理该集团与墨尔本之间的贸易关系，包括对天津地方和墨尔本之间的商家的介绍和引荐、业务牵线和对当地信息提供咨询等工作。

我国有些驻外大使馆经济商务参赞处建立了网页，必要时，可以向其咨询所驻国家宏观领域的情况；而对于贸易业务层面的事项，更适合向本地向外派驻商务代表处求助。方法是：通过国内外派组织获得该代表处的通信方式，与其联系即可。

三、网上商务信息发布的途径

网上发布商务信息的渠道和形式众多，各有长短。发布信息时，企业应根据自身情况及信息发布的目标选择合适的渠道与方式。常用的方式有以下几种。

（一）网站形式

建立企业自己的网站，它如同企业名片，不但包含企业信息，还能更好地树立企业在市场和行业内的形象，是自家的广告宣传载体。企业网站办得好，会成为企业的无形资产。

（二）网络内容服务商

企业可向国内外专业的网络服务商购买相关服务产品，如产品发布、客户寻求等网络服务产品。国内一些成熟的网站访问量巨大，信息涵盖范围广，网站知名度高，是企业可以关注和选择的目标网站，如搜狐、网易、新浪、百度、腾讯等。

（三）供求信息平台

供求信息平台是目前最为普遍和有效的信息发布途径之一，对于跨境商务企业而言，主要是各种 B2B 及 C2C 平台。其会员注册数量多，平台活跃程度高；其服务一般分为免费会员和收费会员两种。对免费会员一般能够发布各种供求、合作、代理信息，有上传图片、联系方式等简单操作；对收费会员则能享受到更周到的服务，如发布信息的数量、上传图片的数量等都有明显增加。

（四）黄页网站/企业名录

黄页和企业名录由于有大量的浏览客户，所以也是发布信息的重要渠道。大部分的黄页网站都可以免费发布信息。另外，这些网站一旦发布信息后，可以较长时间地保持发布记录，而且能够分门别类地进行归档，便于顾客查询。

（五）网络报纸或网络杂志

互联网的发展改变了大众主要依靠“纸面”形式的阅读方式。国内外的一些著名的报刊、杂志纷纷在 Internet 上建立自己的主页，并且发行网络报纸、杂志。使用这种阅读方式的人群也在不断地扩大。对于注重广告宣传的跨境商务企业来说，在这些网路报刊上做广告也是一个很好的传播渠道。

第三节 跨境电子商务的网上交易磋商

一、网上交易磋商的方式

跨境电子商务中，交易磋商的基本方式有两种：口头磋商和书面磋商。口头磋商是交易双方利用互联网洽商交易，其主要方法有：Internet 在线服务（例如 Skype）、跨境电话、微信语音等。书面磋商是交易双方通过电子邮件、传真、电传、信函、电报等往来磋商交易。有时口头和书面两种形式也可以结合使用。

现阶段，跨境电商常用的通信途径有以下几种。

（1）电子邮件。目前，利用电子邮件进行业务联系在国际贸易中普遍使用。发电子邮件不但操作容易，而且它的特点适合贸易的需要：不受时间地点的限制，可随时收发；极低廉的通信成本；能收发多样化信息载体的文件，如照（图）片、链接、PDF 格式文件等。它是通过书写形式进行业务沟通的主要途径。

（2）即时通信软件。Skype 软件是网络即时语音沟通工具。有计算机版、

Android 手机版等。Skype 有视频聊天、多人语音会议、多人聊天、传送文件、文字聊天等功能。Skype 网络电话软件能让使用 Skype 的人免费通话、免费视频通话。Skype 是现阶段跨境电商方式下贸易人员进行口头交流的首选沟通方式。此软件下载网址为 http://skype. tom. com/。

(3) 传真与网络传真。传真（Fax）是近二十多年发展最快的非话电信业务。将文字、图表、相片等记录在纸面上的静止图像，通过扫描和光电变换，变成电信号，经各类信道传送到目的地，在接收端通过一系列逆变换过程，获得与发送原稿相似记录副本的通信方式，称为传真。传真是基于 PSTN 的电信信号通过设备中转传真信号。由于通信技术迅速发展，电子网络传真正逐渐成为取代传真机的新一代通信工具。

网络传真（Network Fax）是基于 PSTN（电话交换网）和互联网络的传真存储转发，也称电子传真。它整合了电话网、智能网和互联网技术，其原理是通过互联网将文件传送到传真服务器上，由服务器转换成传真机接收的通用图形格式后，再通过 PSTN 发送到全球各地的普通传真机上。网络传真采用客户端、Web 浏览器、电子邮件三种常用方式发送传真。

网上交易磋商并不意味着摈弃了交易双方面对面的交流下各种行之有效的贸易接洽的形式，如参加各种交易会、洽谈会，以及贸易小组出访、邀请客户来访等。这些仍然是国际贸易中磋商交易的重要方式。在不同的条件下，可以采用不同的洽商方式，或者多种方式结合使用。

二、网上交易磋商的主要内容

国际贸易中要对各个交易条件进行磋商。通常要磋商 11 个交易条件，每个交易条件构成交易合同中的一个贸易条款。而这 11 个贸易条款构成交易合同的主要内容。为使磋商进行得有序、有效率，按照洽商内容的重要程度，将交易条款（件）分为两类：一般贸易条件和基本贸易条件。

●一般贸易条件：货名、规格、数量、包装、价格、装运期和支付条件。保险条款磋商与否，需要依据交易所使用的价格术语而定。

●基本贸易条件：检验检疫、争议与索赔、不可抗力和仲裁。

一般而言，一笔交易首先要对一般贸易条件进行磋商，达成一致后，再对基本贸易条件一一商定。一旦谈判双方对各项条件达成一致，交易合同即告成立。

三、网上交易磋商的基本过程

网上交易磋商的一般程序包括：询盘、发盘、还盘和受盘（接受）四个环节。电子合同与传统的纸质合同最明显的不同主要是，合同必须经数字签名及第三方权威认证机构的认证，才能实现在合同上签字功能。

(一) 询盘

询盘（Inquiry）又称为询价，是指交易的一方为购买或出售商品，向另一方询问商品的交易条件以邀请对方发盘的表示。内容可有价格、数量、规格、质量、包装，交货时间，并可获取样品、目录等。在实际业务中，询盘主要询问价格，因此通常把询盘称为询价。任何希望交易的一方都可以以口头表述的形式或者书面的形式来进行。询盘的目的是检验对方对交易条款的诚意和理解，有时可能是一笔交易的起点。但对买卖双方并无法律约束力，不是交易磋商时必要的环节，也没有固定的格式。

1. 书面形式询盘的实例解读

买方询盘：

PLEASE QUOTE LOWEST PRICE CFR SINGAPORE FOR 500PCS FLYING PIGEON BRAND BICYCLES, MAY SHIPMENT, E-MAIL PROMPTLY.（请报500辆飞鸽牌自行车CFR新加坡的最低价，5月装运，尽快电邮告。）

卖方询盘：

WE CAN OFFER CHINESE CASSIA BARK WHOLE “SAILING BOAT” BRAND, CLEAN AND UNMOULDY, WITH MOISTURE UNDER 19%, ASH 4% MAX, VOLATILE NOT LESS THAN 1.7CC/100G, JANUARY SHIPMENT, CIF BOMBAY, PLEASE BID.（我公司可提供“帆船”牌中国桂皮，干净，无霉，水分不超过19%，灰末不超过4%，挥发物不少于1.7CC/100g，一月份交货，报CIF孟买价。请出价。）

2. 口头形式询盘的实例解读

买方询盘：

We're interested in your Flying Pigeon brand bicycles. I'd like to have your lowest quotation for 500 sets CFR Singapore in May.（我们对你方飞鸽牌自行车很感兴趣，请报CFR新加坡的量低价，数量500辆，5月装运。）

卖方询盘：

We are one of the leading companies dealing in spices in Tianjin. These are all our samples. If you'd like to have our competitive quotations, I shall supply you with it immediately.（我们公司是天津经营香料的主要公司之一。这里（展示的）都是我公司的样品。如果需要我方有竞争性报价，我们可以马上提供。）

（二）发盘

在国际贸易实务中，发盘也称发价、报盘、报价，法律上称之为“要约”。发盘可以是应对方询盘的要求发出，也可以在没有询价的情况下，直接向对方发出。发盘一般由卖方发出，但也可以由买方发出，称为递盘。

（三）还盘

还盘（Counter Offer）又称还价，是受盘人对发盘的内容不完全同意而提出修改或变更的表示。还盘的形式可有不同，有的明确使用“还盘”字样，有的则不使用，在内容中表示出对发盘内容的修改构成还盘。需要注意的是，还盘是对发盘的拒绝，还盘一经确定，原发盘即失去效力，发盘人便不再受原发盘的约束。

对还盘作再还盘，就是对新发盘的还盘。在实际业务中，一项交易的洽谈中可以有多次的还盘，即反复地讨价还价，直至最终对各项交易条件取得一致意见，交易达成。如果在讨价还价中未能对交易条件达成一致，而且任何一方无意继续洽商，则洽商终止，未能成交。

（四）受盘（接受）

接受（Acceptance）是交易的一方在接到对方的发盘或还盘后，以声明或行为向对方表示同意。法律上将接受称作承诺。接受和发盘一样，既属于商业行为，又属于法律行为。

一方的要约或反要约经过另一方接受，交易即告达成，合同即告订立，合同双方均应承担各自的义务。表示接受，一般用“接受”“同意”“确认”等术语。

在国际贸易中，由于各种原因，导致有时受盘的接受通知晚于发盘人规定的有效期送达，这在法律上称为“逾期接受”或“迟到的接受”。对于这种迟到的接受，发盘人不受其约束，不具法律效力。

接受的撤回是指受盘人在该接受未生效前收回接受的行为。如果由于事先考虑不周，或对市场行情的变化不能及时有效地把握，受盘人发出接受通知之后可以撤回其接受，只要撤回通知在接受到达受盘人之前到达发盘人，或二者同时到达即可。

第四节 询盘的分析与回复

一、询盘的分析

（一）询盘分析技巧

（1）将客人的谈判细节做一个详细的笔记，以确定这个客户的购买力有多强，也就是说要明确他是“真正买家”还是“询价买家”；一些客户实际上有一个长期稳定的供应商，他只是把你作为参考，对于这样的客户，最好不要直接引用。因为那些需要花费太多时间和精力的客户是不值得的。不要否认有“精诚所至，金石为开”的客户，但是从常规的经验来看，以欺骗的方式来获取报价、样品以及信息资料的客户非常多。

（2）在真假买家的辨识上，你可以通过交谈（电话、面谈、传真、电子邮件）来识别（这种方式是你问客人的所有问题都会给予回应）是真的还是假的是专家还是新手。问他几个关键问题，如产品规格、技术参数、要接受的价格、订单数量、品牌、品牌在当地影响力度、哪个企业在中国有业务多久等，通过这些可以区分客户的“真”与“假”，“实”与“虚”，“大”和“小”。

（3）从外商提供的名片也可以判断客户的实力，如此客户公司所处城市的区域有几条电话线、传真线，有没有自己的网站，是零售商、批发商还是进口商，在当地是否代理过一些著名的品牌等。

（4）做外贸其实就是做服务，谁的服务好，谁就能赢得客户。服务好包括以下两方面。

第一，提供合适的不要太低也不能太高的报价；好东西不能贱卖，普通产品的价格不高报。因为客户经常会根据您的报价来确定您是否诚实，同时确定您对该产品的熟悉程度；如果一个非常常见的产品，你报了一个偏离市场定价的价格，这表明你不诚实或你不明白这一行，自然有人会鄙视你的传真的可信度。

第二，对客户的任何信息要及时响应并回复；对客户的回复不能是简单的一问一答，要尽可能全面、周到。

（二）分析询盘的客户步骤

1. 先了解客户询盘的内容

一般客户会从以下几个方面来了解产品：产品数量、颜色；产品规格；交货时间要求；包装要求；付款方式是否说明；贸易条件是否有要求；邮件标题是否明确。

2. 查看客户的联系方式

查看客户是否有电话？邮箱使用的是免费邮箱还是企业邮箱？如果客户留有电话号码，方便电话跟进；没有留电话号码，说明客户不想公开，也不愿意被电话骚扰。客户使用的是否是免费邮箱：如果客户使用的是免费邮箱，表明客户还没有自己的网站或公司较大，不想公开太多信息。如果客户使用的是企业邮箱，卖家可以通过客户的网站了解更多关于客户的信息。

3. 查看客户是否使用电子商务

要了解客户是否使用电子商务，主要看其有无网站及其主要经营范围，使用 who is. domaintools. com 来查找客户所在公司使用电子商务的状况。

可以了解该客户的网站何时建立，注册网站时的信息以及该网站以前的缩略图等，如此可以方便了解更多的客户信息。

4. 查看买家 IP 地址和地区

了解买家 IP 地址，可以轻松地辨识买家来源，保证网上交易的安全。

查询邮件 IP 地址，具体操作方法如下。

第一步：选中邮件，单击鼠标右键，在弹出的快捷菜单中选择“属性”或“查看邮件来源”命令。

第二步：找到邮件发送人的 IP 地址。

第三步：将该 IP 地址放到 www. ip138. com 网站上查询发件人的来历。

第四步：比对客户信息来源是否与之相符。

二、询盘的回复

（一）客户询盘回复要点

（1）要第一时间回复客户（客户当地时间 24 小时内）。

（2）针对客户问题做出准确的回答，体现公司专业的形象和实力。

（3）表示合作的诚意。

（4）在回复询盘前应看清询盘内容，避免不必要的错误和遗漏。分清买家的用意，有针对性地回复。同时要掌握一些买家的信息（如通过买家的网站、买家的国家的市场、买家感兴趣的产品来了解买家)。

(二) 询盘客户分析类别

1. 鸡肋客户

对于鸡肋客户，我们应该去培养和扶持他们，特别是在此区域没有客户的情况下。鸡肋客户无论成败，对厂家来讲或多或少都有好的作用，如果合作成功了，整个市场也就活了，这是我们最期待看到的；如果合作失败，产品或多或少也会有一定的知名度，对于下一步进入这个市场心里更加有底了，但这不是我们期待看到的。

2. 潜在客户

对于潜在客户应该分以下 3 种情况分别处理。

●情况 1：客户对产品还是很感兴趣，也需要这个产品，但价格上有不同的看法。对于这种客户，最好从自己的产品成本中收取类似产品的价格，以便客户了解您的成本，以获得对产品价格的认可。为了达成协议，在原有报价的基础上做相应下调。

●情况 2：客户对产品很感兴趣，也想购买你的产品，但由于暂时资金的问题无法购买。

应该与这样类型的客户协调好，共同制定一个时间表，让他能够进一步预算出购买你的产品的成本。当然，这样的客户不会直接说他们没有钱，要自己学着去判断。有很多销售人员不会跟随这些客户，想跟进的时候，客户已经购买了别人的产品。笔者的做法是只要客户可靠，先给产品再定时间收集钱也是可以的。

●情况 3：客户对产品的了解不深刻，态度模糊，可以买或者不买。要介绍给这样的客户产品是很容易的，把产品所带来的好处给客户量化，唤起客户的购买欲望。客户往往最关心的是产品会给他的公司带来什么样的好处。

3. 骗子客户

下面是一个典型的骗子客户的邮件案例：

Dear Friend,

I am Moshod Mobutu Sese Seko, son of the late President Mobutu Sese Seko of Congo Democratic Republic former. Republic of Zaire was war in my country and so my family members escaped to Morroco while I am presently at a refugee camp in Ireland monitoring events. Because of the present crises, my environment is not conductive for investment and more over, most of my father's properties and account have been frozen by the present government of Joseph t Kabila.

Now, I want to set up a business overseas and I have about ＄50 Million united state dollars set aside for this project, I decided to contact you to help me in setting up a business, but would not want my name or family name to be used.

I am prepared to give you 20% of the total sum if you can assist me in claiming this fund from a security volt in Europe! Where my father (Mobutu Sese Seko) deposited this fund before he died.

Please, do contact me immediately for us to discuss. As soon as I hear from you, and confirm your assistance every documents regarding to the claiming of this fund will be handed over to you as the family's foreign partner.

Best regards

Moshod Seko

骗子客户一般的特征介绍如下：这类客户在询盘时，对产品性能、材质等方面只是停留在表面，一笔带过，毫不关心。在洽谈生意过程中，对方会反复强调自己的订单很大，并强烈要求供应商到自己公司来谈，甚至直接威胁：不来就没法谈！他们往往是利用钓鱼网站，骗取会员的账号和密码来联系的。

4. 重点客户

下面是一个重点客户询盘的案例：

From：feedback@service. alibaba. com [mailto：feedback@service. alibaba. com]

Sent：Tuesday，December 07，2011 10：36 pm

重点客户跟进方法介绍如下。To：daniel@hanxiong. cn

Subject：[Iolita@apasdeget. de] 1 want to buy the product you are selling on Alibaba. com

主动才是积极——相信只有主动出击的人，才会有成功的机会。

（1）客户需求明确时，要在24小时内回复客户邮件（最好是客户当地的上班时间）。必要的话最好打电话给客户，让他对你有一个好印象，注意查看你的邮件。

（2）以终为始——给自己在不同时期制定一个力所能及的目标。

（3）三赢策略——站在公司、客户、自身的三方角度上力求平衡。

第五节　样品的寄送

一、由寄样转订单

当客户要样品时，暗示着我们离签订订单已经不远了。

当我们收到客户询盘邮件为以下这封邮件时：

Dear Miss Candy,

How are you? Our customers are interested in your Kettle of 1203P and 1205P. Please advise me your best price. Otherwise, I'd like to know about whether you have approval for these models and supply samples for the models I have chosen. Your prompt reply will be helpful to us.

Best regards

Benny

Treadspot Co. , ltd.

benny@ treadspot. com. sg

16 Collyer Quay, Hitachi Tower #01-07, Singapore 049318

Tel：+65 6556 0981, Fax：+65 6836 4874

HP：+65 9066 35401 www. treadspot. com. sg

怎样分析该邮件？寄样分析步骤如下。

（一）询盘内容

产品：Electric Kettles

型号：1203P&1503P

价格：need best price

其他：need approval& samples

（二）卖家信息

Treadspot Co. , ltd.

benny@ treadspot. com. sg

16 Collyer Quay, Hitachi Tower #01-07, Singapore 049318

Tel：+65 6556 0981, Fax：+65 6836 4874

HP：+65 9066 35401 www. treadspot. com. sg

第一步：打开客户的网站，进入公司介绍——看客户历史、主营产品是否是该行业；再看产品介绍（是否有类似产品）；最后看客户的联系方式（看是否与该客户信息相符）；接着验证客户公司的真实性。

第二步：通过 E-mail 回复。

Dear Candy,

Many thanks for your mail dated yesterday. And so happy you can supply samples to us and now answer your question in last mail as following：

1. sample model：Kettle 1203P

2. quantity：3PCS

3. color：blue（we will send the color sample to you soon）

4. power plug length：use in Singapore，under 75cm

5. Need copy of CB certificates with samples.

Regards,

Benny

Sales Manager

ABC Co.，Ltd. URL：www. abc. com. cn

E-mail：benny@ abc. cn

MSN：borsche2@ hotmail. com//Skype：abc. helen

Tel：86-755-××××××××//Fax：86-755-××××××××

Mobile：86-159××××××××

Add：6th Floor, Building A, ZhaoFeng Industrial Area,

SanWei, BaoAn District, Shenzhen, Guangdong, PR. China

第三步：样品寄出去后记得发送 E-mail，让客户跟踪邮件，回复如下：

Dear Benny,

Glad to inform you that I have well prepared the samples per our latest E-mail communication and arranged courier this afternoon.

Here with related information for your reference.

. electric kettles HP-1203P，total 3 pcs

. courier：by DHL，tracking no.：9520364580，you can track the parcel here：www. dhl. com

. The documents you need are attached，please check.

Please do keep me updated when receive the samples.

Any questions，please feel free to contact me.

Best regards,
Benny

二、样品相关费用处理

如果客人回复，要求你寄样品，那么你会面临如下问题：寄不寄样品？样品收费吗？快递费多少钱？谁来承担？是买方支付，还是卖方支付或者是双方承担？

样品费：一般情况下，样品的价值不高的话（如小礼品、文具、低价值日用品等），不建议收取样品费，如某个音响价值 20 元，折合成美元不到 10 美元，若找客户收取 10 美元，看似理所当然，考虑到客户的银行在国外，汇一次款的手续费 10～100 美元不等，也就是说，你要收取的 10 美元样品费还不够交银行的手续费，建议样品费和国际运费汇总后找客户收取，而没有必要单独收取低价值的样品费用。此外，对于样品价值较高的产品（如电器、高档服装等），也可以考虑和运费一起收取，待客户日后下单达到一定金额时再返还。

国际运费：若新客户有诚意做生意，他们是愿意承担样品的快递费用的。所以在无法辨别客户是否真心有意愿做生意的情况下，还是由客户来承担运费，毕竟长期由卖方来承担高额的国际运费会提高卖方的营运成本。通常情况下，客户一般都有自己的进口快递（courier account），所以通过 E-mail 向客户说明就可以，没有进口快递账号的话，可以去国际快递的官方网站上查询。

建议根据买家的需求选择货物运输方式，或者双方协商。

【问题】国际快递的费用是如何计算的？

【提示】

①当需寄递物品实重大于体积时，国际快递的费用计算公式为：

首重运费+（质量（kg）×2-1）×续重运费

例：5kg 货品按首重 150 元、续重 30 元计算，则运费总额为：150+（5×2-1）×30＝420 元

②当需寄递物品实际质量小而体积较大，运费需要按体积标准收取，然后再按上列公式计算运费总额。求体积公式如下：

UPS，DHL，TNT，Fedex：长（cm）×宽（cm）×高（cm）÷5000-重量（kg）

国际快件有时还会加上燃油附加费。

例如，燃油附加费为 9%时，还需要在国际快递的费用计算公式的结果加上运费×9%

③香港、中国邮政挂号小包运费。这种方式一般包括基本运费、处理费、挂号费等。

三、样品跟进

第一，发寄样通知，例如：

Dear Benny,

Nice to inform you that I have well prepared the samples per our latest E-mail communication and arranged courier this afternoon.

Herewith related information for your reference.

electric kettles HP-1203P, total 3 pcs

Courier: by DHL, tracking no.: 9520364580, you can track the parcel here: www. dhl. com

The documents you need are attached, please check

Please do keep me updated when received the samples.

Any questions, please feel free to contact me.

B/R,

Candy

第二，快递跟踪。进入快递官方网站，输入快递单号就能跟踪样品。

第三，样品反馈。快递查询到客户收到样品后，记得在客户收到样品后一周内发 E-mail 询问客户关于样品的反馈，以便进一步拿下订单。

通过 E-mail 询问客户关于产品的反馈，争取尽快把订单拿下，以免夜长梦多，写 E-mail 时可以从以下几个方面来进行旁敲侧击：原材料价格波动、汇率走势、报价有效期、下单的激励措施、情感攻势等。

第六节　合同的签订和履行

一、合同的签订

在交易磋商中，一方发盘经另一方接受以后，签订买卖合同（Contract）交易即告成立，买卖双方就形成合同关系。合同不仅是双方履约的依据，也是处理贸易争议的主要依据。在电子商务合同中，须经当事人的数字签名及第三方权威认证机构的认证，才能实现合同当事人的签字功能。

国际上越来越多的跨境厂商采用 E-mail 邮件方式来签订商务合同。目前缮制此类合同主要有三种方法：一是直接使用邮件正文文本作为合同；二是采用通过附件发送的 Word、Excel 等电子文档作为合同；三是先由一方发送 Word、Excel 等电子文档，另一方接收后用打印机打出，然后再签字盖章，再使用扫描仪扫描成 PDF 或图片格式，最后再通过 E-mail 回传第一方（或通过传真方式回传）。从规范化、安全性的角度行事，更多的跨境商务企业使用第三种方法。

除了上述 E-mail 电邮合同的方式外，在现阶段，传统的贸易合同形式依然广泛存在于国际贸易中，甚至还占有主要地位。在国际上，对书面合同的形式没有具体的限制。买卖双方可以采用正式的合同、确认书、协议，也可以采取订单等形式，而它们则以书面形式存在。

（一）合同

合同（Contract）的特点在于，内容比较全面，对双方的权利和义务以及发生争议后如何处理，均有比较详细的规定。一般在大宗、复杂、贵重或成交额较大的商品交易中通常采取这种形式。合同若由卖方制作就称为销售合同（Sales Contract）；若由买方制作，则为购货合同（Purchase Contract）。

（二）确认书

确认书（Confirmation）属于一种简式合同，它适用于小批量业务或金额不大但批次较多的业务，或者已订有代理、包销等长期贸易协议的交易。

与合同相比，确认书往往不列出或不完全列出基本贸易条件，而只列明一般贸易条件。

（三）协议

协议或协议书（Agreement）在法律上与合同具有同等的含义。若买卖双方所商洽的交易较为复杂，经过谈判后，商定了一部分条件，其他条件有待于进一步协商，双方可先签订一个“初步协议”或者“原则性协议”，把双方已商定的交易条件确定下来，其余条件留待日后另行洽谈。

（四）订单

订单（Order）是指由进口商或实际买主拟制的货物订购单。在买卖双方达成交易后，国外买主通常将他们拟制的订单寄来一份，以便卖方据此履行交货和交单等合同义务；有的还寄来正本一式两份，要求对方签署后返回一份。这种经磋商成交后寄来的订单，实际上是国外客户的购货合同或购货确认书。合同的条款是构成跨境电子交易合同的主要内容。对每一个交易条件进行洽商而达成一致后，将它们一一明确无误地写入合同中，就是交易条款。这些条款分别是：货名、规格、数量、包装、价格、装运期和支付条件、保险条款、检验检疫、争议与索赔、不可抗力和仲裁条款。

二、出口合同的履行

以 CIF 为例，说明出口合同履行流程。CIF 贸易术语下信用证支付方式成交时，出口合同履行流程可分解为货、证、船、款四个板块。其中“货”指落实货物：包括备货和报检环节；“证”指落实信用证，包括催证、审证和改证环节；“船”指货物出运，包括租船订舱、报关、投保、发装运通知等环节；“款”指制单结汇，包括制单、审单、交单、结汇、核销和退税环节。四个板块相辅相成、相互影响，只有准确完成每一环节，才能顺利履行出口合同。

（一）落实货物

落实货物就是指出口企业在合同规定的最迟装运日期之前使货物处于备妥待运状态，具体包括备货、报检，并做好租船订舱及报关的准备。

（二）报检

出境货物检验检疫工作的一般程序是：报检后先检验检疫，再放行通关。

法定检验的出境货物的报检人应在规定的时限内持相关单证向检验检疫机构报检；检验检疫机构审核有关单证，符合要求的受理报检并计收费，然后转施检部门实施检验检疫。

一般出口商品最迟应在出口报关或装运前 7 天报检，个别检验检疫周期较长的货物，应留足相应时间；需隔离检疫的出境动物在出境前 60 天预报，隔离前 7 天报检。

法定检验检疫的货物，除活动物在出境口岸检验检疫外，原则上应在产地检验检疫。

通常情况下，报检人应填制和提供《出境货物报检单》，随附出口合同或订单、商业发票、装箱单、信用证复印件或有关函电、生产单位出具的厂检单原件等。凭样品成交的，还需提供样品。

（三）落实信用证

在信用证支付方式下，出口企业在落实货物的同时，还必须落实信用证。只有在收到信用证正本并经审核确认信用证内容与合同及操作惯例相符时，才可以发出货物。如果在信用证未落实的情况下贸然发出货物，会给出口企业结汇带来被动。

落实信用证包括催证、审证和改证三个环节，其中审证环节是最为重要的、必不可少的环节。正常情况下，买方应按合同规定的时间开立信用证，但在实际业务中，有时买方不能按时开证，为保证合同顺利履行，卖方需要向买方催开信用证。催证的方法：卖方采用电子邮件方式催证。核心内容为：××号合同项下货物已备妥，请速开证。

审证包括两个环节，一是通知行审证，二是卖方审证。这两个环节同等重要，各有侧重，不能相互替代，缺一不可。

实际业务中，较为常见的信用证修改是“展期”，也就是受益人在不能如期完成交货的情况下，要求开证申请人同步延展装运期和信用证有效期。

（四）货物出运

出口货物既可以由出口商自行向承运人办理托运，也可以委托货运代理公司（以下简称货代）办理。在实际业务中，后者大约占75%以上，因为，货代不仅可以提供专业的包括租船订舱、报检换单、报关、产地装箱等一揽子货运服务，还可以提供出口商个人无法从承运人那里申请到的优惠运价。除非进口商指定承运人或货代，出口商应根据货代的等级、优势航线、所提供运价的竞争力和综合服务能力选择货代。

（五）国际贸易单证与缮制

出口货物装运以后，出口公司即应按照信用证的要求，正确缮制各种单据，经审核无误后，在信用证规定的交单有效期限内将单据递交银行结汇。结汇后还要及时办理出口收汇核销和退税手续。

第七节　制单与结汇

一、主要的单证

制单是指依据买卖合同、信用证、有关商品的原始资料、相关国际惯例、相关国内管理规定、相关国外客户要求等缮制单证。

（一）信用证

信用证（Letter of Credit，L/ C）是指由银行（开证行）依照（申请人的）要求，在符合信用证条款的条件下，凭规定单据向第三者（受益人）或其指定方进行付款的书面文件。即信用证是一种由银行开立的有条件的承诺付款的书面文件。

信用证开证申请人是买方。买方向开证银行（买方所在地）申请开出信用证并由开证行用电子方式将信用证通过通知行（卖方所在地）交至卖方。详见本书有关信用证支付章节。

（二）商业发票

商业发票（Commercial Invoice）是买卖双方的记账依据，是出口方向进口方开出的交货清单，也是进出口报关、纳税的一般说明。商业发票是业务的综合反映，包括商品名称、规格、价格、金额、数量、包装等，还有进口商进口报关不可缺少的文件，所以商业发票是全套出口文件的核心，出口单据在制作过程中的，其余的单据均需要参照商业发票。发票的内容必须符合交易合同和信用证的规定，必须一致。

除了商业发票以外，根据不同的目的，还有海关发票（Customs Invoice）、领事发票（Consular Invoice）和厂商发票（Manufacturer's Invoice）等。

（三）海运提单

海运提单（Ocean Bill of Lading）是承运人收到货物后出具的货物收据，也是承运人所签署的运输契约的证明。提单还代表所载货物的所有权，是一种具有物权特性的凭证。

（四）保险单

保险单（Insurance Policy）简称保单，是保险人与被保险人订立保险合同的正式书面证明。保险单必须完整地记载保险合同双方当事人的权利、义务及责任。保险单记载的内容是合同双方履行的依据，保险单是保险合同成立的证明。保险单是 CIF 条件下，卖方必须提交的结汇单据。

（五）原产地证明书

原产地证明书（Certificate of Origin）是出口商应进口商要求而提供的、由公证机构或政府或出口商出具的证明货物原产地或制造地的一种证明文件。产地证书是贸易关系人交接货物、结算货款、索赔理赔、进口国通关验收、征收关税最有效的凭证，它还是出口国享受配额待遇、进口国对不同出口国实行不同贸易政策的凭证。

（六）商品检验证书

商品检验证书（Commodity Inspection Certificate）是用来证明出口商品的品质、数量、重量、卫生等条件的证书，是检验机构对进出口商品进行检验、鉴定后出具的证明文件，是卖方向银行办理议付的单据之一，是卖方所交货物是否与合同规定相符的证据，也是索赔和理赔必备的单据之一。检验证书一般由国家规定的检验机构出具，如中国进出口商品检验检疫局。

（七）汇票

汇票（Bill of Exchange）是由出票人签发的，要求付款人在见票时或在一定期限内，向收款人或持票人无条件支付一定款项的票据。汇票是国际结算中使用最广泛的一种信用工具，是托收方式下付款必备的重要单据。

集齐信用证要求的、其他出单人出具的各种单据，如海运提单、保险单、检验检疫证书、原产地证明书等。根据信用证中的 42C、42A 的要求，最后制作汇票。

以上是常用的部分贸易单证。其他一些单证有的是出口商家自己缮制的，有的是其他单位应出口商的要求而出具的。但无论如何，其内容、签发的人均需符合信用证的有关规定。

二、交单

交单是指在合同、信用证规定的时间、地点，以正确的方式，将符合要求的单证交给正确的当事人。通常在托收和信用证支付方式下，应到银行交单，在汇付方式下应直接向进口人交单。

（一）信用证方式下的交单

如果信用证规定了交单期，受益人应在规定期限内交单；如果信用证没有明确规定交单期，银行将不接受自装运日起 21 天后提交的单据，但在任何情况下，单据的提交不得迟于信用证的有效期；若信用证到期日或交单期的最后一天，适逢接受单据的银行终止营业日，则规定的到期日或交单期的最后一天将延至该银行开业的第一个营业日。但若该银行中断营业是因为天灾、暴动、骚乱、叛乱、战争、罢工、停工或银行本身无法控制的任何其他原因，则信用证规定的到期日或交单期的最后一天不能顺延。只要有可能，受益人应尽早交单。这样做的好处是：一旦发现单据存在问题，还来得及补救；如果单据没有问题，则可以早日收汇。

（二）托收支付方式下的交单

选择 D/ P（Document against Payment）或 D/ A（Dcument against Acceptance）支付方式时，出口商装运货物后，即向出口地托收行交单办理托收。托收交单较灵活，单据种类、份数、内容、交单时间由出口商根据合同和进口商的情况决定。

交单时，出口商应向托收行提供明确的托收指示书，有的银行印有固定格式供出口商填写。托收行必须核实所收到的单据在表面上与托收指示书所列一致，如发现遗漏，应立即通知交单的出口商。除此之外，托收行没有审核单据的义务。托收行仅被授权根据委托人（出口商）的指示和国际商会《托收统一规则》办理托收，不能擅自超越、修改、疏漏、延误出口商的指示。

（三）T/T 支付方式下的交单

T/T（Telegraphic Transfer）电汇，是指汇出行应汇款人申请，拍发加押电报\ \电传或 SWIFT 给在另一国家的分行或代理行（即汇入行）指示解付一定金额给收款人的一种汇款方式。根据付款时间不同，T/T 分为前 T/T 和后 T/T 两类。前 T/T 又分为“装运前 T/T”和“装运后见提单传真件 T/T”。

（1）装运前 T/T 支付方式下，出口商在装运前已全部收到进口商电汇的合同金额。在装运之后，就直接把包括海运提单在内的所有单据寄给进口商，或指示船公司把提单电传给进口商。

（2）装运后见提单传真件 T/T 支付方式下，出口商在装运后，把海运提单传真给进口商，进口商见到提单传真件后即把合同金额电汇给出口商，出口商收到货款后才把包括海运提单在内的所有单据寄给进口商。

(3) 装运后用 T/T 支付方式，出口商在装运后，把包括海运提单在内的所有单据寄给进口商，进口商可在收到单据或货物之后的一段时间内，采用电汇方式把合同款项付给出口商。

三、结汇和退税

结汇是指出口商在货物装运后，按信用证规定，把备妥的所有单据在信用证规定的交单期内送交银行。银行审核无误后，向出口商支付货款。

出口退税是指在国际贸易中，货物输出国对出口货物免征其在本国境内消费时应缴纳的税金或退还其按本国税法规定已缴纳的税金（包括增值税、消费税）。通过退还出口商品在国内已缴纳的税金，使本国商品以不含税成本进入国际市场，可以避免双重征税和保证国际竞争的公平性。

第四章　跨境电子商务发展现状与综合服务平台研究

2015—2016 年上半年中国跨境电子商务业务逆势上扬，成为未来驱动贸易发展的新动力。各省市跨境电子商务综合试验区快速崛起，跨境电商进口平台、出口平台和服务平台功能明显提升，推动了中国跨境电子商务的爆发式发展。

第一节　国际跨境电子商务发展现状

一、美国跨境电子商务发展现状

全球电子商务市场区域发展呈现出美国、欧盟、亚洲三足鼎立的局面。美国是世界上电子商务发展最早的国家，也是电子商务发展最成熟的国家，一直引领全球电子商务的发展，是世界电子商务成熟发达地区。欧盟电子商务发展起步晚于美国，但发展迅速，成为世界领先的电子商务区域。亚洲作为电子商务发展的后起之秀，市场潜力较大，近几年发展速度和份额不断上升，是全球最大的电子商务潜力领域。

在全球各种电子商务模式中，B2B 电子商务交易一直占据主导地位，2002 年至今呈现持续高速发展态势。2015 年全球电子商务市场规模达 22.1 万亿美元，其中 B2B 电子商务规模为 19.9 万亿美元，占电子商务交易总额的 90%，可见 B2B 市场多么巨大。中国的 B2B 电子商务市场潜力巨大，2015 年交易规模达到 10.7 万亿元人民币，较 2014 年增长 14.3%。

在美国，购买行为和科技的变化已经大大影响了人们的购物方式，对于品牌电子商务来说，升级现有业务、营销和销售策略来迎合现代消费者的需求，将会变得非常重要，接受消费者行为的公司将会更容易赢得消费者的喜爱。根据数据调查公司 eMarketer 和 Forrester 预测，美国电子商务公司在 2016 年年底将卖出 3550~3930 亿美元（1 美元≈6.8 元人民币，汇率会调整）的产品。预计到 2018 年电子商务公司营业额将达到 5000 亿美元。

（1）订阅销售模式：常规消费品创造可预见的营业额。美国的商业比较发达，2015 年在声称成功突破电子商务订阅模式的瓶颈后，Dollar Shave Club 和 Naturebox 两家公司分别从顶尖投资者那里获得了 7500 万美元和 3000 万美元的融资。

（2）加强营销内容创造，针对潜在客户进行推广。美国的线下品牌比较多，有些品牌的产品销售还是消费者亲身体验过后效果更佳，过去一些品牌只是盲目地通过网络发帖，进行影像视频宣传，却很少考虑如何有效推广他们的品牌故事，很多企业花费数百万元进行营销，却没能挖掘到真正的客户。2016 年以来，由于电子商务营销人员发现了宣传推广品牌内容的重要性，商家已经改头换面开始推广品牌效应，电子商务运营逐步走向精准营销，吸引真正客户的注意力。

（3）通过线上线下的互动，推动垂直电子商务交易额的增长。美国的垂直电子商务发展得比较成熟，线上线下的有机结合也是电子商务发展的方向。美国商家感到，对于线下实体店，一方面，繁荣地区的交通可以带来新的订单；另一方面，犹豫在网上订购的消费者在进入商店或样品室后可能会购买产品。因此，消费者也可以选择在线订单，到实体店取货或退货，将满足消费者在实体店内对所购商品进行详细的了解，然后再决定是否购买。为了降低风险，许多品牌的电子商务公司开始引入短期租赁“快闪店”，选址的位置大多在较大的交通场所，“快闪店”商业模式对推动品牌企业有较大的促进作用。

（4）研发虚拟现实技术推动跨境电子商务的多样化。让消费者在购买之前，触摸、感受和使用产品能够让消费者更加安心，为了满足消费者这一需求，美国电子商务企业通过引入 VR/ AR 技术，在产品页面增添视觉营销内容——影像视频，详细描述产品、良好的顾客评价、高清晰图像和产品展示视频。

二、澳大利亚跨境电子商务发展现状

由于澳大利亚在全球的地理位置和本国的资源优势，使得澳大利亚人民非常喜欢跨境购物。一项研究发现，澳大利亚愿意跨境购物的消费者比例达到 63%，居世界第一。

（1）高互联网覆盖率促进了电子商务快速发展。澳大利亚的消费者网络购物很频繁。根据谷歌的消费者洞察报告显示，澳大利亚的互联网覆盖率非常高，平均每人有3.1台网络设备，是世界上最高的，这里90%的人口都能使用互联网。有研究显示，大约有30%的消费者在网上购物的时间要超过在实体店的时间。澳大利亚国家银行称，2015年澳大利亚的网络零售消费量年比增加10%，达到了176亿美元。

（2）社交媒体连接了网上活跃的消费人群。澳大利亚的消费者在社交媒体上非常活跃，并利用社交媒体进行购买决策。澳大利亚的一家营销公司Sensis称，大约有20%的消费者会利用社交媒体了解产品，58%的消费者反映，在社交媒体上了解以后会购买。因此，零售商积极参与社交媒体、投资社交媒体营销，以此吸引新买家、留住现有消费者，分享现在和以后的推广活动。很多澳大利亚的电子商务网站，如服装零售商The Iconic、每日限量优惠网站Catch of the Day等，都要求达到一定的订单数额才能包邮。零售商和物流提供商在积极投资物流的基础设施建设。但目前来说，澳大利亚的消费者还能接受较长的配送时间和较高的邮费。

（3）便捷的支付手段扩大了跨境电商发展。澳大利亚大多数电子商务网站大部分都支持常见信用卡：Visa、万事达、美国运通，也有相对少见的PayPal。分类广告网站Gumtree建议用户和卖家当面交易。有些网站对澳大利亚邮政送货的商品支持货到付款。澳大利亚还有一个常用的支付服务是POLi。这是由澳大利亚邮政提供的实时银行转账，能让商户通过澳大利亚银行的网络账户接受消费者的付款。然而，澳大利亚人民非常喜欢跨境购物，这很大程度上是因为1000澳元（1澳元≈5.1元人民币）以下都不收税。一项研究发现，澳大利亚愿意跨境购物的消费者比例达到63%，居世界第一，第二、第三分别是加拿大和俄罗斯。因此，身在美国的零售商也能方便地开拓澳大利亚市场，然后把商品寄到澳大利亚——亚马逊就是这样。

然而，Episerver的《2015移动电子商务》报告也指出，有这样高的覆盖率，当地零售商在移动体验上做得却不怎么样。澳大利亚的电子商务发展还有很大的空间。

三、韩国跨境电子商务发展现状

韩国统计厅的数据显示，2016年第一季度，韩国跨境出口电子商务达到4787亿韩元（约合22.22亿美元），比去年同期增长84.5%。同期跨境电子商务进口4663亿韩元，同比增长5.7%。这是2014年以来跨境出口电子商务规模首次超过进口电子商务的有关统计数字。韩国海淘最倾向于美国商品，从美国直接采购的占71.7%，其次是欧盟、中国和日本。商品主要包括服装

(43.6%)、食品（17.6%）、家电及通信产品（10.1%）等。

韩国统计厅方面介绍，随着韩流热潮掀起，中日两国消费者网购量快速增加。加上第一季度韩元持续走软，海外消费者能以更低廉的价格购买韩国商品，此外，快捷支付方式推广等因素也起到了积极作用。从出口对象国来看，韩国对中国的跨境出口电子商务规模占总出口额的74.4%，其后依次为美国、日本和东盟。据统计，韩国对中国的跨境出口电子商务规模同比猛增123.6%，其中化妆品出口额增幅最大，为154%，服饰及相关商品出口增长66%。韩国跨境出口电子商务中，化妆品占比最大，为61.6%，服装占比达20.9%。

四、欧洲跨境电子商务发展现状

2016年9月，法国Lengow公司发布的“欧洲跨境电子商务状况报告”显示，欧洲互联网用户只有5796个网上购物，只有16%的中小企业设置了自己的在线渠道，跨境电子商务销售仅占约7.5%。目前，欧洲有5.16亿互联网用户，总人口占75%，电子商务用户2.96亿，互联网人口占43%。近年来，欧洲的网络零售额年均增长率为13.3%，如图4-1-1所示。

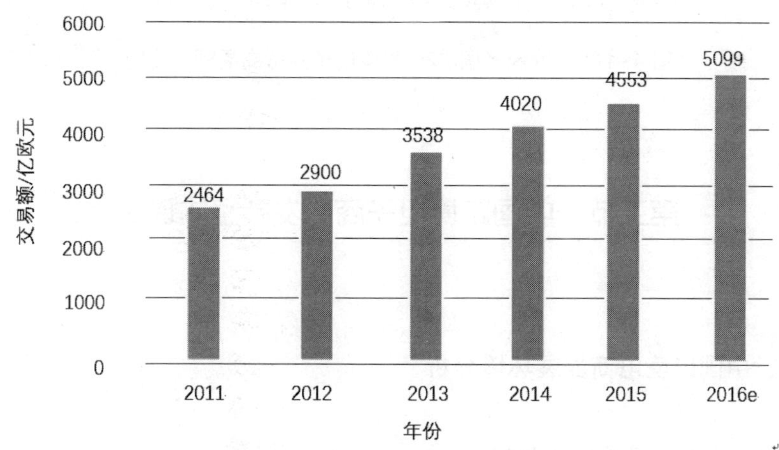

图4-1-1 欧盟国家B2C跨级

2015—2016年，欧洲B2C电子商务排名前十位的国家中，英国在欧洲排名第一，1571亿欧元（1欧元≈7.39元），占总市场份额的34.5%；其次是法国649亿欧元，占比为14.3%；德国597亿欧元，占比13.1%；其他如俄罗斯、意大利、西班牙等七个国家占电子商务份额的22.3%。如图4-1-2所示，电子商务协会提供的数据，到2015年底，欧洲B2C网站数量已增至75万左右，年增长率达 15%。南欧和东欧的 B2C 电子商务市场正在上升。在 B2C 销售服务和类别占比方面，旅行票预订占 77%，音乐和酒店业占 65%，家具占 36%，手机和服装占 33%。在 2015 年，欧洲的在线零售总额约为 4550 亿欧元。欧洲邮政和私人快递公司对过去的五年做出估计，国内和跨境市场每年投递 42 亿包裹。

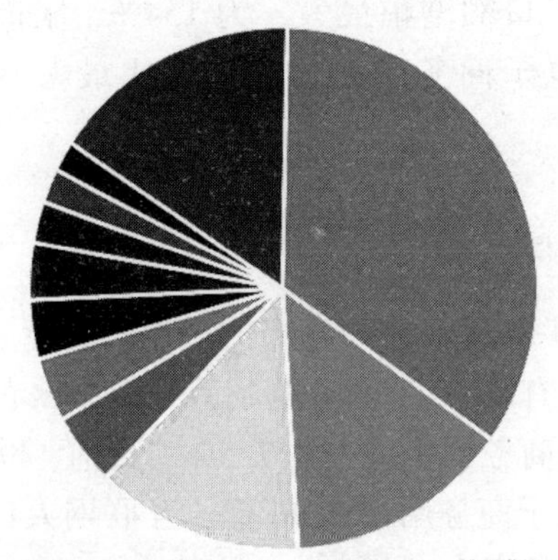

图 4-1-2　欧洲各国 B2C 跨境电子商务交易额占比图

第二节　中国跨境电子商务发展整体现状

一、中国跨境电商发展环境分析

（一）进出口贸易增速放缓

2014 年，我国进出口总值 26.43 万亿元人民币，比 2013 年增长 2.3%。其中：出口 14.39 万亿元，增长 4.9%；进口 12.04 万亿元，下降 0.6%。可以看到，受世界经济复苏态势缓慢，国内劳动力价格上涨、人民币升值等成本要素上升，贸易摩擦加剧等因素影响，近几年来，我国外贸进出口总额不再是以前的高速增长。

（二）利好政策全面铺展

中国对跨境电商的政策支持力度不断加大，从2004年的政策萌芽期开始，政策扶持分成了三个阶段：政策萌芽期（2004—2007年），共发布了3项政策，初步规范电商行业发展，侧重于规范行业；政策发展期（2008—2012年），陆续发布了10项政策，涉及监管、支付结算及试点等方面，政策呈点状分布，侧重支持引导；政策爆发期（2013年至今），集中发布了10余项政策，政策呈面状铺展，主要集中在出口方面，向实施层面推进。

就跨境进口方面来说，国家出台了诸多的扶持政策，规范性不断加强。2016年4月8日，《关于跨境电子商务零售进口税收政策的通知》发布，要求通过跨境电子商务进口的商品不再按行邮税征税，而是与一般贸易一样需要征收关税、增值税、消费税等，并且推出了正面清单，清单中限制了部分当前热销商品的进口。对于消费者来说，税率的调整会影响他们的购买欲望，正面清单则使部分企业的盈利受到负面影响。据新华社报道，在进口税收新政策的冲击下，仅一个月的时间，杭州跨境电子商务综合试验区的进口邮件数量环比下降了57%，同时天猫国际、京东、聚美优品等电商平台纷纷表示新政策发布得太仓促，建议暂缓一年再施行，因为企业至少需要一年的缓冲期来改变经营模式以适应新的规则。行业的发展必定需要制度的规范性和有效的监管，不论新政策是否会暂缓施行一年后重新修改完善，我国跨境电子商务都处在成长期，改革和创新都是必经之路。

（三）试点城市逐步增多

在建立综合试点区之前，中国跨境电子商务试点城市有四种可申报的商业模式，不同城市的商业试点模式范围有明显的限定。目前，国家海关总署可以在重庆、广州、上海、郑州等6个城市进行跨境电商进口试点城市，其他批准试点城市只有出口试点资质，详见表4-2-1、表4-2-2。

表4-2-1 中国跨境贸易电子商务服务试点城市审批情况

批次	批准时间	试点城市	审批单位
试点启动期	2012年	郑州、上海、重庆、杭州、宁波	海关总署
全面铺展期	2013—2014年	广州、深圳、苏州、青岛、长沙、平潭、银川、牡丹江、哈尔滨、烟台、西安、长春等十几个城市	海关总署

续表

批次	批准时间	试点城市	审批单位
综试区启动期	2015 年 3 月	杭州	国务院
综试区推广期	2016 年 1 月	天津、上海、重庆、合肥、郑州、广州、成都、大连、宁波、青岛、深圳、苏州	国务院

表 4-2-2　中国部分跨境贸易电子商务服务试点城市业务模式限定范围

代表城市	直购进口模式	保税进口模式	一般出口模式	保税出口模式
重庆	√	√	√	√
广州	√	√	√	√
上海	√	√	√	
宁波		√	√	
杭州	√	√	√	
郑州		√		√

目前，跨境电商业务模式的探索大致可以分为出口和进口两方面：

(1) 在出口方面，目前使用“清单核放、汇总申报”管理模式，解决电商出口退税、结算的问题。据海关总署统计，截至 2014 年 4 月 28 日，出口业务已在杭州、重庆等地进行，累计出口检验单 25 万余份，形成出口报关单 1393 票，价值约 2925 万元

(2) 在进口方面，各试点城市充分发挥海关特殊监管区的功能和优势，建立了网上购物进出口模式和直接采购模式。截至 2014 年 4 月 28 日，进口业务已在上海、郑州、宁波、杭州、重庆等地进行，累计验收进口约 6 万件，价值 24.08 万元。跨境电商进口业务试点城市多次尝试，在政府跨境电商业务平台的指导下已经上线，如上海跨境通、宁波的跨境购。

二、中国跨境电商发展现状分析

(一) 跨境电子商务发展的基本数据

2014 年，我国进出口总值 26.43 万亿元人民币，较 2013 年增长 2.3%。其中，出口 14.39 万亿元，增长 4.9%；进口 12.04 万亿元，下降 0.6%。据测

算，在进出口总额中，跨境电子商务交易额约6000亿美元，同比增长39%。其中，进口约762亿美元，同比增长59%；出口约5238亿美元，同比增长36%。跨境网络零售交易额达到718亿美元，同比增长44%。其中，进口网络零售额约206亿美元，同比增长60%；出口网络零售额约512亿美元，同比增长40%。

2014年12月底，我国跨境电子商务试点地区进出口交易额突破30亿元。其中，在出口方面，上海、杭州、金华、东莞、广州、深圳、北京、苏州、重庆、青岛、西安、宁波、郑州、南京、葫芦岛、银川16个城市先后开展出口业务，截至12月底累计验放清单3823.5万份，出口到181个国家和地区，价值约20.4亿元。在进口方面，上海、广州、杭州、宁波、郑州、重庆、深圳先后开展了进口业务，截至12月底共验放包裹411万余件，价值约10.1亿元。

（二）实施跨境电子商务发展战略的优势

我国多地区跨境电子商务发展已经起步，呈现出了良好而快速的发展势头，跨境电子商务正在突破和改变着传统外贸模式。

上海于2013年12月正式启动跨境电子商务，选择实施了网上直购进口、网购保税进口和一般出口三种跨境电子商务模式。"跨境通"作为上海唯一一个国家跨境电商交易试点首批进驻上海自由贸易区，已经引进了多家供应商并销售了大量商品，显示出跨境电子商务在产品价格、产品质量和交易时间等方面的突出优势。

2015年7月，上海市印发《关于促进本市跨境电子商务发展的若干意见》。意见提出，到2020年，本市跨境电商交易额占全市进出口总量的比重稳步提高，跨境电商发展水平居全国前列。为此，需要完成12项主要任务，包括：集聚跨境电商经营主体、完善跨境电商公共服务平台、发展跨境电商物流体系、设立跨境电商示范园区、鼓励跨境电商业态创新、优化配套的海关监管措施、完善检验检疫监管政策措施、提升跨境支付与收结汇服务、创新支持跨境电商税收机制、加大财税支持力度、加强创新研究和人才建设、优化市场环境和统计监测。

（三）跨境电子商务平台类型多样

现有的跨境电子商务平台分为三个类别：

其一，以天猫国际、亚马逊中国、兰亭集势等为代表的电商大平台。它们拥有成熟的经营模式和广阔的用户市场，跨境电子商务只是由用户需求跨地域后衍生出来的分支。这些平台偏向于采取直邮的方式来完成跨境物流，跨境直邮模式更加灵活，确保消费者买到“原汁原味”的海外商品。据美国第三方数据机构尼尔森发布的《2015 跨境网购消费报告》显示，42%的消费者会选择直邮的方式，该比例超过“保税发货”“国内现货”等其他物流方式。

兰亭集势是目前国内领先的跨境电子商务网站。该网站涵盖了包括服装、电子产品、玩具、饰品、家居用品、体育用品等 14 大类 50 万多种商品的跨境对外贸易在线销售，2014 年销售额达到 3.8 亿美元。2014 年，兰亭集势在波兰的罗兹、美国内华达都建立了海外仓，并开放了自己的物流平台，卖家即使不懂国际物流，也可以直接通过兰亭集势的开放平台把包裹送递到全世界各个地方。

其二，以网易考拉海购为代表的新生代自营电商。自营电商的优势在于，它能够保证较优质的产品质量，避免良莠不齐，形成强大的品牌吸引力，增加消费者黏度。同时，这种选择直采自营模式的电商平台会有强大的供应链支持，为产品的引入、分类、展示、交易、物流配送、售后服务等各个重点环节都提供了有力保障。

其三，以蜜芽、小红书、洋码头等为代表的创业型中小平台。这类型的平台经过细致的市场需求分析后，善于利用社交分享进行口碑宣传，致力于培养对市场极具敏感度的买手进行海外采购，专注于垂直品类商品的销售。相比其他大电商平台，它们的特点是商品种类较为集中、目标消费群体有共性、运营方式另辟蹊径，注重对个性化、多样化的消费者需求的满足，挖掘尚未被大力开发的市场潜力。在其新颖的经营概念与模式吸引下，这类平台更易得到资本市场的青睐，在资本的助推下快速跑马圈地。

（四）我国跨境电子商务商品品类不断丰富

从销售商品的品类看，跨境电子商务平台热销的商品品类大部分以汽车配件、家居园艺、3C 电子产品、计算机及配件、轻奢珠宝等易于物流运输的小规格产品为主，2016 年以后有逐渐向汽车、大型家居等大件商品扩展的趋势。根据 eBay 数据，2016 年在 eBay 平台上增速最快的三大品类依次为：时尚类、汽车配件类及家居园艺，且 71%的大商家都计划对现存商品品类进行扩充，超过 64%的大商家计划延伸到其他产品线。跨境电子商务企业业务扩张的重要手段之一就是不断拓展销售商品品类，这有助于跨境电子商务企业抓住更多具有消费力的网购群体。随着电子商务对人们日常生活的影响不断加深与渗透、物流解决方案与科技手段不断创新，跨境电子商务零售商们将不断扩充其所覆盖的商品品类。

（五）我国跨境电子商务目标市场广泛

从我国跨境电商的目标市场看，具有旺盛需求同时国内跨境电子商务交易氛围浓厚的国家有美国、英国、德国、澳大利亚等，这些国家的顾客熟悉跨境网购，且支付环境较安全、物流基础设施较完善，能够为顾客提供优质的服务。因此，我国将继续与这些国家保持跨境电子商务贸易往来，并且进一步挖掘其深层次的需求。与此同时，部分发展中国家因其不断成长的需求，也在寻求机会促进跨境电子商务发展，例如俄罗斯、巴西、印度等，但这些国家的本土电商企业并不发达，无法满足国内消费者的网购欲望，而中国制造的产品物美价廉，在这些国家的市场上具有巨大的优势，成为我国发展跨境电子商务的一大动力。

比如，“一带一路”沿线国家都具备与我国跨境电子商务企业展开深度合作的基础。

我国大量跨境电商企业也在拓展东南亚市场，值得一提的是印尼，该国人口众多，巨大的消费需求吸引着 eBay、亚马逊、日本乐天等电商平台巨头纷纷进入印尼市场。未来一段时期我国跨境电商企业将与上述企业展开竞争。同时，在欠发达地区，电子商务和跨境网购依然是一个比较陌生的概念，对于跨境电子商务企业来说，这类型的市场需要花费较多时间和精力来开垦和培养。

（六）跨境电子商务示范城市探索新模式

上海自贸区提出“智能化卡口验放”“批次进出、集中申报”“融资租赁”“保税展示交易”“简化无纸通关随附单证”“先进区、后报关”等共 8 项创新制度。自贸区跨境通是面向消费者、电商及物流企业的跨境电商平台，形成了“自贸专区”和“直邮中国”两种运作模式，“自贸专区模式”要求企业进驻上海自由贸易区开设账册企业或寻找自由贸易区内有资质的代理企业。“直邮中国模式”要求境外商家必须在中国国内设立分支机构或者委托第三方机构代理售后相关事宜。

2012 年 9 月 12 日，跨境贸易电子商务服务 E 贸易试点项目落户河南保税物流中心，E 贸易主要业务模式为跨境 B2C 营销模式，所售商品直接由海外生产商提供，没有任何代购、代销等中间环节，商品可直达消费者手中，确保商品百分之百原装进口。

郑州是国内唯一利用综合保税监管场所进行跨境电商试点的城市，现已形成以郑州为中心的跨境物品集散中心，当前电子商务产业集聚效应初步显现：全市有 1 个国家级电子商务示范基地、5 个省级示范基地、2 个省级产业园区。

先进的商业模式是企业竞争力的终极体现，打造先进、高端的郑州模式，发展跨境电子商务势在必行，郑州对跨境电商的发展模式探索走在了其他城市的前端。

依托郑州机场的国际航空物流中心及航空枢纽的地理优势，2015 年 4 月 30 日，由河南省政府口岸办牵头，由郑州海关、省检验检疫局、省机场集团公司、省电子口岸公司联合建设的河南跨境贸易电子商务通关服务平台在郑州机场跨境电子商务监管中心正式实单测试运行，由河南机场集团开展的跨境贸易电子商务的一般模式正式启动，实现了“一次申报，一次查验，一次放行”的“三个一”通关模式，简便的入关手续大大加快了消费者拿到海外商品的速度。一般模式利用航空运输的集货条件优势为中外跨境电商企业开辟了快速连接河南和世界各地的新物流通道，实现了消费者和海外商家的直接交易。

三、中国跨境电商发展的特点及存在的问题

（一）中国跨境电商发展的特点

1. 传统企业纷纷加入

2012 年以前，跨境电商的参与者主要以小微的草根企业、个体商户及网商为主。2013 年以来传统贸易中的主流参与者（如外贸企业、工厂和品牌商家）开始进入这个领域，并逐渐走向规模化运作。

2. 产业链日益完善

针对影响跨境电商发展的各环节，如营销、通关商检、物流、支付等跨境电商企业和服务型企业不断扩大到产业链的其他方面，综合众多资源提供综合服务，新的服务供应商正在不断涌现，越来越明确和完善的产业链和生态系统服务链正在形成。

3. 品牌运营之路开启

早期跨境电商以中国制造大国的优势来销售物美价廉的产品以及 OEM（Original Equipment Manufacturer，原始设备制造商）代工为主，来发展跨境电商。近两年来，大批企业开始考虑走品牌运营的道路，特别是一些较大的企业开始考虑建立自己的平台，走品牌国际化线路，让品牌走向海外市场，通过品牌提升跨境电商业务的价值。

（二）中国跨境电商发展中的问题

1. 政府职能转变不完善

目前，阻碍我国跨境电子商务进一步发展的因素主要是监管制度跟不上互

联网时代数字贸易步伐、政府监管部门之间的协作性不高，易造成程序上的成本浪费、跨境电子商务企业运作“不规范”、市场秩序较混乱等问题。传统的政府监管方式不再适用于跨境电子商务的网络发展模式，因此新型的“互联网+政府”的整体监管方式就应该被提上日程，通过一系列的措施对政府职能进行重设，让跨境电子商务在一个自由且合理合法的环境下创新与成长。在改革试验中，应明确政府的职责，在政府与市场之间形成一个良好的协作，充分发挥市场在资源配置中的决定性作用，激发企业的主体性、主动性和创造性；政府要有效引导社会资源优化配置，通过优化整体监管服务、完善政策法规，构建适应跨境电子商务发展的综合服务体系。

2. 商户的基本信息不规范

有效的交易以经营主体（即商户）的信息真实性、规范性为基础。目前对这些信息进行处理的是我们的平台经营者，如果平台上的商户能够完全按照实名制进行注册，就会解决一大部分问题，就不会存在虚假的商户利用平台流量去欺骗消费者，不会对平台的信誉造成伤害。但是对商户信息进行分析与判别是一项庞大的工作，这对于平台来说存在难度，所以在很多的情况下，经营主体的质量优劣就很难确定，不利于形成一个健康、信用充足的跨境电子商务贸易链条。

3. 产品质量的优劣不确定

在我国，进行跨境电子商务贸易的企业有很大一部分是小额外贸企业，它们一般不能承受商检所产生的费用，所以经常不做商检。同时由于个人邮寄政策的宽松，缺乏严格制度要求，企业一般不必经过检验检疫环节就能进行进出口贸易。在这种漏洞下，产品的质量就存在争议。另外，跨境电子商务贸易中市场会出现热销的所谓“爆款”，在利益的驱使下，就会有部分不规范的企业销售仿制品或是劣质品，这些都会给消费者带来各种损害，必然会导致各国持谨慎态度，减少对这一类商品或与某一跨境电子商务企业的合作。

4. 清关障碍削弱物流时效

跨境物流的海关关卡一般有两个：出口国海关和目的国海关。在出口跨境电子商务中，商家要尤其注意出口国海关的相关制度要求和政策变化情况，有些海关的通关流程较为严格，当遇上海关扣货查验时，就要花费更多的成本。例如货件被退回发货地，或因文件资料缺失而需要重新补齐，严重时还会直接没收货件，这些情况会直接削减商家的利润空间甚至导致商家亏损。

目的国海关也可能存在一定障碍，例如巴西海关几乎对每件包裹都要查验，并要求随附商业发票、原产地证明等资料。保证资料的齐全度对于有些小规模的跨境电子商务企业来说比较难做到，有时就算提供全部资料也可能被认为是伪造的。

此外，某些目的国海关由于技术落后，经济水平不高，无法利用电子系统进行清关工作，使得清关效率很低，从而也延长了整个物流配送时间。

5. 境外服务水平不高，海外仓建滞后

由于存在地理隔断、政策差异等诸多不可避免的问题，跨境物流的发展并非一帆风顺，跨境电子商务国内外企业物流信息系统配置不统一、流程不一致等因素，很容易导致追踪货物物流信息出现差错，消费者难以实时了解货物的状况，同时也可能导致货物损坏、丢件以及后续的退货不便等问题。为了解决物流时间长、退换货不及时、客服远水解不了近渴、消费者购物体验差等问题，最佳方案就是在目的国建立海外仓，为海外消费者提供高效优质的物流及售后服务。针对海外建仓，亚马逊运营中心等已经提供了很好的海外仓建设思路，但随着海外仓创立条件愈加严格，诸多企业在这方面还未从根本上改变被动局面。

第三节　中国跨境电子商务综合试验区发展现状

2016 年 1 月 15 日，国务院发函《关于同意在天津等 12 个城市设立跨境电子商务综合试验区的批复》（国函〔2016〕17 号），同意在上海市、宁波市、重庆市、天津市、郑州市、苏州市、青岛市、合肥市、广州市、成都市、大连市、深圳市等 12 个城市设立跨境电子商务综合试验区；借鉴中国（杭州）跨境电子商务综合试验区建设“六大体系”（信息共享、智能物流、统计监测、风险防控、电子商务信用、在线金融服务）、“两个平台”（线上“单一窗口”、线下“综合园区”）的经验和做法，因地制宜，突出本地特色和优势，着力在跨境电子商务企业对企业（B2B）方式相关环节的技术标准、业务流程、监管模式和信息化建设等方面先行先试，为推动全国跨境电子商务健康发展创造更多可复制推广的经验。目前国务院批准的 12 个跨境电子商务综合试验区都已经公布了相应的实施方案，这些城市对综合试验区发展的定位与城市定位整体基本一致，发展目标明确，具体如表 4-3-1 所示。

表 4-3-1　跨境电子商务综合试验区实施方案统计表

地区	建设定位	主要建设目标
杭州	国际	逐步形成一套适应和引领全球跨境电子商务发展的管理制度和规则；为推动全国跨境电子商务健康发展提供可复制、可推广的经验；把综合试验区建设成中国经济转型升级的重要载体和深化改革开放的重要窗口；提升信息经济时代中国对外贸易的竞争力和话语权
上海	国际	在跨境电子商务的技术标准、业务流程、监管模式和信息化建设等方面先行先试；引导跨境电子商务产业规模化、标准化、集群化发展；为各类市场主体营造公平、公正、透明的经营环境；探索形成适应跨境电子商务发展的国际标准和规则
苏州	全国	创新“互联网+中国制造 2025+自主品牌国际化”商业模式；促进传统外贸和制造企业通过“互联网+”拓展发展空间
宁波	全国	提升跨境电子商务服务能力和水平；逐步形成贸易便利、监管高效、法制规范的跨境电子商务发展环境；促进外贸优进优出、转型发展，打造宁波开放型经济的升级版
广州	全国	构建具有“中国特色、广州元素”的跨境电子商务发展促进体系
成都	全国	构建由贸易主体跨境电子商务应用、跨境 B2B 电子商务创新服务、跨境网络零售集成的新型外贸产业体系；促进外贸增长方式由“境内产能驱动”转向“境外需求拉动”，由“境外需求拉动”转向“中国制造转型升级”；推进供给结构性改革，培育外贸发展新动力
合肥	区域	突出品牌和质量安全，着力破解跨境电子商务发展难题；努力培育外贸转型升级新引擎，打造开放型经济发展新高地
天津	区域	逐步建立起适应和引领跨境电子商务发展的管理制度和规则；形成贸易便利、监管高效、法制规范的跨境电子商务发展环境；打造中国跨境电子商务创新发展高地

续表

地区	建设定位	主要建设目标
重庆	区域	打造跨境电子商务产业链和生态链；形成适应跨境电子商务发展的管理制度和规则；为推动全国内陆地区跨境电子商务健康发展提供可复制、可推广的经验
郑州	区域	构建跨境电子商务完整的产业链和生态圈，打造新型产业贸易服务链；完善跨境电子商务规则，丰富和完善中国特色的跨境电子商务发展模式；激发大众创业、万众创新活力，培育外贸竞争新优势
深圳	区域	构建以平台建设促产业发展的新机制；形成基础服务与高端服务协同发展的新格局；开创电子商务国际化合作新局面，服务国家“一带一路”倡议
大连	区域	在跨境电子商务的监管模式、技术标准、业务流程和信息化建设等方面先行先试；探索一批可复制推广的经验，实现大连跨境电子商务率先发展和突破
青岛	区域	打造青岛跨境电子商务完整的产业链和生态圈；促进新业态成长，支撑外贸优进优出、升级发展；建设世界一流的跨境电子商务交易体系和运行机制

宁波则提出“升级引领”的发展目标，把综合试验区建成全国跨境电子商务转型升级引领区、跨境电子商务监管服务创新示范区、跨境电子商务仓储物流集散示范区。

郑州则扎根中西部——力争到2018年，实现“一区多园、一园多点、多主体运行、多模式发展”的跨境电子商务新格局，总体发展水平居中西部前列，探索出在中西部地区可复制推广的经验。

而青岛更多表现在区域性功能上。青岛提出将综合试验区打造成为对接国家两大开放战略、带动全省跨境电子商务创新发展的“互联网大外贸”创新示范高地。加快推进把青岛建设成为东北亚区域性国际贸易中心城市的目标，发挥其电子口岸的优势，全力打造中国重要的区域性电子商务服务中心。

一、上海市跨境电子商务发展现状

上海跨境电子商务正处于快速发展的时期，作为国际经济金融、航运中心和社会主义现代国际大都市，上海具有国际国内两个市场资源配置功能，与我国的经济和贸易地位相匹配的国际贸易中心的地位，是中国跨境电子商务网络中心的重要城市。城市商品贸易、服务贸易和离岸贸易等城市贸易制度不断完善，与国际贸易水平衔接制度已基本形成。为跨境电子商务的发展奠定了坚实的基础，2015 年上海跨境电子商务销售额突破 4 亿元，增长 10. 2 倍。

在商品申报中，上海海关启动了货物自动记录模式，对高低危商品自动筛选分流，实行系统自动备案和人工审核备案，大幅提高了整体备案的时效。

在港口通关中，引导电子商务企业使用“提前报关，货到验放”的清关模式，避免了电子商务集中到港后，因为存量太多可能导致的延迟申报的问题，帮助电子商务企业节省港口通关时间和成本。

在海关通关方面，上海海关启动了“行邮税担保实时验放”模式，采用电子计征、担保验放、汇总征税的方式，实时扣税，跨境电子商务包裹进口关税清除速度进入了“读秒”时代。过去，跨境电子商务涉税包裹需集中扣税，并收到国库税收回执之后才予以放行。

二、宁波市跨境电子商务发展现状

2015 年宁波跨境电子商务交易额达 81. 95 亿元，其中进口 22. 98 亿元，出口 52. 67 亿元。2016 年上半年，宁波电子商务进出口跨境贸易继续快速发展，成交量突破 24 亿元。全市跨境电子商务进口业务累计完成销售 2. 161 亿单位，销售额 24. 26 亿元，分别增长 2. 5 倍和 1. 8 倍，居全国第二位，主要销售纸尿裤、化妆品、日用品、食品和其他商品。

2016 年 5 月，宁波市全面启动了跨境电子商务综合试点区。根据实施方案，宁波跨境电子商务从“以进口导向”向“进出口并举，以出口为主”转变。这是宁波市对外贸易和“宁波制造”国际竞争力的战略决策。目前，全市已有申洲针织、一舟集团等数百家外贸企业参与跨境电子商务出口业务。据来自邮政部门的可靠数据显示，2016 年前 7 个月，全市每日出口邮件超过 4 万个，其中包括国际邮包、邮政 EMS 等超过 2014 年一倍。特别是 6 月 28 日，宁波国际邮件互换局投入运营后，宁波市开通了新邮政港口，第一个月的跨境邮件超过 2000 万件，其中包括近 18 万个出境邮件。

三、青岛市跨境电子商务发展现状

2015 年，青岛海关积极推动跨境贸易电子商务发展，全年验放跨境贸易电子商务清单 122 万票，货值 4.37 亿元，月平均监管贸易额较 2014 年增长 8 倍。

为了给跨境电子商务企业营造便利的通关环境，青岛海关积极推行税款“汇总计算，集中缴纳”模式，在物流企业提供税款担保的情况下，无须逐票办理税款缴纳手续，可以选择在次月 5 日前集中缴纳上一月的税款，进一步减轻物流企业负担，提高通关效率。推行网上审核备案，实行一地备案、关区适用，大幅简化企业备案流程。加强与国税部门联系配合，满足电子商务报关、退税需求，促进出口电子商务业务发展。

青岛海关还利用口岸海运航线发达、紧邻日韩等优势，是全国海关首个启动海运跨境电子商务一般模式试点。消费者从韩国购买的商品第一天晚上从韩国装船，第二天上午就能到达青岛，下午就可以进行国内派送，国内消费者最快两到三天就可以收到网上订购的韩国商品，实现了“空运的速度，海运的价格”。山东省跨境电子商务随之形成“空、海、邮”多渠道、全方位发展格局，业务量迅猛增长。2016 年 6 月 13 日，青岛跨境电子商务综合试验区线上线下平台正式启动，这意味着青岛跨境电子商务打通行业监管与产业集聚发展两个核心环节，步入全新发展阶段。

线上：进出口“一个窗口”全部搞定。开展跨境电子商务业务涉及海关、检验检疫、国税、外汇等多个监管部门。过去，企业需要一个部门一个部门地去跑，贸易成本很高。启动线上平台以后，所有业务只需要通过“单一窗口”即可全部办结，极大地提高了通关效率，降低了贸易成本。

线下：11 个园区提供“一站式”服务。同时启动的线下平台主体为分布于全市的 11 个产业园区，包括青岛保税港区产业园、青岛出口加工区产业园、黄岛产业园、红岛产业园、崂山产业园、市南产业园、城阳产业园、市北产业园、李沧产业园、即墨陆港产业园、胶州产业园。

为与线上线下平台相匹配，相关部门密集出台了一揽子政策，极大地优化了青岛跨境电子商务综试区政策环境。据了解，根据综试区建设实施方案确定的发展目标和主要任务。

四、广州市跨境电子商务发展现状

截至 2015 年 12 月初，广州开展跨境电子商务业务的企业多达 777 家，其中电子商务企业630家、物流企业112家、支付企业35家。全市跨境电子商务体验店或展示店从无到有，迅速涌现超过40家。2015年广州跨境电商进出口总额为67.5亿元，增长3.7倍；2016年上半年广东跨境电子商务计入海关统计的交易额为58.9亿元，同比增长104.3%，产业规模快速增长。广州、深圳年初获国务院批准设立跨境电子商务综合试验区后建设初显成效，广州市跨境电子商务进出口总值51.3亿元，增长94.6%。

五、深圳市跨境电子商务发展现状

深圳市是中国跨境电子商务企业和从业者最集中的城市，特别是深圳的跨境电子商务上市公司已经占据中国跨境电子商务上市公司的90%以上，已成为深圳市一股不可忽略的创新创业力量。深圳海关统计数据显示，2016年上半年在前海湾保税港区共验放网购保税进口物品清单（包裹）约794.8万票，同比增长211.97%；货值8.73亿元，同比增长293.4%。

针对电子商务企业促销活动期间对信息系统造成的冲击，深圳海关联手口岸联检部门，通过“+互联网”的方式，开发“前海湾保税港区电子商务企业备案申请”小工具并搭载在南方电子商务平台上，将大量备案初核工作前置，采取了多项措施帮助电子商务企业平稳过渡，制订电子商务峰值业务期间海关监管系统运维保障计划及应急处置预案，有力保障了新政实施后，前海湾保税港区网购保税进口业务首个促销活动的顺利完成，增强了电子商务企业在前海湾保税港区开展跨境电子商务业务的信心。

深圳作为第二批跨境电子商务综合试验区，是全国跨境电子商务先行先试、创新发展的示范区。在跨境电子商务行业经历第一次重新洗牌的同时，京东等一线电子商务和大型企业开始着手布局前海湾保税港区，资源在市场配置下得到进一步优化，前海跨境电子商务朝着规范化不断发展，实现良性发展。下一步，深圳海关将从补齐跨境电子商务零售进口发展短板、优化电子商务货物监管模式、加强后续监管、完善电子商务系统、优化人力资源配置入手，构建多层次的跨境电子商务贸易监管体系，推动跨境电子商务更好发展。

六、天津市跨境电子商务发展现状

天津跨境电子商务平台包括海关通关管理平台、检验检疫监管平台和综合服务平台，各平台通过专线互联互通，并与海关、检验检疫相关管理系统、公安身份认证系统、查验现场的线下设施和企业管理系统联通，形成一个多系统对接、多层数据交换的信息化管理和服务平台。电子商务企业、仓储企业、支付企业、物流企业以及报关企业通过对接平台，实现“一次申报”“一次查验”“一次放行”，成为服务企业开展跨境电子商务业务的“单一窗口”。目前，海关总署统一版系统和天津跨境电子商务平台可以开展保税进口和直邮进口业务，企业可以登录跨境电子商务平台（www.singlewindow.tj.cn）开展相关业务。市口岸办将会同有关部门，组织技术人员为企业对接平台、使用平台提供服务保障。

七、郑州市跨境电子商务发展现状

2015年，郑州跨境电子商务业务总量突破5000万包，交易总货值39.26亿元，带来相关税收4.05亿元，其中征收进口环节税款达1.12亿元，各项指标均名列试点城市首位。从郑州E贸易试点开展以来到综试区获批，截至2016年7月底，郑州海关累计监管跨境电子商务商品8409.14万单，商品金额72.57亿元，征收税款3.44亿元；涉及商品18.47万项，企业1282家，其中电子商务企业1123家，服务消费者2152万人，遍布关境内全部省份（自治区、直辖市）。

从进出口企业使用平台看，河南跨境电子商务业务基本覆盖了国内外龙头电子商务平台。出口方面，B2B出口多是利用阿里巴巴国际站、谷歌、中国制造网、大龙网、敦煌网、环球资源网等平台，其中全省应用阿里平台企业在中西部地区排名第一，应用Google平台的企业在全国排名第八。河南省的世界工厂网与谷歌合作，已成为全国最大的装备制造业B2B外贸平台。

目前河南省跨境电子商务进出口数据以B2B为主：上半年，全省跨境电子商务B2B类交易51.38亿美元，B2C类交易15.26亿美元，其他类交易1.73亿美元。其中，B2B出口46.93亿美元，进口4.45亿美元；出口占全省总交易额的近70%，表明越来越多的省内企业利用跨境电子商务拓展出口业务，这也符合国家设立跨境电子商务综合试验区的导向。

随着跨境电子商务的迅速发展，对便利、快捷的海外仓储物流的需求不断提升，尤其是中国（郑州）跨境电子商务综试区获批后，河南企业出口欲望强烈。据省商务厅相关负责人透露，截至目前，豫企在境外设立海外仓数量近60家，遍布美国、俄罗斯、澳大利亚以及非洲、南美一些国家和地区。

第四节　中国跨境电子商务综合服务平台研究

一、跨境电商综合服务平台的内涵阐述

随着国家越来越严格的跨境电力监管政策，海关和政府逐步收紧监管差距，一些传统的中小型外贸企业和跨境电商平台个人卖家面对新兴监管政策，逐渐产生了不适应和紧迫感，一些大型跨境电商企业在对接政府、海关等部门，在处理跨境电商长链链环节上的问题有着丰富的经验，所以培育了一批大型跨境电商企业建设的跨境电商业综合服务平台为这部分中小企业和个人卖家提供代理服务。

跨境电商综合服务平台是企业层面建设的平台，“以中小企业和外贸企业为个体提供一站式服务”为依托，衍生出新一代代理服务行业。在降低外贸门槛、处理对外贸易问题、降低外贸风险等方面提供便利和解决方案。目前，该平台适用于小包裹、小订单等多种业务，随着跨境电商业务的发展，该平台也将扩大到更深层次、更专业的服务，发展潜力巨大。

政府对外贸综合服务业的高度关注和政策支持，有力地推动了外贸综合服务业的发展。最新数据显示，2015 年第一季度，广东省 23 家外贸综合试点企业出口 40 亿美元，同比增长 42.1%；并于 2001 年诞生于深圳最早的“外综平台”，即阿里巴巴收购一达通企业服务有限公司后，更是一个强大的组合，带动了全国的跨境电商快速发展，成为 2014 年中国的一般贸易出口企业排名前 100 位的行业龙头企业。

二、跨境电商综合服务平台——以“一达通”为例

（一）平台的特点和价值

深圳市一达通企业服务有限公司（以下简称“一达通”）是阿里巴巴旗下外贸综合服务平台，也是中国专业服务于中小微企业的外贸综合服务行业的开拓者和领军者。在过去的十余年中，通过线上操作及建立有效的信用数据系统，一达通一直致力于持续地推动传统外贸模式的革新。通过整合各项外贸服务资源和银行资源，一达通目前已成为中国国内进出口额排名第一的外贸综合

服务平台，为中小企业提供专业、低成本的通关、外汇、退税及配套的物流和金融服务。

阿里巴巴一达通（One Touch）是中国外贸服务创新模式的代表，也是全国服务企业最多、地域最广的外贸综合服务平台。它秉承“客户第一、拥抱变化、团队合作、诚信、激情、敬业”等企业文化价值观，立足中国，放眼世界，致力成为全球卓越的外贸综合服务平台。阿里巴巴以集约化的方式，为外贸企业提供快捷、低成本的通关、外汇、退税及配套的物流、金融服务，以电子商务的手段，解决外贸企业的服务难题。这“一揽子”外贸服务解决方案即“一达通外贸综合服务”。

（二）平台的业务模式

一达通副总经理肖锋在2014中国供应链金融创新高峰论坛上，提出了“一达通N+1+N中小企业供应链金融模式”。

在他看来，供应链有两种模式，一种模式是“1+N”，“1+N”中的“1”指的是供应链中的核心企业，“N”是指核心企业上下游之间的供应链成员企业。“1+N”是金融实践论的产物，即着重从整体与部分之间、整体与外部环境之间的相互联系、相互作用、相互制约中综合精确地考察对象，并定量地处理它们之间的关系，以达到最优化处理。很多小企业是依赖一个大企业而生存的，企业的关系不是厂家间的堆积，而是一个生态群的整合。

另外一种模式是一达通的“N+1+N”模式，左边的“N”代表国内中小企业，右边的“N”代表海外商家，中间的“1”是指一达通作为两者之间的服务环节所提供的一站式服务，比如商检、税务、海关、法律、外管等政府性服务，再比如银行、保险、运输等商业性服务。肖锋指出，“N+1+N”与已经成熟的“N+1”模式有两方面的不同，一是“N+1+N”的服务对象两头都是中小企业，二是“N+1+N”做的是N多个环节。这个模式的宗旨就是要管好“两头N”谈好生意以后的流通服务，也就是说，一达通目前做的就是一个纯服务的平台。

一达通贸易金融服务产品有赊销保、信融保和远期外汇保值。赊销保，即一达通通过信用保险公司给客户一个授信。信融保是跟余额宝一样并列十大金融创新之一的产品。单从信用证来讲，安全性比信保要更高。只要一达通来审草稿，一达通所持有的信用证就能让审核通过，到最后企业的货一达通会给100%的应收账款，出现坏账也是一达通100010赔。一达通在2013年向平台上的一万多家中小外贸企业推出了汇率锁定服务，也是在全国首创的延缓缴纳保证金服务，即外贸企业可以先锁定价格，后交保证金，以此帮助中小外贸企业更好地应对瞬息万变的汇率波动形势。由于一达通每天的结算额足够，所以企业每天可以报个价，每天都可以为中小企业生成远期外汇保值的产品，通常是退税融资，基本上企业把货发出去，原来两单一票，现在一单一票，大概 3 天之内一达通就能把退税款给企业了。

此外，一达通还联合商业银行，推出了基于外贸企业历史交易数据的“网商贷高级版”，解决企业备货、扩产、研发等流动资金需求。从 2014 年 5 月起，一达通不仅不收取服务费，还对委托出口的企业发放补贴，其原理就是通过“团购”服务的返利。以此计算，一家企业如果通过该平台完成了 100 万美元的出口，就可获得由阿里巴巴发放的高达 3 万元补贴。这也是国内首次由一家平台型企业提供外贸服务补贴。

（三）平台外贸服务的内容

目前，一达通提供的外贸基础服务主要有一达通出口综合服务和一达通出口代理服务。

阿里巴巴为了更好地提供交易保障和金融、物流、通关及具有行业特色化的服务等，推出了一达通外贸综合服务。目前，一达通已经服务了 6 万家外贸出口中小企业。

一达通出口综合服务包括通关、结汇和退税。出口代理服务包括通关和结汇。客户须具有“出口退（免）税资格认定”。出口综合服务和出口代理服务的优势在于：免收出口服务费；可以收到出口服务补贴；出口环节，实报实销；垫付退税，服务费仅收退税额的 4%（此费用仅在出口综合服务中收取），收齐相关出口单证后，在 3 个工作日内支付当笔退税款项。

1. 出口综合服务准入条件

（1）可与一达通签约合作的企业类型：注册地非境外、个人或非出口综合服务尚未覆盖地区企业。

（2）出口的产品在一达通可以出口的产品范围内。

（3）开票人资质需符合以下要求：

1）与一达通签约的企业注册地在浙江省的，开票人要求为：

①生产型工厂，具有一般纳税人资格且一般纳税人认定时间大于或等于 6 个月。

②委外加工型企业，需具有一般纳税人工厂资格，具备出口产品的生产线，具备最后加工的环节。

2）与一达通签约企业注册地在福建省的，开票人要求为：生产型工厂，具有一般纳税人资格，一般纳税人认定时间大于或等于 1 年。

3）与一达通签约企业注册地在河南省的，开票人要求为：生产型工厂，具有一般纳税人资格，一般纳税人认定时间大于或等于 2 年。

出口综合服务免收通关、外汇服务费；自助下单 1 美元补贴 3 分人民币，人工下单 1 美元补贴 2 分人民币；出口环节（通关、物流）费用按照实际操作过程中发生的费用收取；垫付退税服务费为退税款的 4%。例如：价税合计总金额为 20000 元人民币，退税率为 15%，则垫付退税服务费为：

（20000÷1. 15）×15%×4% = 104. 35 元

2. 出口代理服务准入条件

（1）非境外或个人企业、非福建莆田地区企业。

（2）客户须具有“出口退（免）税资格认定”。“出口退（免）税资格认定”是企业在出口后可自行办理退免税申报的资格认定，一般情况下可在当地税务机关大厅办理。

（3）出口产品非一达通出口代理服务禁止操作产品。

出口代理服务免收通关、外汇服务费：自助下单 1 美元补贴 1 分人民币，人工下单无补贴；出口环节（通关、物流）费用按照实际操作过程中发生的费用收取。

3. 外贸服务补贴的结算

（1）出口综合服务补贴。

假设客户当次单笔订单的出口金额为 X（美元），当次订单的外贸服务补贴金额为 Y（人民币）：

通过一达通的销售或客服下单：则 Y = X×0. 02；通过自助系统下单：则 Y = X×0. 03（推荐）

以单笔出口 10 万美元为例：

通过一达通的销售或客服下单：则为 2000 元；通过自助系统下单：则为 3000 元。

（2）出口代理服务补贴。

假设客户当次单笔订单的出口金额为 X（美元），当次订单的外贸服务补贴金额为 Y（人民币）；

通过一达通的销售或客服下单：无补贴；通过自助系统下单：则 Y = X×0. 01（推荐）

以单笔出口 10 万美元为例：

通过一达通的销售或客服下单：无补贴；通过自助系统下单：则为 1000 元。

4. 出口综合服务和出口代理服务的区别

出口综合服务和出口代理服务的区别如表 4-4-1 所示。

表 4-4-1　出口综合服务和出口代理服务的区别

	出口综合服务	出口代理服务
基础服务	通关、外汇、退税	通关、外汇
准入条件	1. 出口产品非一达通出口综合服务禁止操作产品 2. 出口产品开票人须为生产型一般纳税人企业且满足一些要求	1. 出口产品非一达通出口代理服务禁止操产品 2. 企业须具有“出口退（免）税资格认定”
税务操作	一达通代为退税	1. 客户办理：“委托出口货物证明” 2. 一达通办理：“代理出口货物证明” 3. 客户自行进行退（免）税申报
垫付退税条件	同时满足下述三个条件后，在 3 个工作日内，一达通可先行垫付退税金额给实际开票方： 1. 外汇款收齐 2. 若为我司报关，报关放行即可；若为客户自行报关，则结关状态为已结关 备注：实施启运港退税政策的出口货物暂时仍需要提供纸质出口货物报关单证明联（出口退税专用），主要为以下 8 个港口：南京市龙潭港、苏州市太仓港、连云港市连云港港、芜湖市朱家桥港、九江市城西港、岳阳市城陵矶港、青岛市前湾港、武汉市阳逻港。 3. 增值税发票核票无误	

续表

	出口综合服务	出口代理服务
基础服务	通关、外汇、退税	通关、外汇
外贸服务补贴	自助下单：出口1美元补贴3分人民币 人工下单：出口1美元补贴2分人民币	自助下单：出口1美元补贴1分人民币人工下单：无补贴

（五）平台的新政策

在2016年4月底，阿里巴巴集团与中国出口信用保险公司（以下简称“中信保”）联合推出“alibaba供应商尾款保障计划”，以超低费率、“零门槛”加入的形式面向所有信保供应商开放，为供应商的订单提供尾款保障。

1. 加入保障计划和单独投保的比较

加入保障计划和单独投保的比较如表4-4-2所示。

表4-4-2　加入保障计划和单独投保对比表

	加入保障计划	单独投保
企业门槛	零门槛，所有开通信保的外贸企业均可报名	有一定出口额要求
费率	0.18%~0.3%的服务费	0.4%~1%的保费
缴费方式	按单缴费	按年预缴
赔偿比率	70%	60%~70%

2. 保障金额和费率

单笔订单可以保障尾款金额最高达到8万美金，根据订单尾款金额的不同，费率为0.18%起，最高为0.3%。

3. 保障流程

（1）在线签署“alibaba供应商尾款保障计划”协议，完成开通，并且自主选择需要保障的尾款金额。

（2）系统会自动从预付款中按照比例扣除服务费。

（3）如果出现买家逾期未付尾款，卖家需要填写相关资料报损，中信保会跟进理赔。

4. 常见问题

（1）没有和阿里巴巴合作的企业是否可以参加？

只要是开通了信用保障服务的外贸企业，都可以加入此保障计划，并且对于已经有信保走单经验的企业，首批会优先入选。

（2）报名就可以加入吗？如何查询报名结果？

首批会开放 1000 个名额。报名后，阿里巴巴会在 2016 年 4 月 6 日至 4 月 8 日期间，通过邮件和旺旺点对点消息通知企业报名结果。

（3）所有信保订单都在保障计划内吗？自己出口的订单或者通过一达通但没起草信保合同的订单可以被保吗？

1）只保障企业要求范围内的信用保障订单，企业自己出口或是线下洽谈收款只是通过一达通出货的订单不在保障计划范围（信保单=线上确认+花旗 1029 账号+一达通走单）。

2）信用保障订单中，以下几类不在尾款保障计划范围：

①特定的高风险国家及地区。

②买家是自然人。

③同笔订单已经向中信保公司购买过保险。

④赊销或货物未通关（比如订单取消或未通过一达通报关出货）。

⑤经认定不予保障的订单。

三、平台操作流程

（一）如何开通平台业务

1. 登录和报名

首先搜索一达通平台进入首页“http：//onetouch. alibaba. com”，单击“申请一达通服务”按钮进行注册。

若你已有阿里巴巴国际站账号，则可以在报名页面单击“直接登录”按钮，直接输入国际站账号和密码登录，根据页面提示留下您的联系方式等信息，客户经理会与您联系。

若你还没有阿里巴巴国际站账号，可以先免费注册阿里巴巴国际站，然后再登录到一达通平台“http：//onetouch. alibaba. com”，单击“申请一达通服务”按钮。

2. 产品预审和开票人预审

“产品预审”和“开票人预审”是一达通为了确保外贸进出口服务操作的合法合规而设定的服务使用准入检测流程。

通过该流程，你可以更深入地了解国家对你的产品的监管条件及退税等相关政策，确保你的货物能更顺畅地出口，同时保障你的退税金额安全及时地到达。产品预审时需要提供如图 4-4-1 所示的资料。

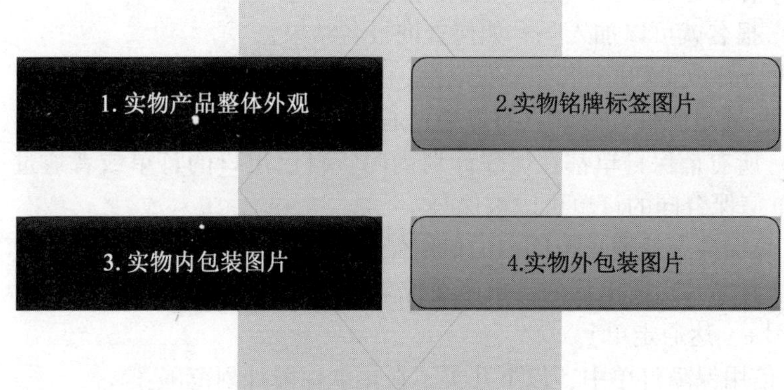

图 4-4-1　产品预审需要提供的图片类型

（二）外贸基础服务流程

1. 出口综合服务流程

一达通外贸综合服务流程为：确认合作→通关→结汇→退税。

具体步骤如下：

（1）确认合作。

与一达通签署外贸出口服务协议书；按提示提供“产品预审”及“开票人预审”所需要的相关信息；收到准入结果通知，即为确定合作。

（2）通关。

一达通的通关服务，是指以一达通名义完成全国各大口岸海关的申报工作。其通关服务优势主要表现为海关的顶级资质及专业操作造就了极具优势的通关速度。

通关步骤为：联系客户经理告知需求，填写“出口报关信息表”（一达通内部进行信息审核，通过），按指导签署“出口服务订单确认函”，一达通安排通关，通关放行。

不同物流方式出口，需要提供给一达通审核的资料也不尽相同，具体参考如下：

1）快递：出口报关信息表、箱单、运单。

2）散货仓：出口报关信息表、箱单、入仓单。

3）空运：出口报关信息表、箱单、订舱单、过磅单。

4）整柜：出口报关信息表、箱单、订舱单，重柜纸，过磅单。

5）中港运输：出口报关信息表、司机资料、六联清单、过磅单。

以上所有的物流方式，都需要提供清晰的产品、包装和外箱图片（如有品牌和型号，也需要在图片中展示出来），用来核对报关资料。不同的产品需要填写的出口报关信息表会有所不同。一般来说，要按照海关的要求，提供产品的相关参数、功能、图片、出口口岸等必要信息。

需要注意的是：

1）提供出口报关信息表时，如果一个产品有不同颜色，是按一个产品还是多个产品来报关？

一般情况下，如果对应的品名、价格、品牌、型号、参数等都一致，或仅型号不一样，可以合并为一个产品进行申报。

2）出口报关信息表要求提供的图片要显示哪些内容？

产品图片：显示型号和 LOGO，或者是产品标签。

包装图片：显示品牌和型号信息。

外包装图片：显示箱，特别是型号和 LOGO。

（3）结汇。

结汇时银行按现汇买入价汇率结算，付汇时银行按现汇卖出价汇率结算。

结汇步骤：收到海外买家汇款水单；联系外贸顾问提交水单；接到外汇到账通知，确认最终收款账户；查收水单及外汇款。

收汇将产生手续费，如香港中行入账手续费标准，外币：香港境内跨行汇款收 USD2，境外汇款收 USD7.7；本位币（港币）：香港境内跨行汇款收 HKD15，境外汇款收 HKD60。

离岸账户因开户行在中国境内，中国境内汇款至境外收费比境外汇境外收费要高，境内汇款至境内费用则相对较低。所以，如用离岸账户汇款至香港，费用约为 USD50 到账时间约为 1 个工作日；离岸账户汇款至境内中行，费用约为 USD35，到账时间约为 1~2 个工作日。目前公司两种模式并行操作，客户可自行选择付款账户。

目前一达通只能收人民币、美元、日元、欧元、港币、英镑、加元、澳元、新加坡元 9 个币种。

需要注意的是：

1）结汇国内。

上午 11：30 之前收到的外汇按 11：30 实时挂牌汇率结汇，11：30 之后到账的外汇按照 16：30 实时挂牌汇率结汇。16：30 之后的顺延到下个工作日 11：

30 结汇。

2）结汇香港。

上午 12 点前收到的外汇按上午 10：30 中国银行挂牌汇率结汇，12 点之后收到的外汇按 15：30 中国银行汇率结汇。

3）付汇。

深圳按照实时付汇购汇汇率，香港付汇参考结汇时间点。

（4）退税。

一达通的退税服务，是指以一达通名义帮助企业快速合规地办理退税的服务。退税款打到开票人指定的对公账户。满足条件后，一达通一般会在 3 个工作日内支付退税款。

退税步骤：收到外贸顾问提供的开票资料和“供货合作合同”，开增值税发票，“供货合作合同”盖章、通关单原件快递给一达通，接到“发票收讫”通知，接到外贸顾问的打款通知，查收水单及退税款。

一达通按新的外汇管理规则区分不同类型的客户，不同类型的客户享受不同的退税垫资条件，如表 4-4-3 所示。

表 4-4-3　客户退税垫资条件

<table>
<tr><th>订单类型</th><th>原退税垫资条件</th><th>变更后退税垫资条件</th><th>备注</th></tr>
<tr><td>A 类客户订单</td><td rowspan="3">三个条件：
1. 外汇收齐
2. 通关办理完毕
3. 增票验证通过</td><td>两个条件：通关办理完毕+增票验证通过</td><td>全面放开外汇 A 类客户未收外汇先退税</td></tr>
<tr><td>B 类客户订单</td><td>三个条件：通关办理完毕+增票验证通过+退税外汇总量平衡</td><td>B 类客户过渡期间（3 个月）按此方案释放退税款，过渡期后 B 类客户停止释放退税款，需评级恢复为 A 类后，按 A 类客户条件释放退税款</td></tr>
<tr><td>融资订单</td><td>两个条件：通关办理完毕+增票验证通过</td><td>只限定信用证融资或买断、赊销融</td></tr>
</table>

2. 出口代理服务流程

一达通出口代理服务流程为：下单→报关出口→一达通开具“代理出口货物证明”→退（免）税申报斗收结汇→外贸服务补贴款项发放→结算。

具体步骤如下：

（1）下单。

客户于截关时间前至少2个工作日提供出口货物相关资料。如为法检产品且法检备案已完成，请提前至少5个工作日。客户可以选择人工下单或者自助下单。

（2）报关出口。

（3）一达通开具“代理出口货物证明”。

收齐相关资料后，一达通在7个工作日内将“代理出口货物证明”办理完毕并寄还给客户。

（4）退（免）税申报。

客户自行在当地办理退（免）税申报，申报截止日期为出货之日起至次年4月30日。

（5）收结汇。

外汇款至一达通账号后，一达通将在1个工作日内完成结汇。

需要注意的是：

1）深圳中行和浙江中行的结汇规则：当日上午11：30之前收到的外汇款，以中国银行11：00—12：00现汇买入价结汇；当日11：30—17：30收到的外汇款以中国银行16：00—17：30现汇买入价批量结汇；17：30之后的顺延至第二个工作日。

2）香港中行的结汇规则：当日上午12：00前收到的外汇款，以中国银行10：30对外挂牌汇率结汇；当日12：00至24：00对外汇款，以中国银行下午15：30对外挂牌汇率结汇。

（6）外贸服务补贴款项发放。

自助下单享受1美元补贴1分人民币，人工下单不享受外贸服务补贴。

（7）结算。

客户发起结算后，一达通将结算款项汇至客户的对公账户。

第五章　中国跨境电子商务发展的现状分析

形势再差，也有很好的企业；形势再好，也有很差的企业。宏观形势对于多数企业来说都没有直接的关系，该道理对跨境电商来说也同样适用。本章从跨境电子商务的运营现状入手，对跨境电商的政策法规、运营机制、交易环节、评价体系、指数构成等方面进行了详尽的阐述，并对中国跨境电子商务发展的现状、特点及存在的优势和劣势进行了分析。

第一节　中国跨境电子商务政策层面分析

一、中国跨境电子商务相关政策法规

近年来，我国跨境电子商务呈现蓬勃发展态势，已成为国际贸易的新方式和新手段，对于扩大海外营销渠道、提升我国品牌竞争力、实现我国外贸转型升级有重要而深远的意义。我国相继出台了众多促进跨境电子商务发展的相关政策法规，过去十年，国家陆续出台了几十项电商发展政策，从2004—2007年政策起步期的规范行业为主，到2008—2012年政策发展期的支持和引导电商为主，再到2013年至今的政策爆发期，我国跨境电商迎来了高速发展的好时机。

从政策数量上看，近两年来发布的支持电商行业发展的政策越来越多，说明国家对电商行业越来越重视，预计未来几年商务部、中国人民银行、国家工商总局、外汇管理局、海关总署、国税局等机构将继续出台更多利好政策鼓励电商发展。

二、跨境电子商务的具体政策

（一）进出境商品管制政策

进出境商品管制，是指一国政府为了国家的宏观经济利益、国内外政策需要以及履行所缔结或加入国际条约的义务，确立实行各种制度、设立相应管理机构和规范对外贸易活动的总称。进出境商品管制政策的目的是发展本国经济，保护本国经济利益，达到国家政治或军事目的，实现国家职能。

1. 出入境检验检疫制度

跨境电子商务活动中，进出境商品的管制政策主要体现在出入境检验检疫制度。出入境检验检疫制度是我国贸易管制制度的重要组成部分，其目的是为了维护国家声誉和对外贸易有关当事人的合法权益，保证国内的生产、促进对外贸易健康发展，保护我国的公共安全和人民生命财产安全等，是国家主权的具体体现。进出口商品检验制度是实施条例的规定，国家质量监督检验检疫总局及其口岸进出境检验检疫机构对进出口商品所进行品质、质量检验和监督管理的制度。

2. 进出口许可管理制度

货物、技术进出口许可管理制度是我国进出口许可管理制度的主体，既包括准许进出口的有关证件的审批和管理制度本身的程序，也包括以国家各类许可为条件的其他行政管理手续。其管理范围包括禁止进出口技术和货物、限制进出口技术和货物、自由进出口技术及实行自动许可管理的货物。其中货物、技术进出口许可管理制度是我国进出口许可管理制度的主体。

3. 对外贸易经营者管理制度

对外贸易经营者管理制度是我国对外贸易管理制度之一，对外贸易经营者管理制度是我国为了鼓励对外经济贸易的发展，发挥各方面的积极性，保障对外贸易经营者的对外自主权，由商务部和相关部门制定的一系列法律、行政法规、部门规章的总和。对外贸易经营者管理制度对对外贸易经营活动中涉及的相应内容做出了规范，对外贸易经营者在进出口经营活动中必须遵守。

4. 其他进出境商品管制政策

其他进出境商品管制政策还包括进出口货物收付汇管理措施、对外贸易救济措施等管制政策。

（二）电子商务海关监管模式

跨境贸易电子商务是一种新型贸易业态，具有商品单件价值小、品种数量多、税号分布散、通关要求快、交易频度高、关联方多边化等特点，海关通关模式有别于传统方式，建立新型海关监管模式成为其中关键。

企业开展电子商务业务前应向海关进行备案；对进境货物，先以《货物清单》方式办理申报手续，按照一般进出口货物有关规定办理征免税手续，并提交相关许可证件；汇总形成《进出口货物报关单》向海关申报时，无须再次办理相关征免税手续及提交许可证件；对进境个人物品，以《物品清单》方式办理申报手续，按照进出境个人邮递物品有关规定办理征免税手续。

实行“先进区、后报关”创新监管模式，给企业通关带来三个方面的改变：一是缩短通关时间，二是降低物流成本，三是规范申报行为，海关监管模式改革的红利惠及企业。

（三）跨境电子商务外汇管理

跨境电子商务是我国目前积极支持的一项业务，从管理职能上来讲，外汇管理部门主要对企业收支、汇兑行为来进行监督管理，主要是从资金收付角度予以支持，跨境电子商务机构和个人通过第三方支付完成资金转移。

2013 年，国家外汇管理局启动支付机构跨境电子商务外汇支付业务试点，在上海、北京、重庆、浙江、深圳 5 个地区 17 家试点支付机构集中为电子商务客户办理跨境收付汇和结售汇业务。

2014 年 1—7 月，全国 22 家试点支付机构累计办理跨境收付业务 69. 2 万笔，总交易金额 6. 3 亿美元；办理结售汇业务 857. 9 万笔，交易金额 6. 5 亿美元。

第二节　中国跨境电子商务运营机制分析

“乱花渐欲迷人眼”，这是目前跨境电商模式给人们带来的最强烈感受。根据不同的业务形态可以将跨境电商现有的主要营运模式分为如下几类：B2B、B2C、C2C、自主建站、跨境电商平台等。

一、B2B、B2C 与 C2C

2013 年包含 B2B、B2C、C2C 在内的国内跨境电商总交易规模约 3. 1 万亿元，其中 88. 2%是跨境出口，跨境进口仅占 11. 8%。2016 年中国跨境电商交易规模 6. 7 万亿元，同比增长 24%。其中，出口跨境电商交易规模 5. 5 万亿元，进口跨境电商交易规模 1.2 万亿元。

（一）B2B

B2B（BTB）是指企业对企业之间的营销关系，它将企业内部网，通过 B2B 网站与客户紧密结合起来，通过网络的快速反应，为客户提供更好的服务，从而促进企业的业务发展。近年来，B2B 发展势头迅猛，趋于成熟。

eBay 在 2014 年发布了《2014 年中国跨境电商零售出口产业发展趋势报告》。数据显示，中国跨境电商零售出口产业发展势头强劲。除了传统的电子产品外，家居园艺、汽配及时尚类成为 2013 年零售出口增长最快的三大产品品类。

据 eBay 平台数据，美国、英国、澳大利亚是中国卖家的三大主要市场，出口总交易额最高的 15 大目的地还包括加拿大、法国、俄罗斯、德国、巴西、挪威、阿根廷、以色列、希腊和瑞典、西班牙、意大利。同时，新兴市场表现强劲，阿根廷、以色列和挪威的贸易增长增速最快，分别达到 130%、78% 与 69%。

由此可见，中国跨境电商的目的地市场趋势明显。报告指出，人均购买力强、网购观念普及、消费习惯成熟、物流等配套设施完善等因素使中国区卖家在成熟市场保持旺盛发展势头，而不断崛起的新兴市场将成为跨境电商零售出口产业的新动力。

在出口产品品类方面，交易额最高的五大产品依次为时尚类、汽配类、收藏品类、家居园艺类、电子类。其中，电子类与时尚类是传统出口的拳头产品，而家居园艺与汽配成为增长最快的两大产品。

（二）B2C

B2C（Business-to-Customer）是电子商务按交易对象分类中的一种，即表示商业机构对消费者的电子商务，B2C 即企业通过互联网为消费者提供一个新型的购物环境——网上商店，消费者通过网络在网上购物、在网上支付。这种形式的跨境电子商务一般以网络零售业为主，主要借助于 Internet 开展在线销售活动。

亚马逊、阿里巴巴等之所以对帮助中国卖家进行跨境电商感兴趣，原因在于随着电子商务的发展，已经有越来越多的外贸卖家从面向海外卖家的 B2B 方式转向直接面对海外消费者的 B2C 方式。咨询机构的数据也印证了对外跨境电商的快速发展。艾瑞咨询公布的数据显示，2013 年中国跨境电商贸易交易规模相对 2009 年的 0.9 万亿元有所上升，达 3.1 万亿元，其中出口业务数量更是达到了90%以上。虽然跨境电商正在蓬勃发展，但不少人仍然担心中国的产品在跨境电商平台上缺少竞争力，尤其是缺少品牌竞争力。这也是许多商家做跨境电商与之前做外贸的不同，之前更多只是追求订单，现在更多希望赢得长久的顾客信任。

B2C电子商务以完备的双向信息沟通、灵活的交易手段、快捷的物流配送、低成本高效益的运作方式等在各行各业展现了其强大的生命力。

（三）C2C

C2C（Consumer to Consumer）是个人与个人之间的电子商务，C2C即消费者间。通过电子商务网站为买卖用户双方提供一个在线交易平台，使卖方可以在上面发布待出售的物品的信息，而买方可以从中选择进行购买，同时，为便于买卖双方交易，提供交易所需的一系列配套服务。

简称“海代”的海外代购模式是继“海淘”之后第二个被消费者熟知的跨国网购概念。与海淘不同的是，海外代购通常是消费者面对消费者，属于典型的C2C模式。简单地说，就是身在海外的人/商户为有需求的中国消费者在当地采购所需商品，并通过跨国物流将商品送达消费者手中的模式。

海外代购平台的运营重点在于尽可能多地吸引符合要求的第三方卖家入驻，不会深度涉入采购、销售以及跨境物流环节。入驻平台的卖家一般都是有海外采购能力或者跨境贸易能力的小商家或个人，他们会定期或根据消费者订单集中采购特定商品，在收到消费者订单后再通过转运或直邮模式将商品发往中国。

海外代购平台走的是典型的跨境C2C平台路线。代购平台通过向入驻卖家收取入场费、交易费、增值服务费等获取利润。其模式优势是为消费者提供了较为丰富的海外产品品类选项，用户流量较大。劣势在于消费者对入驻商户的真实资质报以怀疑的态度，交易信用环节可能是C2C海代平台目前最需要解决的问题之一；对跨境供应链的涉入较浅，或难以建立充分的竞争优势。

微信（Wechat）是近几年兴起的一个为智能终端提供即时通信服务的免费应用程序。微信朋友圈代购是依靠熟人、半熟人社交关系从移动社交平台自然生长出来的原始商业形态。虽然社交关系对交易的安全性和商品的真实性起到了一定的背书作用，但受骗的例子并不在少数。随着海关政策的收紧，监管部门对朋友圈个人代购的定性很可能会从灰色贸易转为走私性质。在海购市场格局完成未来整合后，这种原始模式恐怕将难以为继。

二、自主建站

很多企业对网站程序没有一个概念，建站都是通过外包模式，但是建站后是否实用、是否符合要求，却能对生意造成很大影响。所以，不管是企业外包建站还是自建网站，了解各类网站程序进而找到合适的方式是非常有必要的。

（一）MAGENTO

MAGENTO 是目前最好、最专业的电商开源程序，各种配套都非常齐全，只要有一个 MAGENTO CONNECT 的账号就能非常傻瓜式地开发出你需要的各种功能。除了功能强大外，MAGENTO 又提供一整套非常好用的客户管理系统（CRM），能够方便地对客户进行管理、二次开发、维护（这部分需要点技术）。而其开发者众多，提供的服务、插件、模板也非常丰富，也能方便地从第三方找到合适的技术人员并外包给他们。正因为功能太强大了，所以程序较大，对主机等要求也稍高。

其优点除了方便安装插件、功能强大外，还有就是批量导入功能很强大，对于大中型外贸电商 SKU 较多来说，非常适合。

（二）ZEN-CART

目前国内很多外贸建站公司主要还是提供 ZEN-CART 的服务，所以在国内的好多企业，包括仿牌外贸、电子产品等有广泛的用户基础，不过 ZEN-CART 对搜索引擎的可靠性可能会低。ZEN-CART 的优点是小型、轻便，而且 SKU 多不会影响速度。但是 ZEN-CART 的模板比较简陋。

三、跨境电子商务平台

跨境电子商务平台通过互联网展示、宣传或者销售自身产品的网络平台载体越来越趋于平常化。电子商务平台扩展另外一种途径——互联网营销，让用户多一种途径来了解、认知或者购买我们的商品。电子商务平台可以帮助中小企业甚至个人自主创业，独立营销一个互联网商城，达到快速盈利的目的，而且只需要很低的成本就可以实现这一愿望。

跨境电子商务平台可以帮助同行业中已经拥有电子商务平台的用户，提供更专业的电子商务平台解决方案。跨境电子商务不是一两家公司就能够推动的产业，需要更多专业人士共同参与和奋斗、共同发展。

第三节　中国跨境电子商务交易环节分析

一、中国第三方跨境交易企业分析

随着中国电子商务环境的不断优化，支付场景的不断丰富，金融创新的更加活跃，网上支付业务取得快速增长，如图 5-3-1 所示。伴随跨境电子商务的迅猛发展，电子商务平台和中小卖家对跨境支付的需求也呈现快速增长趋势。

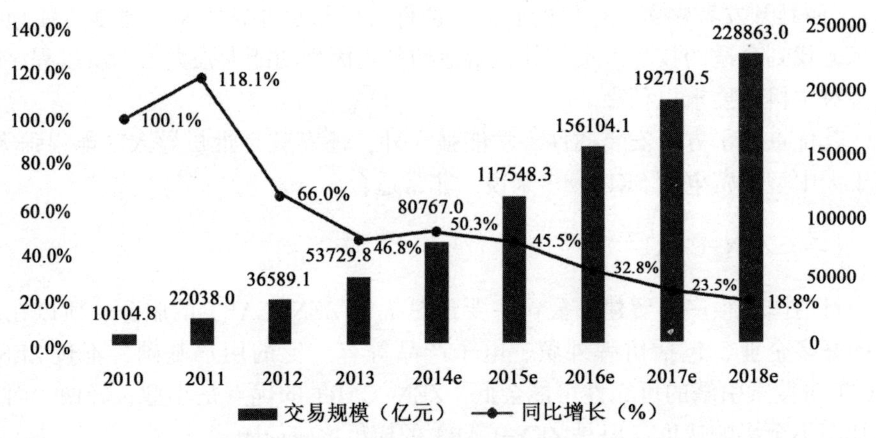

图 5-3-1　201—2018 年互联网第三方支付交易规模

2015 年 1 月，国家外汇管理局正式发布了《国家外汇管理局关于开展支付机构跨境外汇支付业务试点的通知》和《支付机构跨境外汇支付业务试点指导意见》，开始在全国范围内开展部分支付机构跨境外汇支付业务试点，允许支付机构为跨境电商交易双方提供外汇资金收付及结售汇服务，这大大增强了跨境电商及跨境购物用户的便利性，也一定程度上打击了海外代购，保证了使用安全性。同时对国家而言，保证了税收，更便于数据监控。在中国跨境支付快速发展的同时，品牌、设施、能力三项指标成为跨境支付的考评指标，推动了跨境支付的安全便捷性。

第三方支付破解中小卖家购/结汇难题，第三方支付公司同时拥有跨境外汇和跨境人民币支付许可，其能比较清晰地帮助中小外贸企业实现快速结汇，只要卖家拥有真实的贸易背景，结售汇款项便不计入外管总局限定的个人年度5万美元额度，这样可以更有效地利用资金并进行再次投资。

二、中国第三方跨境交易发展趋势

由于中国进出口贸易市场规模较大，支付机构在支付技术成熟后就开始探索跨境支付市场，探索走向国际的路径，限于实力有限，早先支付机构多通过和国际卡组织合作，借助国际卡组织的力量探索跨境业务并进入国际市场。近些年，随着中国第三方支付机构实力的上升以及移动互联网的爆发，一些支付机构开始通过挖掘中国用户跨境支付需求，从海外购物、旅游等高频场景切入，并迅速展开海外布局，加快国际化步伐。随着中国第三方支付机构未来实力的增强，将有更多的机构走向国际化，而海外收购是中国企业快速国际化的常用方式，预计未来全球并购事件将增多。

第四节 中国跨境电子商务指数构成分析

一、中国跨境电子商务评价体系

从跨境电子商务发展的围度来客观评价跨境电子商务发展，需要建立相关的评价指标，而跨境电子商务发展指标的选择直接影响到评价指数的科学性、合理性和正确性，科学、正确地构建评价指标是反映跨境电子商务发展指数的重要基础。因此本节提出一种跨境电子商务发展水平评价的新思路，应用TOE框架和要素模型的思想，从技术、组织和环境的三维模型出发，建立了扩展的跨境电子商务发展水平评价模型，采用扩展关系数据库的描述方式来形式化地、严格地描述所有与系统有关实体的模型间的相互关系。

（一）跨境电子商务评价模型

在对跨境电子商务发展水平的分析过程中构建了多维度要素模型，考虑跨境电子商务三维度评价模型的一般形式，我们可以从跨境网商、跨境环境和信息技术三个维度进行描述和评价，如图5-4-1所示。

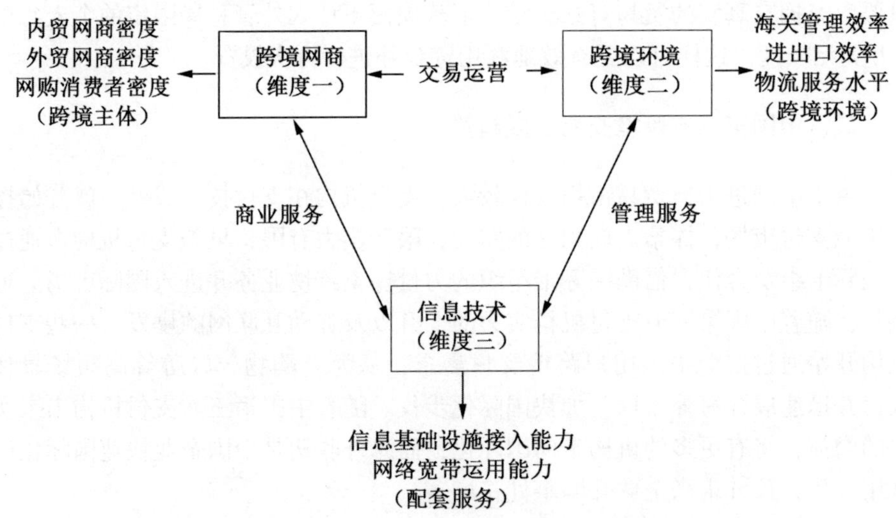

图 5-4-1　跨境电子商务三维度评价模型

从该图中可以看出三个要素相互作用，共同影响评价结果，各要素分析如下。

(1) 跨境网商维度。

跨境网商维度从一个侧面反映各地跨境电子商务发展情况。根据阿里电子商务发展指数（AEI）包含的对网商指标考察的具体内容，跨境网商密度包括内贸网商密度、外贸网商密度、网购消费者密度三个指标。

(2) 跨境环境维度。

跨境环境主要考察物流、海关等供应链各环节的办事效率及服务能力。

(3) 信息技术维度。

信息技术重点分析支撑跨境电子商务的技术基础发展水平。综合考虑跨境电子商务依托信息技术及其设施的支撑作用，涉及的指标包括信息基础设施接入能力和网络宽带应用能力两项。

(二) 跨境电子商务评价系统构建

由于跨境电子商务是一个庞大的综合性系统，综合考虑三个维度内部及外部要素之间的关系，对 AEI 进行扩展后，构建扩展的跨境电子商务三维度评价模型，如图 5-4-2 所示。

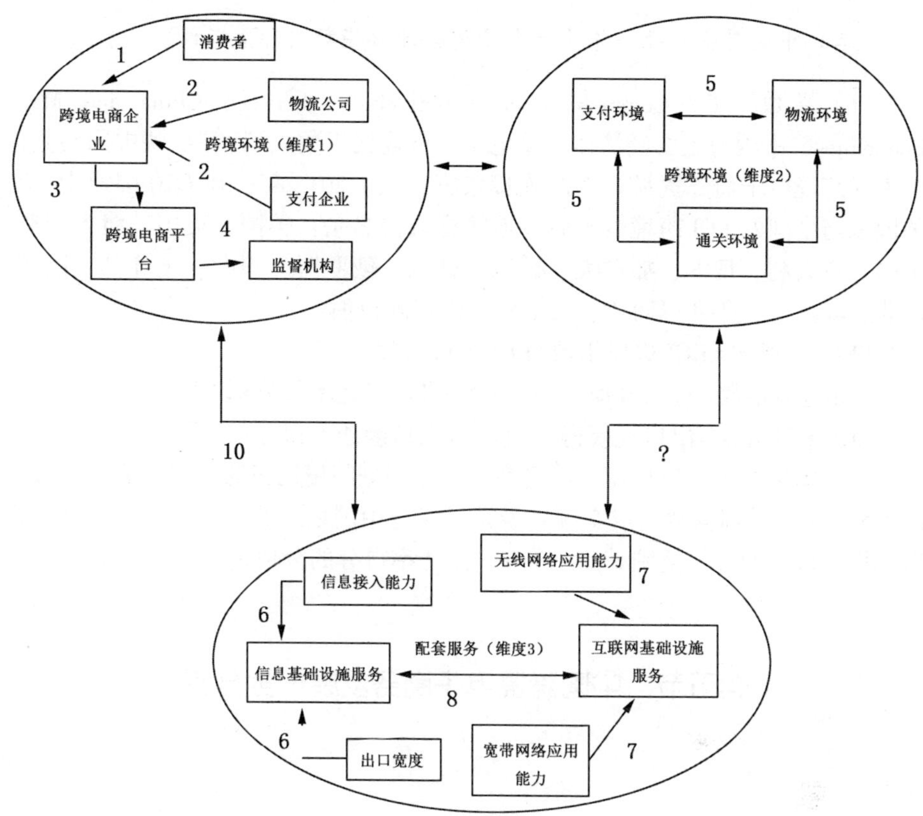

图 5-4-2　扩展的跨境电子商务三维度评价模型

二、中国跨境电子商务指数构成

（一）跨境电子商务发展水平指数 CEDI

针对扩展的跨境电子商务三维度评价模型阐述，提出跨境电子商务发展评价指标体系，包括跨境主体、跨境环境、配套服务 3 个一级指标，以及 14 个相应二级指标。通过专家小组依据相关政府数据及相关文献资料，结合三维模型中的要素关系，对 3 个一级指标和 14 个二级指标进行打分，计算综合分值，其修正后的跨境电子商务发展水平指数 CEDI 的优点在于，扩展的三维评价模型对评价跨境电子商务发展水平具有很好的效果，涵盖跨境电子商务发展各个环节的三个不同维度——跨境主体、跨境环境、配套服务——在跨境电子商务发展水平评价中缺一不可。

（二）中国与主要经济体跨境电子商务连接指数（ECI 指数）

ECI 指数（E－Commerce Connectivity Index between China and Major Economies，中国与主要经济体跨境电子商务连接指数），旨在反映中国与其他国家在跨境电子商务贸易方面的连接紧密程度。2015 年，在 G20 国家中，有关国家与中国的 ECI 跨境电子商务连接指数排名是：美国、英国、澳大利亚、法国、意大利、日本、加拿大、德国、韩国、俄罗斯、印度、土耳其、巴西、南非、墨西哥、印度尼西亚、阿根廷、沙特阿拉伯。

FECI 总指数=ECI 进口指数+ECI 出口指数

ECI 进口指数=进口规模得分×权重+进口渗透率得分×权重

ECI 出口指数=出口规模得分×权重+出口渗透率得分×权重

一个国家的进出口规模、渗透率得分是根据阿里巴巴跨境电子商务大数据（2015 年全年的询盘数、成交额）及该国家与中国之间的进出口贸易额计算得出，规模得分的分值范围是 0~50 分，渗透率得分的分值范围是 0~50 分。

第五节　中国跨境电子商务发展优劣分析

一、中国跨境电子商务发展优势分析

电子商务在国际贸易中的地位和作用日益重要，已经成为未来国际贸易发展的新趋势。随着经济全球化进程和电子信息技术向纵深发展，包括中国在内的多个国家电子商务总体交易额增长速度均保持在 20%以上。特别是新型物流系统和支付方式逐渐形成，未来跨境电子商务的巨大潜力还将进一步激发。

在传统贸易面临着成本优势正逐渐消失，以及贸易壁垒、贸易保护主义抬头等不利因素的背景下，跨境电子商务为企业从新型全球供应链中获得发展空间提供了一条可行途径。2016 年 1 月 15 日，中国政府发布了《国务院关于同意在天津等 12 个城市设立跨境电子商务综合试验区的批复》，为中国跨境电子商务发展提供了难得的机遇。2016 年 4 月 7 日，财政部等 11 个部门共同公布《跨境电子商务零售进口商品清单》，海关总署发布《关于跨境电子商务零售进出口商品有关监管事宜的公告》和《关于中华人民共和国进境物品归类表和中华人民共和国进境物品完税价格表的公告》等扶持、鼓励跨境贸易电子商务发展的一系列措施。各城市跨境电子商务综合试验区为中国跨境电子商

务提供了良好契机和发展环境。自贸区内关税减免、金融业对外开放，利率市场化、汇率自由汇兑，支持金融产品创新和离岸金融业务等政策为中国跨境电子商务提供了更为宽松的掘金环境。

（一）跨境电商的发展带动相关产业链的发展

跨境电子商务的发展必然带动货物、服务、会展、旅游、保险、金融等相关领域的发展，并对航运业、贸易业和金融业产生直接效益。跨境电子交易制度和基础设施建设能够为全国电子商务提供便利的支付、通关和配送服务，促进社会经济一体化发展。贸易服务环境进一步改善，全面推进跨境电子商务管理，杭州跨境电子商务综合试验区建设取得新进展，进出口单证电子化率进一步提高，海关税费电子支付率已达80%以上，贸易便利化效率逐步提高。

（二）有利于建立高标准、国际化的跨境电商管理体系

按照国际化、法治化要求，研究与国际高标准投资和贸易规则体系相适应的跨境电商管理体系，建立政府权力清单，对中国跨境电子商务的发展十分有利；有助于激发市场和民间的活力，落实跨境电商税收政策，支持中小企业有效开拓国际市场，及时跟踪外贸综合服务企业出口退（免）税管理中出现的新情况、新问题，采取有效措施予以解决；并根据跨境电子商务特点，探索创新出口退税管理的新机制。

（三）有利于创立跨境电商产业和企业发展的良好环境

中国跨境电子商务重点企业联系制度，可以及时协调解决其发展经营过程中遇到的困难。中国现有电子商务产业园区与上海自贸区先行先试优势，不仅有利于加快推进跨境电子商务产业园区建设，吸引一批规范化运作的跨境电子商务企业及其产业链上下游企业落户园区，而且有助于加速推进企业的聚集发展。大力发展产业园区内配套服务产业，有利于完善仓储物流、技术支持、报关报检、融资服务、法律和知识产权咨询等综合服务，降低企业经营成本，提高贸易效率。

（四）有利于形成跨境电子商务服务品牌企业

培育一批专业性强、有特色的第三方电子商务服务平台，是快速发展跨境电子商务的必要条件。在技术、仓储、物流与供应链、代运营、第三方支付等各领域分别选择一批优秀服务企业，推动其与电子商务平台及上游应用企业的业务衔接，对形成一批电子商务服务骨干企业十分有利。支持拥有一定品牌影

响的企业以自身现有业务为核心，吸纳不同环节的电子商务服务企业加盟，有助于形成品牌电子商务服务体系。

（五）有利于建立跨境电子商务监管政策

研究相关国家跨境电子商务规则、条约的研究和制定，如跨境电子商务通关服务配套的管理制度和标准规范、邮件快件检验检疫的监管模式、产品质量的安全监管和溯源机制、邮件快件的管理制度等，有利于减少贸易保护主义所带来的不确定性风险，建立跨境电子商务国际合作机制，消除潜在的法律在不同司法管辖区的不确定性问题，为跨境电子商务的高速增长提供健康和可持续发展的贸易环境。

（六）有利于贸易监管的法制化建设

根据国际贸易的国际化、法治化要求，在制定专门的跨境电商法律法规的过程中，既要确保弥补跨境电商技术和信用的不足，又要给跨境电子商务发展创造相对宽松的法制环境，尽量避免过度监管；这对合理解释原有法律、制定有利于中国跨境电子商务发展的配套法律规范非常有利。

二、中国跨境电子商务发展的劣势分析

2016 年海关完成的备案电子商务以及商品种类不够丰富，销售商品主要包括食品、箱包、化妆品、母婴用品等，成交量也非常有限。对于跨境贸易电子商务的一般出口模式，相关支撑设施仍然在建设中，机场相关出口业务的监管场所也正在建设中，在相关软硬件全部建设成熟后，中国跨境电子商务一般出口模式便会正式启动。中国跨境电子商务咨询、法律、电子支付、外汇收结、退税、信息技术等专业服务尚未形成有力支撑，标准制定工作滞后，尚未形成明确规划和路线。跨境电子商务相关专业人才培养储备不够，缺乏跨境贸易和电子商务专业知识兼备的跨境电子商务人才，具有国际视野、熟悉国际规则的中高级复合型人才和团队更加缺乏。2016 年跨境电子商务人才的培养速度已经无法满足跨境电子商务快速发展对人才的需求，人才缺口将会不断加大。对于中国跨境电子商务发展劣势，主要表现在以下几个方面。

（一）体质机制方面

平台型新经济与条块分割管理相矛盾。政府与市场的关系没有理顺，难以真实发挥市场的决定性作用。存在的问题是政府和企业的职能划分不清楚，缺乏激发企业活力的有效机制和制度体制。如政府主观想着如何让企业做强做

大，过多考虑的是怎样去补贴企业；而企业则想着如何从政府手中获得项目资金支持，削弱了企业应有的市场竞争能力。同时，跨境电子商务是一个典型的平台型市场经济产物，与条块分割的行政管理模式存在着明显的矛盾。

（二）市场环境建设方面

跨境电子支付涉及资金转账安全，存在一定风险，包括信息传输中因系统或信息故障而造成支付信息丢失风险、支付信息被非法盗取风险等。人民币还不能作为跨境结算货币的不足加大了支付成本。同时，风险控制机制尚未建立健全，跨境电子商务在交易支付、信用体系、海关监管等领域还存在较大风险，还缺乏相应的风险管控办法。

（三）政策法规建立方面

政策缺乏发布与执行的协商与联动，不确定性大。缺乏政策发布与执行的协商与联动，政令出自不同部门，但是缺乏系统协调的机构。政策落到实操层面，又因政策制定存在先后顺序而产生新的问题，如国税出政策，海关能否认可、如何执行等。同时，政策不确定性大，法律法规建设滞后。政策出自不同的口径，每个政府部门思路、路径及投入资源分布不均，政策不确定性风险较大，造成企业对市场的预期把握不准。电子支付服务活动的监管等缺少完善的法律规定。

（四）通关服务的欠缺

各国海关对进出口实物在监管类别上，按照“是否具有贸易属性”，都可以划分为“货物”和“物品”两种，中国也不例外。货物由于具有贸易属性，属于海关严格监管的范围，是一般贸易方式监管，即“一关三检”，海关根据不同货物征收关税、增值税和消费税，商品需申请商品检验、动植物检疫和卫生检疫。

海关对物品的监管是按照行邮（行李和邮件）方式监管的，原则上需要主动申报，按章缴纳“行邮税”，尺度上突出“自用”和“合理数量”。

并且，跨境电商交易产生的返修及退回商品目前仍被视为进口商品，需缴纳进口关税。随着跨境电商贸易量的不断增加，这也是今后需要解决的众多问题之一。

（五）国际间的交流合作有待加强

跨境电子商务庞大的目标客户群都在海外，企业在跨境交易过程中遇到一些实际问题，如俄罗斯海关缺少跨境电子商务解决机制和方案，导致大量包裹积压在海关，处理时间长达40～80天，甚至经常出现货物丢失；俄罗斯邮政系统处理能力低下，面对电子商务这类包裹，处理经验严重不足；电商无法正常结汇，无法退税，大部分销售货款通过灰色渠道回到国内，企业面临一定的法律风险等。这些都需要通过国际间合作才有可能得到有效解决。

（六）网上信用评价体系建设难

当前电子商务信用体系模式无论在信用收集、评价，还是在结果运用上都存在重大缺陷。一是信用收集、评价体系分散，缺少权威性的征信组织。目前，我国电子商务征信领域仍缺少权威性机构向客户提供全面的网络信用评价方面的产品。对客户交易行为的累积、信用状况的评价，均由电子商务网站各自为政、独立操作，导致客户网络交易信息分散，评价指标及方法无法统一，难以对网络客户总体信用状况进行全面评价。二是信用评价机制存在缺陷，数据造假成为可能。各电子商务网站中的信用数据，由于评价体系、评价标准不同，难免出现各种疏漏，导致评价结果失真。如当前大部分网站多以交易成功次数作为信用数据累积基础，并不考虑交易金额、交易内容，导致一个时期内，大量出现利用虚假充值交易快速提升信用等级问题。

（七）跨境电商人才储备与电商发展不相适应

例如，近年来浙江地区在大型电子商务平台、产业园建设，以及产业龙头企业电商业务快速发展的带动下，电子商务企业进入高速发展时期，平台架构、软件开发、店长、运营、微营销、美工等岗位人才均高度紧缺。7个属于红色预警的极度紧缺岗位中，电子商务领域就占了两个，分别是电商运营总监和经理。宁波发布2014年人才紧缺指数，指数较高岗位数量增多，电子商务人才全线紧张。杭州市商务委举办的电商企业座谈会，邀请了多家新老电商企业参加，分别来自物流、外贸、家装等领域，座谈会上不少企业都表示，目前运营、产品、美工等岗位最紧缺。虽然阿里巴巴启动“百城千校，百万英才”项目，预计3年培养100万跨境电商大学生，但还是赶不上跨境电商业务发展的需求。

第六章　跨境电子商务人才及我国人才现状分析

2015 年 6 月，阿里研究院《中国跨境电商人才研究报告》显示，85.9% 的企业认为跨境电子商务人才缺口问题严重。据测算，当前我国存在 100 万至 200 万的跨境电子商务人才的缺口。跨境电子商务专业人才的严重短缺，是限制我国跨境电子商务行业发展的最关键因素。随着跨境电子商务行业的不断发展，企业对跨境电子商务人才的需求不断增加。

第一节　跨境电子商务人才的界定

跨境电商涉及国际贸易和电子商务两大现代服务业领域，其人才表现出较强的专业性和复合性特征。跨境电商人才既需要掌握一定的外语、跨文化和国际商务知识，了解海外客户的消费需求、消费理念和网络购物习惯，又需要熟悉电子商务基本知识，具备电子商务运作、跨境电商平台管理和营销能力，把握跨境电商的基本规律和发展趋势。

一、跨境电商人才基本技能要求

（一）素质要求

（1）严格遵守国家信息和互联网的相关法律法规，具有较高的网络文化素养和网络行为文明素质，具备跨境电商领域相关的诚信与信用素养、信息安全与保密素养。

（2）具有良好的道德素养、人文素养、科学素养和职业素养，具备较高的网络沟通素质。

（3）具备良好的人际沟通素质和团队合作精神。

（二）能力要求

（1）具有 Office 工具使用、PPT 制作、简单图片处理及外语听、说、读、写能力。

（2）具有用互联网思维来处理网络商务活动的能力。

（3）具有较强的跨境电商业务操作能力和市场拓展能力。

（4）具有较强的商务大数据分析能力。

（5）具有从事国际企业经营的跨文化管理与沟通的能力。

（6）具有利用创造性思维方法开展科学研究的能力，以及基于多学科知识融合的创意、创新和创业能力。

（三）知识要求

（1）牢固掌握现代管理、网络经济和信息技术相关的基本理论和专业知识。

（2）掌握跨境电商基本理论和方法，了解快速发展的跨境电商新兴产业相关动态。

（3）熟悉我国电子商务，对外贸易的方针，政策和法规，精通各国法律、惯例和准则。

（4）掌握电子商务企业管理相关知识，注重技术创新，把握商业模式创新动态。

（四）跨境电商从业者必备技能

做一个合格的跨境电商从业者，必须具备以下七项技能。

1. 外语交流

良好的外语是做好跨境贸易的必要条件。尤其是英语，英语是最为普及的国际通用语言，只有具备基本的英语交流与沟通技巧，才有资格进入跨境电商领域。

2. 贸易实务

一个跨境电商从业人员首先应懂得外贸流程与操作，了解信用证和通关业务，精于处理复杂的客户投诉。更进一步地，应知道如何设计和策划企业国际推广方案，如何快速提升出口业绩，如何进行企业外贸团队建设和管理，如何建设欧美渠道等方面的贸易实务知识和能力。

3. 行业背景

努力研讨、熟记产品资料、说明书、广告等，注意收集竞争对手的广告、宣传资料、说明书等，加以研究、分析，真正知己知彼，采取相应对策。平时多读有关经济、销售方面的书籍、杂志，阅读报纸，了解国家、社会信息、新闻大事，这往往是拜访客户最好的话题，且不致孤陋寡闻、见识浅薄。

4. 国际营销

做跨境电商要懂得电子商务的方法和技巧。如怎样在阿里巴巴国际站发布高质量的产品信息，怎样提高搜索引擎 SEO 的排名，怎样提炼关键词，怎样提高询盘转化率，怎样做 P4P 和诚信通等国际网络营销的技能。

5. 法律法规

由于电子商务的发展，全球贸易规则正在发生巨大的变化，跨境电商从业者需能及时了解国际贸易体系、政策、规则、关税细则等方面的变化。对进出口形势也要有更深入的了解和分析能力，避免在跨境贸易中出现侵权行为。

6. 人文地理

跨境电商从业者需要对海外贸易、互联网、分销体系、消费者行为有很深的理解，对世界各国人民的风俗人情、购物习惯都得有一定的了解。

7. 良好心态

跨境电商从业人员应该具备较好的心态和性格特征，要善于和客户沟通，处理各种纠纷。更要时刻保持高涨的工作热情和激情，做事持之以恒，不因一时的失败而气馁。

二、跨境电商人才的职业素养

（一）职业意识

跨境贸易电子商务对从业人员职业意识方面的要求是：思想观念转变快，能够适应互联网条件下对外贸易模式转变的要求；具备“互联网+”的思维，思维敏捷活跃，对新生事物有强烈的兴趣；具备不断探索的勇气和毅力；具有专注、坚持的优良品质。

（二）职业道德

1. 法治原则

跨境贸易电子商务从业人员的一切行为必须在国家政策、法律、部门规章、平台规则允许的范围内进行。

2. 诚实守信原则

跨境贸易电子商务从业人员应合法经营、及时履行订单要求、兑现服务承诺等，不得出现虚假交易、虚假发货等不诚信的行为，不得利用便利条件和技术手段进行违规操作。

3. 质量与安全原则

跨境贸易电子商务从业人员应保证其出售的商品在合理期限内可以正常使用，包括商品不存在危及人身财产安全的不合理危险、具备商品应当具备的使用性能等。

第二节 跨境电子商务人才的知识结构和能力分析

一、跨境电商人才需求层级结构

目前，跨境电商工作主要是外贸企业从事电子商务运营和物流服务相关的工作，主要工作岗位和具体工作内容如下。

（一）初级岗位

初级岗位的特点是掌握跨境电商技能，懂得“如何做”跨境电商。目前岗位主要需要从以下几个方面出发。

客户服务：能采取邮件、电话等沟通渠道，熟练运用英语及法语、德语等小语种和客户进行交流，售后客服还需了解不同国家的法律，能够处理知识产权纠纷。

视觉设计：既精通设计美学又精通视觉营销，能拍出合适的产品图片和设计美观的页面。

网络推广：熟练运用信息技术编辑、上传、发布产品，利用搜索引擎优化、社区营销、数据分析方法进行产品推广。

（二）中级岗位

中级岗位的特点是熟悉现代商务活动，掌握跨境电商运营和管理知识，懂得跨境电商“能做什么”的新型专业人才。目前岗位主要需要从以下几个方面出发。

市场运营管理：既精通互联网又精通营销推广，了解当地消费者的思维方式和生活方式，能够运用网络营销手段进行产品推广，包括活动策划、商品编辑、商业大数据分析、用户体验分析等。

采购与供应链管理：所有电商平台的成功都是供应链管理的成功，跨境电商从产品方案制订、采购、生产、运输、库存、出口、物流配送等一系列环节都需要专业的供应链管理人才。

国际结算管理：灵活掌握和应用国际结算中的各项规则，有效控制企业的国际结算风险，切实提升贸易、出口、商品及金融等领域综合管理能力和应用法律法规水准。

（三）高级岗位

高级岗位的特点是熟悉跨境电商前沿理论，能够从战略上洞察和把握跨境电商的特点和发展规律，具有前瞻性思维，引领跨境电商产业发展，懂得“为什么要做跨境电商”的战略性人才。主要包括熟悉跨境电商业务的高级职业经理人，以及促进跨境电商产业发展的领军人物。

目前众多跨境电商企业多处于初创阶段，客服人员、视觉设计人员、网络推广人员等是最迫切需要的初级人才。随着企业向纵深发展，竞争不断加剧，负责跨境业务运营的商务型中级人才需求也会越来越迫切。而有 3~5 年大型跨境电商企业管理经验，能引领企业国际化发展的战略管理型高级综合人才更是一将难求。

二、跨境电商人才素质要求

（一）专业型人才

与传统国际贸易不同，跨境电商需要更多具备电商属性的专业人才，能够在线上更好地展示产品、营销推广、服务客户。从岗位角度来看，跨境电商需要的专业人才主要有以下几种。

1. 需求分析及选品人才

针对目标国家的目标用户，从购买习惯、需求偏好、文化习俗等角度出发，进行全方位的分析。对于专业卖家而言，之后需要采购合适、有销路的产品，并与供货商保持长远、稳定的合作关系；对于制造商而言，之后需要设计、生产与用户相适应的产品。

2. 网站平台搭建及推广人才

网站平台搭建人才主要指懂外语的 PHP（超文本预处理器）程序员和前台美工（必须懂开发语言），可以帮助企业开发维护主站及进行平台网店的装修。推广人才主要集中在精通各大平台规则、SEO（搜索引擎优化）、SEM（搜索引擎营销）、Adwords（赞助商链接）操作、外媒 PR（公关）、外媒广告管理、SNS（社交网络服务）、Video Ad（视频广告）、Picture Ad（图片广告)、Comment Ad（评论广告）等专业人员，这些岗位贵在专，同时又应具备外语能力。

3. 美工、摄影

美工、摄影人才主要指精通视觉营销、可以拍摄出符合各大平台规则的产品图片及具备文字排版能力的专业人才。

4. 客服

熟练应用邮件、在线沟通工具，运用英语、德语、法语、俄语、阿拉伯语等与客户进行交流。另外，由于发达国家用户自身权利意识较强，监管机构对保护消费者权利较为严格，经常出现投诉、退货甚至触犯知识产权的纠纷问题，因此客服还需要有不同国家法律和支持产品纠纷处理的能力。

5. 物流人才

跨境电商中的物流环节既是成本中心又是利润中心，是用户体验的关键，还可以极大地提升企业的运营效率。跨境电商物流人才主要指具备国际订单处理能力，熟知国际物流发货流程和规则的专业人才。

（二）综合型人才介绍

跨境电商外部环境复杂，不同国家、不同行业所应对的政策规则不同，总体呈现出“需求多样、链条冗长、匹配复杂”的特点。在这样的背景下，综合型人才成为企业推动跨境电商的关键。

1. 初级人才素质要求

目前，企业从事跨境电商业务的人员主要是从内部培训和企业外部跳槽。校园招聘大学生一般需要经过一段时间的培训才能上岗。虽然初级跨国电商从业人员资格不高，一般大专水平以上即可，但必须有创新能力，有消化吸收专业知识的能力，有承受困难和挫折的能力以及开拓市场营销的能力。

2. 高级人才素质要求

高级人才是指在战略角度对跨境电商有所洞察，能够对跨境电商的发展规律有所预测，熟练掌握跨境电商技术知识，能够胜任跨境电商营销、大数据分析、用户体验塑造、跨境电商物流及金融服务的综合型人才。对于企业而言，高级人才是实现可持续快速发展的保证，而随着跨境电商向纵深化发展，能够引领企业国际化发展的高级人才也将一将难求。具体来说，高级人才需要具备以下能力。

（1）需求匹配能力。跨境电商链条冗长、环境复杂，企业要具备识别国家差异、需求差异、重塑贸易链的能力，能够针对不同需求选择相适宜的渠道，制定相关的营销运营策略，为不同行业、不同类型的用户提供与其需求相匹配的一系列产品及相关服务。

（2）高效整合能力。跨境电商是新一次社会化大分工的开始，企业做好跨境电子商务，需要基于自身的核心竞争力，通过生态圈进行高效整合。特别是在营销的过程中，为了实现目标国“本地化”，往往需要对目标国流量引入、国际营销、当地品牌知识有深入的了解，能够整合到当地优秀的流量导入、客户转化、客户留存、售后服务相关的各类本地化服务商。跨境电商最终的竞争不仅是成本、价格的竞争，更是本地化服务的竞争。

（3）带团队的能力。各类型人才稀缺是跨境电商企业持续面临的困境，高级人才要具备识人用人的能力，一方面在内部甄选培养跨境电商人才梯队，另一方面从外部不断吸收适合企业发展需求的新鲜血液。同时，高级人才还要具备团队管理能力，懂得如何留住优秀人才，营造适合人才发展的良好氛围。

（4）政策规则应对能力。从全球范围来看，跨境电商正处于高速不稳定的发展初期，全球贸易规则将发生巨大的变化。跨境电商企业要能够及时了解国际贸易体系、政策、规则、关税等方面的变化，对各国进出口的情况及趋势也要有深入的理解和分析能力。

（5）老板心态，创业精神。作为新生事物，发展跨境电商缺乏成熟的、定性的、持之有效的具体方法，每个企业的跨境电商之路都充满坎坷，高级人才只有秉持老板心态，发扬创业精神，敢于尝试、不断碰壁、积极学习、勇于承担，才能做好跨境电商。

第三节　我国跨境电子商务人才现状及困境

一、人才需求分析

随着跨境电商业务的不断发展，跨境电商企业出售产品类别和销售市场呈现多元化的趋势，同时，企业对电商人员业务的要求也在不断提高。行业普遍认为，招聘跨境电商务人员时，企业更倾向于选择国际贸易和电子商务等相关专业人才。

目前，不仅金融类和综合类院校开设国际贸易专业，理工类院校、农林院校以及师范类院校也开设了国际贸易专业。一些英语专业的院校中也开设了国际贸易和国际商务方向的专业。

现在设立国际贸易专业和电子商务专业的学校，每年向企业输送大量的国际贸易专业和电子商务专业的学生。但是，由于兼具国际贸易和电子商务特征的跨境电子商务企业对人才的综合性需求较强，单一的专业无法满足企业对人才的需求，因而业界很难招到合适的跨境电商人才。

根据市场调研，跨境电商企业对人才的需求在于以下结论。

（1）现有企业选择跨境电商人才时仍然更倾向于国际贸易专业，但是企业更希望跨境电商人才来源于复合学科。

虽然跨境电子商务兼具国际贸易和电子商务的特点，但是跨境电商发展的核心是国际贸易，只是随着时代的发展，与电子商务结合出现了新特征。所以国际贸易专业的学生更能满足企业的要求。

（2）跨境电商企业更缺乏业务岗位的人才。

（3）企业认为，专科和本科人才就可以了，最缺本科人才。

（4）毕业生解决问题的能力不强，专业知识不扎实，知识面窄，视野不够宽。

（5）有意愿从事跨境电商工作的人士多数没有参与过培训，绝大多数愿意接受培训。但是倾向于平台、企业自己或商业机构，不太相信政府和大学的培训。这说明大学中跨境电商专业的教学跟不上现在变化很快的技术和市场。企业期望培训的内容中，按重要度排第一的是互联网营销，第二是电子商务技术类，第三是电商企业管理类。

（6）企业普遍认为，跨境电商人才存在严重缺口。绝大多数人认为跨境电商人才缺口严重（85.9%），其中招到的人不能按要求完成工作任务的情况占比为82.4%。

二、跨境电商的人才现状

（一）外部聘用困难重重

校招生难以满足企业发展跨境电商的需求。跨境电商正处于快速发展期，规模与日俱增、模式不断变化，高校毕业生往往缺乏专业训练和实践，在工作中解决问题能力和动手能力严重不足，难以适应企业跨境电商业务的发展要求。

社会人才严重不足。近年来国内电子商务发展虽然很快，但很多传统企业还是没有把电子商务作为企业发展的战略增长点来培育和推进，缺乏电子商务技术和管理人才，企业主要以传统的方式进行生产和营销。大量企业在网上的商务活动仍然以广告、寻找供应商、网上洽谈等初级电子商务应用为主，企业间电子商务大多还处于“线上洽谈、线下成交”的模式，精通电子商务的人才严重缺乏。

（二）内部培养成本偏高

跨境电商因业务涉及面广，从业人员所需知识结构较为复杂，当前从业者多为电商、外贸、外语等专业转行，企业需要进行岗前培训，但当前培训成本普遍较高。

（三）专业人才缺少

目前，刚刚起步的跨境电商发展速度较为迅猛，伴随着大量的人才需求，特别是具有对外贸易和电子商务能力、熟悉跨境电商业务复合型人才奇缺。企业从外面很难直接招聘到这样的人才，只能通过企业内部来培训。虽然电子商务近年来在国内企业的应用得到了很大的改善，但是很多企业依然没有把电子商务作为企业发展的战略增长点来培育和推进，由于缺乏电子商务技术和管理人才，目前大多数企业主要还是以传统的生产和营销方式做电子商务。

（四）人才流失率较高

与传统产业相比，作为新兴产业的跨境电商行业，人才流动性较大、流失率高。首先，跨境电商企业的开创周期要比传统企业短得多，除了专门的猎头公司外，许多新企业也在到处招聘专业人员，企业之间普遍存在挖人的情况，导致企业人才严重流失。其次，目前跨境电商企业大多处于创业阶段，企业文化尚未形成，企业制度不完善，也导致团队不稳定。

（五）学校专业人才培养与企业需求错位

由于中国长期以来的学历教育导向，高等电子商务专业人才的培养工作，通常是按照学校或教育部门的考核制度来进行，从而导致学校教育与产业发展不相适应，导致学校人才培训规范和社会需求的错位。另外，跨境电商业务发展规模、发展模式变化迅速，相应的理论体系和知识结构尚不成熟，需要在实践中不断摸索和完善。许多大学毕业生由于缺乏适应能力的专业培训和实际的就业培训，造成解决问题能力和实际能力不足的问题。

三、跨境电商人才困境的根本原因

人才是跨境电商的最大瓶颈，从历史的角度来看，每一个新生事物都将经历这个过程（如 2005 年左右国内电商的兴起也经历了同样的困境），而了解困境背后的原因，有利于企业认清自己所处的现状，从而有针对性地制定对策。

具体来说，造成当下跨境电商人才困境的根本原因有以下几点。

（一）人才供给的速度不能满足市场需求

2015年，中国跨境电商进出口交易额相较2014年增长33%。据商务部预测，2016年中国跨境电商进出口贸易额将达6.5万亿元，未来几年跨境电商占中国进出口贸易比例将会提高到20%，年增长率将超过30%，大大超过了贸易总体增速（8%左右），跨境电商已经开始改变全球贸易的版图。

跨境电商蓬勃发展的背后，是数十万家企业的不断崛起。商务部估算，目前每年在跨境电子商务平台上注册的新经营主体中，中小企业和个体商户已经占到90%以上。以深圳为例，2007年左右跨境电商从业企业不超过1000家，2015年已经增长至近10万家。

随着跨境电商企业的不断崛起，对专业人才的需求呈指数级增长。2014年起，以阿里巴巴“百城千校”计划和321电商学院为代表，我国与跨境电商相关的培训机构数量快速增加，但其培养速度远远不能满足全国跨境电商企业的需求。相关数据显示，2015年仅广东跨境电商人才缺口就超过30万，未来10年中国电子商务人才缺口将超过400万。

（二）现有人才素质无法满足企业需求

跨境电商专业理论体系缺失，学校培养与企业需求错位。通常，我国高校的教育体系迟于企业实践需求，专业的设置也迟于企业的实践。长期以来，我国的高等教育以学历为导向，往往按照教育界的评价体系开展，实际动手能力较差，与产业的发展严重脱节。跨境电商正处于快速发展期，规模、模式都在剧烈变化，在基础知识之上，对人才实际解决问题的能力和实际动手操作的能力要求非常高，这就导致刚毕业的大学生很难适应跨境电商企业的需求。

传统国际贸易人才难以适应跨境电商的需求。跨境电商涉及国际贸易和电子商务两大领域，相关人才不仅需要了解国际贸易，更需要对电子商务有着明确的认知和感受，这意味着将企业将国际贸易人才（特别是“60后”“70后”员工）简单地调配到跨境电商部门是不起作用的。

同时，学校比较重视理论的教学与研究，而企业更需要实践应用，因此高校专业人才培养与企业的需求发生了错位。

（三）现有人才的培养模式与社会发展需求不同步

以郑州市跨境电商企业为例，现在大多数中小企业往往要求员工一人身兼数职，希望所招人员能胜任各环节所涉及的全部工作内容，要求学校所培养的人才能够和从事跨境电商的企业需求无缝对接。一方面，跨境电子商务企业人才缺乏和招聘难；另一方面，高校的国际贸易专业、电子商务专业、外语专业的毕业生不能适应跨境电子商务企业对初级人才的招聘需求，形成巨大的就业缺口，现有培养模式已不能适应跨境电子商务企业的人才需求。

（四）专业课程设置与专业技能培养不匹配

跨境电子商务人才的紧缺更多表现为人才的结构性问题，主要反映在高校的国际贸易专业“电子商务专业”外语专业在课程设置上单一、“各自为政”，无法满足复合型专业人才的需求。一方面，国际贸易专业、外语专业的学生在电子商务知识和技能上无法适应企业的需求；另一方面，电子商务专业的毕业生缺乏相应的外贸实践经验，亦无法满足外贸企业的需求。

（五）实践教学环节与跨境电商的实际业务不衔接

目前，高校的专业实践环节包括实验教学、专业实习。实验教学大多借助教学软件提高学生的操作能力和技巧；专业实习环节是理论教学的延伸，但由于缺乏实践性教学基地，学生的实习范围受到局限，只能在现有条件下有选择地让学生自主实习，而实习单位大多不能做到认真安排学生上岗并悉心指导，导致学生专业实习随意性较大，不能满足实际工作岗位的需要。

第七章　跨境电子商务人才培养对策研究

作为新生事物，跨境电商的人才问题在 2~3 年内很难得到解决。从存量角度而言，满足跨境电商要求的人才少之又少。在全中国，精通各大跨境电商平台运营、懂得独立网站及品牌营销的人凤毛麟角；从增量角度而言，跨境电商人才短时间内难以形成规模。面对多行业、多品类、多供应链、多国家、多平台等运营难题，跨境电商人才无法依托培训快速“复制”。

但是，作为企业而言，不能把大环境作为借口，面对人才困境，要下决心、想办法、下血本。人才困境是问题也是机遇，在所有企业都面临人才困境的时刻，如果企业能够解决好人才问题，在人才成本和企业运营之间找到平衡点，就可以较快地实现突破，完成企业的跨境电商转型。

第一节　人才培养理念创新

一、加强高校跨境电商专业人才培养

政府应加大推进高校开展跨境电商专业人才培养工作；建立跨境电商专业专项资金建设，引导实力较强的高等院校建立跨境电商专业；鼓励现有国际商务、外贸、市场营销和商务英语等专业人士，根据市场需求向跨境电商方向发展；对于现有的小语种专业人士来说，鼓励发展和培养具有复合型人才的业务素质，鼓励高校开设跨境电商人才发展的小语种。

通过高等学校的系统教育，培养出具有良好的国际视野和国际化思维、深厚的国际商务素养、较强的电商专业能力和跨文化沟通能力，胜任在拓展海外业务的公司从事跨境电商运作与管理工作和国际商务活动策划，以及在政府相关部门管理跨境电商活动的应用型、复合型国际商务高级专门人才。

从事跨境电商的人才大致可分为三种层次，分别是初级、中级和高级。杭

州市通过设立跨境电商专业专项建设资金，通过设立跨境电商人才培养基地、成立跨境电商学院等途径，引导有条件的高校开设跨境电商专业（或方向），鼓励现有电子商务、国际贸易、市场营销和英语等专业向跨境电商方向发展转型。以此探索多元化跨境电商人才培养体系，培养形成初、中、高多层次跨境电商人才梯队，破解制约跨境电商人才短缺的难题，为综试区建设发挥作用。

例如，在综试办的主导下，杭州师范大学钱江学院协同杭州成长型企业品牌促进会和跨境电子商务相关企业于2015年7月成立了杭州首个跨境电商人才培养基地，设立“两个中心、一个空间”，即跨境电子商务培训中心、跨境电子商务研究中心和跨境电子商务“众创空间”。

经过近1年的准备，2016年5月钱江学院成立了跨境电商学院，并推行“3+1”的跨境电商人才培养体系。“3”是指三个层次，是面向在校生实施3个层次的人才培养体系，包括专业（方向）培养、分模块培养、创业班培养等；“1”是指一个培训功能，是面向社会进行跨境电商培训。通过“3+1”的跨境电商人才培养体系，最终形成跨境电商人才培养的合力。

二、构建跨境电商人才社会化培训体系

政府部门应加大组织力度，一方面组织指导行业协会、机构、院校、社会培训机构开展跨境电商培训，按培训情况，给予场地收费、资料费用、讲座等费用的补贴；另一方面，要加大企业对员工的开展培训的支持力度，开展跨境电商培训，将跨境电商专业知识和企业主流技术与文化融入培训，确保最有效地适应和促进企业发展。总之，政府不但要动员社会力量“做培训”，而且要直接为企业“培训”。为跨境电商企业招聘从事跨境电商业务的新员工签订劳动合同，参加社会保险一年，给予企业一次性新员工一次性固定人员培训补贴。鼓励跨境电商企业增加员工培训投入，提高员工培训成本及占企业成本的比例。下面以杭州市跨境电子商务人才培养模式为例进行分析介绍。

（一）依托“人才港”项目，建立多岗位体系

通过“中国（杭州）跨境电商人才港”项目，根据综试区内跨境电商岗位的共性需求制定多岗位的孵化方案，如营销运营类、商务管理类和技术类，按照不同等级，研发三套孵化体系（速成期、短期、中期）。

（二）依托杭州跨境电商基地，开展社会培训项目

通过设立杭州跨境电商基地，面向社会开展培训，培训层次可分为初级、

中级与高级，内容涵盖跨境电商进出口业务，如亚马逊、速卖通与敦煌网等出口平台，以及海关、检验检疫等进口流程，通过培训，帮助传统企业转型。例如，杭州跨境电商（钱江学院）基地，以杭州企业品牌促进会和跨境电子商务企业为依托，积极与杭州经济技术开发区、跨境电商萧山园区合作，打造多层次专业人才培养基地。自中心成立以来，累计有150多位学员参加了培训。此外，政府要动员社会力量办培训，直接为企业补培训鼓励跨境电商企业加大职工培训力度，提供职工培训费用计入企业成本的比例。

（三）依托高校与企业资源，建立跨境电商学习平台

微课、MooC的兴起与发展，为跨境电商线上线下混合式培训提供了强有力的支撑，也提供了新的思路与方法。因此，政府应鼓励依托高校和企业资源，开发跨境电商在线学习公共服务平台，开设跨境电商实践操作系列课程，对所学课程核发相应学分，颁发相应企业资格证书，面向全社会开放以分享、透明和共同促进的理念，开展跨境电商所需各类人才的培养工作。

三、打造专业的跨境电商师资团队

政府或社会培训机构牵头，组织高校学者、跨境电商行业专家、跨境电商从业精英等组成技能名师队伍，定期开设跨境电商师资培训班，对高校相关专业教师及跨境电商普通员工进行培训，使他们及时了解和掌握跨境电商领域新规则、新技术、新理念、新动态，及时解决跨境电商领域出现的新问题。

（一）聘任跨境电商就业创业导师

跨境电商人才的培养关键在于专业的跨境电商师资团队为解决跨境电商师资不足的问题，由综试办牵头，组织高校学者、跨境电商行业专家、跨境电商从业精英组成跨境技能名师队伍。在今年的跨境电商推进大会上，聘任了21位首批跨境电子商务就业创业导师成员，他们中既有亚马逊、大龙网、敦煌网等跨境电商龙头企业负责人，又有各高校跨境电商研究学者，同时又有海关、检验检疫等职能部门负责人，还有涉外法务、税务专家。

（二）启动“高校教师培训”项目

综试办通过与亚马逊合作，启动了亚马逊在杭州的“高校教师培训”项目，是亚马逊和杭州综试区在发展电商人才方面的创新尝试，为我国出口跨境电商人才培养模式提供了范本，加速杭州地区跨境电商人才储备。首批50位参与者来自24所高校的跨境电商相关课程的教师，通过培训，详尽了解跨境

电商经营的理论知识以及亚马逊平台的实操技巧，包括跨境电商解读、亚马逊“全球开店”运营难题及解决方案等，为跨境电商的实操提供更多参考和借鉴。

四、开展跨境电商人才校企合作定制化培养

政府要积极推动学校与企业的合作，开展跨境电商人才的定制开发，解决高校培养目标和跨境电商企业人才需求脱节的问题。鼓励高校按照社会需要，以市场需求为导向，开展教材体系改革、教学内容和教学方式的革新，鼓励高等院校提高学科和产业，专业和就业的适应性。鼓励企业根据自己的人才需求，对相应的高校在师资、技术、学校条件等方面进行合作，建立校企联合培养人才的长效机制。例如，企业可以与有关机构签订定制的培训协议，由学校根据工作人员要求的人员规格和数量，培训创新型、应用型、复合型和技术型人才。学校还可以聘请“企业导师”，实行产学研联合培养学生“双导师制”，实现了三者的有机结合，使生产、教学、科学研究为一体。

第二节 人才培养模式创新

一、培养和引进一批跨境电商领军人物

根据政府跨境电商行业发展战略，实行顶级设计，科学布局，同时坚持“铺天盖地”与“顶天立地”并举，采取“一事一议、一企一策”的办法，培育引进国际领先的跨境电商领军人才及其创新团队，在产业链和中小微型企业发展的推动下，加强“顶尖人才+重大项目”招商。例如杭州市相关政策法规，跨境电商高端人才与项目落户杭州，投资1000万元以上的项目，参考工业项目优先支持。对于浙江跨境电商投资回报项目，还可以享受省、市企业一系列优惠政策和服务。为满足跨境电商领导及其创新团队的条件，对安家费、住房补贴、研究经费等资金的财政补贴，优先纳入城市“521”计划、城市优秀人才奖等项目。同时，鼓励国内外跨国电商领袖采取灵活的方式，到杭州从事跨境电商务兼职、入股、研究等工作。

二、组建跨境电商企业与跨境电商人才中介

一方面，传统企业贸易转型需要大批跨境电商人员；另一方面，大量的高校或社会培训机构毕业的跨境电商人才需要找到就业单位，有自主创业倾向的需要找投资和货源，企业和人才缺乏对接渠道。建议政府、行业协会、大学和培训机构联合组建“跨境电商人员对接服务中心”，针对跨境电商企业对跨境电商人才需求进行研究，组织开展跨境电商人才组团和企业跨境电商运营对接等活动。

三、建立跨境电商人才激励和保障机制

（一）改进科技奖励办法

重点奖励对跨境电商产业创新发展有重大贡献的杰出人才和科技成果，推动科技创新由成果供给主导转向产业需求主导。支持高校、科研院所在科研人员职务职称晋升时考虑科研成果产业化的业绩，明确科研成果知识产权的归属，完善利益分享机制，充分调动科研人员将科研成果转化成生产力的积极性，着力解决科技与经济“两张皮”现象。

（二）加强跨境电商人才激励机制建设

对于高层次的跨境电商人才，采取重点关注激励措施的三个方面有：一是创业激励。对于跨境电商创业的带头人，跨境电商技术带头人和跨境电商发展做出重要贡献的人，给予不同程度的奖励。二是团队奖励。对于跨境电商业人才队伍，单独设立一批跨境电商人才引进专项资金进行团队建设，资金支持和设备使用，在利用项目资金上给予充分自主权，实施专项评估申请，专项监督运作，专项审计验收制度，形成项目、人才、资金、政策四项一体交互机制。三是生活奖励，增加人才税收优惠力度，对达标的跨境电商务高级管理人员、核心技术人才、高端技术人才连续三年部分或全额退还个人所得税。同时，探索跨境电商企业人才奖励制度，以奖励医疗补贴制度，颁发给住房补贴制度和抵税制度。

（三）落实跨境电商人才安居保障

通过政府引导的市场化运作，多渠道多形式解决跨境电商人才居民生活问题。一是实行高端跨境电商企业人才购房资助项目。高端跨境电商首次购房可

以提供一次性采购补贴，补助金可以通过政府专项资金和企业用人单位的配套资金来解决。二是实施跨境电商人才公寓项目。按照只租不售的原则，在电商产业园、高科技园区、产业集聚区、大学园等区域重点建设人才公寓，为跨境电商人才提供住房出租。对于一些大型企业或有突出贡献的集团企业，可以利用原有的土地建设人才公寓来解决引进高层人才的住房问题。三是完善住房公积金。对于跨境电商企业人才，引进住房公积金支付人员出租政策。

(四) 探索人力资本产权激励措施

根据按劳分配和按生产要素分配相结合的原则，考虑到技术、知识、管理等生产要素的贡献，从事专业技术跨境电商业高端人才通过技术成果等“智力资本”参与分配，对从事跨境电商管理高端人才按“资本管理”参与分配。具体方式由企业给予专业技术人才和管理人才创新成果的购股和选择权，或根据企业自身情况灵活选择各种个性化激励措施。无论是“资本管理”参与分配，还是“智力资本”参与生产要素分配激励，与国际市场整合，真正实现一流的人才、一流的绩效、一流的报酬，快速做大做强。

第三节　人才培养渠道创新

一、合伙制与社会化协作解决人才问题

综合型人才既是企业推动跨境电商发展的关键，也是最大的瓶颈。对于传统企业而言，旧有的人力模式以及管理模式往往难以吸引跨境电商的优秀人才。找到新的方法，破解综合型人才难题是企业发展跨境电商的必经之路。

(一) 合伙制凝聚优秀人才

马云说：“下一轮竞争，不是人才而是合伙人制度的竞争！”

对于真正优秀的人才而言，简单的“职位+薪酬”往往缺乏吸引力；传统企业模式裂变性有限，管理方式陈旧，难以招揽优秀的人才（特别是“80后”“90后”优秀人才）加入；同时，即使通过金钱的方式吸引优秀人才加入，也经常由于团队氛围的问题，难以长久留住优秀人才。

合理运用合伙人制度不仅可以吸引跨境电商相关的外来优秀人才，快速打造成熟团队，还可以留住企业辛苦培养出的优秀人才，保持跨境电商团队的稳

定性及高效性，满足企业凝聚人才、促进发展的现实需求。

2012 年 7 月，3 个年轻人（分别负责运营、海外仓、供应链）投资 15 万元，成立了深圳乐能电子有限公司（以下简称“深圳乐能”），主要在亚马逊海外平台上从事数码产品相关的销售。运营至 2013 年，深圳乐能小有所成，营业额突破 100 万元。

深圳市迪比科电子科技有限公司（以下简称“迪比科”）是一家深圳的老牌公司，成立于 2004 年，专业从事移动电源及手机、数码摄影器材、IT 配件产品的制造，为全球各地的大型客户提供代工服务。

2013 年，在全球经济形势的影响下，迪比科的最大采购商突然停止采购，迪比科陷入困境，面临破产的可能。无奈之下，迪比科只能选择破釜沉舟，通过合伙制的方式吸引深圳乐能核心团队共同成立新公司，其中迪比科占有 51%以上的股权。

新公司实现了迪比科与深圳乐能的优势互补：深圳乐能团队更加了解终端消费者，通过大数据分析等方式，充分挖掘了欧美市场的特点和需求；迪比科团队更加擅长研发和制造，在收到来自终端消费者的准确需求数据之后，通过不断打磨、几代产品的迭代，生产出了非常适合欧美客户偏好的新产品。2014 年，仅仅 1 年之后，新公司的营业收入就突破了 1 亿元；2015 年，新公司的营业收入突破 2 亿元。

做好合伙人制度的 5 个要素：

（1）寻找合适的合作伙伴：合伙人制度的本质是吸引优秀人才的加入来帮助企业来运作发展。在寻找合作伙伴时，除了自己的能力外，还要确认对方是否有共同的经营理念，以确认对方是否高度认可企业公司文化，愿意为公司的使命、愿景和价值观尽一切努力。

（2）建立开放的企业文化：对于优秀人才而言，找到一个平台，让自己能借助平台的力量快速成长，并在平台上能获得成就感和归属感才是最终目的。因此，企业需要建立开放的企业文化，以开放包容的心态给予人才充分的信任和支持，让人才与企业之间形成良好的互动。

（3）尊重合伙人意愿：合伙人制度的目的在于凝聚共同的事业伙伴，向着共同目标前进。合伙人制度应建立在有预期收益、有稳定基础的前提下，而非在企业出现问题时捆绑人才的手段。强制捆绑有可能使核心人才对企业及老板产生不信任感，加速人才流失，加速企业的衰败。

（4）以创业心态驱动合伙人团队：要给予合伙人团队参与企业经营的权利，在企业内部为优秀人才创造创业的条件，变为别人打工为“为自己打工”。只有人才参与公司经营决策、融入创业合伙人团队时，才有可能真正找到创业的感觉。

(5) 建立合理的分配机制：合伙人制度要秉承“谁贡献，谁分享”的原则，激发有能力的人持续贡献，推进企业持续发展。要视合伙人投入的时间精力和对合伙项目本身的投入度来进行利益分配，同时建立系统的进入机制、发展机制、考核机制、分配机制、淘汰机制、退出机制等制度，持续吸引优秀的人才加入，壮大企业的核心团队。

(二) 社会化协作发挥自己的特长

跨境电商背景下，社会化分工协作网络越来越精细化。专注于自己的长板，与跨境电商生态圈不同物种深入合作，往往是成本最低、效率最高的方式。

对于传统制造业企业（特别是中小企业）而言，最擅长的往往是产品，盲目杀入跨境电商终端市场，直接面对消费者，既不擅长也缺乏人才团队的支撑。在这种情况下，阶段性地选择业务外包，将终端销售交给专业的跨境电商卖家团队（以下简称“专业卖家”）分销，并与之形成紧密的信息回路，从而迭代打磨产品，是较为理性的选择。

淘宝快速发展的背后，是无数家淘宝小店、淘宝店小二的崛起。跨境电商也是如此，伴随着近几年的爆发式发展，一大批跨境电商的“淘宝小店”（即专业卖家）开始出现。他们熟悉海外目标市场，拥有较强的运营能力，往往在兼顾自身运营的同时，还为其他企业进行分销服务。

尚睿的前身是专业卖家，在 2011 年之前的几年迅速发展，从零开始成为深圳地区顶尖的亚马逊大卖家。2011 年，尚睿开始转型，成为一家主要面向生产制造业企业的互联网服务商。尚睿的美国分公司 SainStore Inc. 被评为美国发展速度最快的 500 家中小型企业之一，在评比中排名第 12。截至 2015 年，尚睿已经为 200 多家企业提供了分销服务，与 20 多家企业共同成立了合资公司，帮助唯兰朵、邦泽电子等多家传统制造业企业成功打造了自己的品牌。

二、社会化培训与政府合作打造专业团队

(一) 借助社会培训力量引进专业人才

对于企业而言，独自培养跨境电商专业人才，往往意味着极大的不确定性（特别是传统企业，内部缺乏跨境电商相应的氛围）和高昂的成本（需要较长的时间和迭代试错的成本）。借助以 321 电商学院为代表的社会化培训力量，可以有效地招揽优秀的跨境电商专业人才，并通过团队训练，提升企业整体的

跨境电商能力，保持持续的团队竞争力。

321电商学院成立于2014年10月，是跨境电商培训行业的龙头品牌。针对跨境电商专业人才问题，321电商学院一方面连接高校人才，吸引广东、黑龙江、湖北、广西等地的大学生，通过位于东莞的321跨境电商孵化基地，实行1个月时间的集中实战培训；另一方面连接全国各地的跨境电商企业，针对其用人需求，在孵化基地偏向性地进行相关演练。321电商学院的服务得到了市场的极大认可，参加培训的大学生往往在培训开始不到1个月的时间内就都实现签约。截至2015年年底，321电商学院培养大学生超过8000名。

针对跨境电商企业已有成员，321电商学院提供以实操为导向的一系列培训服务。截至2015年年底，321电商学院累计培训企业学员已经超过100000人。

（二）主动对接政府资源，善用公共服务平台

面对跨境电商热潮，各地政府纷纷出台新政新规，帮助企业推动跨境电商的发展。在一定程度上，这改变了企业（特别是中小企业）因发展规模无法对接优质培训资源及教育资源的局面。关注政府动向，主动利用政府资源，中小企业将有机会获取更多优秀的人才资源，完善团队资源禀赋，推动企业人力建设。

杭州综试区：①杭州综试区制定了《综合试验区人才培训计划》，推动部分在杭州的高校开设了跨境电商专业和课程，为跨境电商的发展提供人才支撑；②杭州综试区成立了杭州跨境电商协会，促进行业转型升级、研讨交流和宣传推广；③杭州综试区与浙江大学共建“浙江大学中国（杭州）跨境电子商务综合试验区研究院”，开展决策咨询、学术研究、人才培养等活动。

重庆市政府：①加大力度与企业合作。重庆市渝中区政府与阿里巴巴、24K大学生人才孵化平台合作，共建“重庆跨境电商人才O2O培养基地”，预计未来3年将用生态建设模式，培育5万跨境电商初级人才；②注重面对企业的培训。重庆市贸促会邀请海关总署等政府部门、阿里巴巴全球速卖通等专业服务机构、对外经济贸易大学等研究机构，针对100多家企业和240多名人员，开展包含跨境电商政策、业务与技巧、管理与思维等重点内容的培训。

东莞市政府：①校企合作，东莞针对本地高校、省内高校，以及黑龙江、湖北、湖南的高校展开校企合作项目，吸引大四学生到东莞企业实习，吸引省外毕业生到东莞企业定点实习、培训；②资金支持，东莞市政府从2015年的1.5亿元电子商务专项资金中拿出一部分，专门培养跨境电商人才。

三、统一共识与氛围打造留住电商人才

（一）统一共识，凝聚团队力量

对于初入跨境电商的企业，特别是传统企业而言，能否自上而下统一共识，认识到跨境电商的重要性，并形成与之相适应的内部氛围是成败的关键。

目前，大多数企业对跨境电商仅仅是战术层面的认知，将其作为企业销售的补充式渠道，没有从战略层面及企业未来发展角度深刻地认识跨境电商，这样团队运营下的企业是无法实现高效、高质运转的。

统一团队认知，必须自上而下，从老板层面开始，首先实现企业高层在跨境电商方向上的同频，才有可能最终形成具有共同目标的核心团队。

2015 年，贝贝家纺织在跨境电商转型的路上，明显感觉到工厂的乏力：①团队习惯了以订单为中心、唯领导是从的传统管理模式，对跨境电商的重视程度不够，无法及时响应跨境电商的需求；②团队习惯了“大批量、规模化”的生产方式，面对“小批量、碎片化、高频率、定制化”的新形势，面对与之相适应的新机器、新技术有抵触心理，不愿意花费成本和精力投入。

面对困难，贝贝家纺织启动了针对内部团队的“基因改造”计划，邀请顶尖的培训机构入驻，自上而下开展一系列的“统一共识”行动。培训覆盖全公司所有的人员（包括一线生产人员），不仅包含跨境电商的技能培训，还包含跨境电商的“洗脑教育”。经过持续的培训介入，贝贝家纺织转型效果明显，2015 年实现了 4000 多万元的营销收入。

（二）培养员工的创业精神

“80 后”“90 后”是跨境电商的主流人群，是在互联网、电商大环境下生长的一代人。作为缺乏跨境电商独立认知能力的老板（特别是“60 后”“70 后”），要修炼“归零心态”，勇于承认自己在跨境电商方面的不足，尊重以“80 后”“90 后”为主的跨境电商人才：①打成一片，向他们学习跨境电商相关的最新知识和理念；②善于指导，在价值观层面影响员工，成为团队人生导师。

“80 后”“90 后”在相对优越的环境中长大，具有和“60 后”“70 后”截然不同的价值观，对父辈一代的艰难岁月往往缺乏体悟，他们更加向往体面的、自由的、个性的、能实现自我价值的生活。通过变革管理机制，导入“自组织”模式，营造企业内部的创业氛围，培养员工的创业精神是凝聚团队、打造可持续竞争力的最佳武器。

“80后”“90后”的工作动机不同于父辈、兄辈，具有多元化的特征：利益需求与情感需求并重，参与需求与学习需求共有。因此，企业应采取针对性的管理和激励方法，注重满足“80后”“90后”员工的心理期待，注重信息公开和透明，注重员工的参与感，注重利益的分享和命运共同体的构建。

老邓出生于1970年，之前开了一家模具厂，生产手机周边配套产品，主要客户都来自广东。2009年，老邓突然发现很多年轻创业者从自己的工厂采购产品，他们采购的数量较少但往往使用现钱付款，老邓很感兴趣，于是就进一步调查了这些年轻人的生意，从而发现了跨境电商这个蓝海市场。2009年，老邓正式进军跨境电商领域，从零开始打造了4个品牌，成为eBay和Wish平台上的大卖家。

2015年，老邓跨境电商公司的员工突破100名，营业额突破2000万美元。

作为一个“70后”的传统老板，是如何转型成功并带领“80后”“90后”的团队呢？

(1) 摆正自己的位置，承认自己在跨境电商领域的无力。老邓知道自己不是做跨境电商的料，即使通过努力和学习也很难成为优秀的跨境电商人才，所以在自己对大方向有把控和认知能力的基础上，他敢于把跨境电商的事业交付给“80后”“90后”，并承认他们的重要性。

(2) 激发“80后”“90后”的热情，让他们真正参与进来，拥有创业的感觉。老邓把100多个员工分成了十几个各自独立的“小组织”，他们有权决定自己卖什么、从哪里购货、花多少精力推广，同时实行底薪制、让提成成为员工的主要收入来源。目前，老邓手下普通的“90后”员工月收入可以达到1万元，而“小组织”的领导月收入则可以突破3万元。

(3) 坚持不懈的学习，深入一线的战斗。老邓虽然知道自己不可能成为跨境电商领域的实操高手，但他坚持要对跨境电商有自己的独立认知能力，能够和跨境电商团队进行无障碍的沟通。因此，老邓参加很多跨境电商培训，并坚持80%以上的“小组织”决策会议到场聆听。

跨境电商的蓬勃发展，吸引了大量的传统企业参与其中，同时也带来了巨大的人才缺口。解决人才困境，单单依靠政府、高校、第三方平台等外部力量是不够的，最重要的还是在于跨境电商企业自身。只有认清跨境电商的长远价值，敢于投入时间不断“修炼内功”，打造开放的、具有创新氛围的、能彰显员工价值的企业，优秀人才才会不断汇集与凝聚，企业的人才问题才会得到根本解决。

第四节 人才培养的服务方式创新

一、熟悉掌握英语及小语种的交流能力

亚马逊、eBay 等主要跨境电商平台以欧美发达国家为主要市场，国内跨境电商从业人员和海外客户需要在线交流，这对英语的要求相对较高。据 eBay 和阿里巴巴的统计显示，美国等传统出口市场仍然是跨境电商业务的热点，而其他一些新兴市场如俄罗斯、西班牙、阿根廷、巴西、乌克兰、以色列等迅速崛起。以速卖通平台为例，其 2014 年主要推动俄罗斯、巴西等新兴市场，仅仅半年就取得了很好的效果，日均网页浏览量已经超过 1 亿，比去年同期增长了 700%，年均营业额增长近 600%，同时在 Alexa 全球排名第 69 位。新兴市场的发展导致俄语、意大利语、西班牙语、德语和阿拉伯语等小语种的需求大幅增加。

二、了解海外客户网络购物的消费理念和文化

跨境电商所面对的是国外消费者，由于文化和生活习惯不同，其消费理念和国内消费者也差异很大，这就要求跨境电商从业人员对外国买家的采购习惯做一个深入的了解，同时对中国供应商的出口业务状况有一定认识，了解不同行业的采购特点，熟悉某一行业或一类商品属性、成本、价格和贸易的影响，对某些商品的分销、生产、消费者的购买习惯等都有更深入的了解

三、了解相关国家知识产权和法律知识

由于我国外贸企业长期处于无品牌贸易和低附加值阶段，侵犯知识产权的现象时有发生，据中国电子商务研究中心统计，有超过 60%的跨境电商企业遇到过知识产权纠纷，涉及图片、商标、专利等多种载体。信息发布中还存在着不实的商品价格信息、语言翻译等问题。跨境电商从业人员需要了解各类电子商务相关法律，如《中华人民共和国著作权法》《互联网信息服务管理办法》《中华人民共和国专利法》《中华人民共和国商标法》《网络信息传播权保护条例》等。

四、熟悉不同跨境电商平台的运营规则

跨境电商有大量的平台，如 B2B 有阿里巴巴、敦煌等，B2C 有 eBay、速卖通、兰亭集势等。从业人员必须熟悉各种跨境电商网站的运营规则，具有不同的需求和商业模式的多平台操作技能。在主要电商企业的引流、转化等方面有一定的了解。通过图像处理、文案撰写、广告推广、网络营销、交易纠纷处理、关键词和搜索引擎优化技巧，可以使用网站后台跟踪和客户维护。掌握相关业务记录和分析能力，以及基本用户研究和网站数据分析能力。

第八章　跨境电子商务人才出口操作技能培养

据海关总署公布的统计数据显示，2012 年我国外贸进出口已经超过美国，成为世界进出口贸易规模最大的国家，其中跨境电商贸易增长更加迅猛。2013 年，我国跨境电商平台企业超过 5000 家，境内通过各类平台开展跨境电子商务的企业超过 20 万家。2014 年，我国进出口总值 26.43 万亿元人民币，比 2013 年增长了 2.3%。其中，跨境电商交易规模为 4.2 万亿元，增长率为 35.48%，占进出口贸易总额的 15.89%。2015 年，我国跨境电商交易规模达到 4.8 万亿元。这意味着我国跨境电商将迎来高速发展期，将会有更多的企业和个人投身于这个行业。本章就跨境电商人才应具备的基本出口操作技能加以详细论述，以期相关培训机构和高校在人才培养方面给予重视。

第一节　跨境电商出口准备工作

一、跨境电商进口市场分析

（一）全球主要跨境电商市场分析

1. 北美跨境电商市场

全球超过 37%的跨境网络买家集中在北美。美国拥有 3.15 亿居民，其中 2.55 亿是网民，1.84 亿人是在线购买者。预计 2017 年美国电子商务销售额将达到 3000 亿美元。91%的加拿大人从美国在线购物，拉美国家是美国跨国网购消费者最多的国家，其中巴西占比占 68%。欧洲国家的消费者越来越多地从本国跨境网上购物，但英国例外，英国主要来自美国和澳大利亚的跨境网购。

日本和韩国消费者跨境网上购物更多的是从美国而非中国。因此，在在线零售领域，美国是世界上最大的市场。

2. 欧洲跨境电商市场

在欧洲 8.2 亿居民中，有 5.3 亿互联网用户和 2.59 亿网络购物用户。2012 年，欧洲网上购物包裹数量达到 35 亿件。欧洲电子商务市场可分为北部成熟市场、南部快速增长和东部新兴市场。无论是在成熟市场还是新兴市场，手机渗透率都在 100%以上，这意味着每人至少有一部手机。良好的经济水平，加上互联网用户渗透率高，移动用户数量和完善的物流配送体系，使得欧洲电商市场保持高速发展。

3. 东南亚跨境电商市场

马来西亚、越南和泰国并没有建立直接对接的国外跨境电商业务平台，双边跨境电子商务交易主要通过国际跨境电商业务平台来实现。《亚洲市场跨境电子商务研究报告》指出，马来西亚约有 40%的电子商务是跨国电子商务，远高于日本（18%）和韩国（25%）。

通用英语的马来西亚人是疯狂的购物者，其中 91%的互联网用户购物都是在网上进行的，马来西亚在线支付和国际支付发展更加完善，互联网和手机普及率较高。对于东南亚市场，马来西亚的几大主要业务平台入驻马来西亚成功后，验证了它的消费市场和巨大的发展潜力。

越南电子商务协会在 2013 年的统计数据显示，越南的 3500 万互联网用户中，有 56%的网购人员在线购买金额约为 120 美元。购买服装、化妆品的人数占 62%，购买电子产品的占 35%，购买家用电器产品和机票的也比较高。随着越南中产阶级的成长，国外知名电子产品越来越受欢迎。

菲律宾有 1 亿多人口，24 岁以下的人口占全国人口数一半，使用网购的人群比例在亚洲排名第二，仅次于中国大陆。菲律宾居民的消费能力极高。官方通用语言是英语，使用各个国际购物平台没有语言障碍。菲律宾人喜欢聊天，在社群停留时间长，是社群营销的主要对象。该地区重消费，缺乏研发精神，制造业发展滞后，大部分商品都是进口的。菲律宾市场的上述特点使其成为公认的蓝海市场。

印度尼西亚有丰富的天然资源、上网人口众多、中产阶级人口多，这使其成为具有极大消费能力的跨境电商市场。印度尼西亚的网络消费人群以女性为主，女性产品（化妆品除外，因为化妆品检验严格、耗时较长）、母婴类产品、机动车零部件和3C电子产品在印度尼西亚有很大的需求。

目前中国快递公司已经涉足东盟跨境物流服务，这也成为发展东南亚地区跨境电商的一大优势。

4. 拉丁美洲跨境电商市场

作为跨境电子商务中的新贵，拉丁美洲的移动通信产业发展迅速，智能电话的普及率高，消费者主要通过手机进行社交。此外，该地区中产阶层人群快速增长，有长时间上网的习惯。目前，拉丁美洲互联网用户占全球用户总量超出10%，是继亚太地区之后发展最快的电商市场之一。其中，巴西、阿根廷、墨西哥、智利等国家经济发展潜力巨大。

巴西是拉丁美洲最大的电商市场。截至2015年，巴西占据了南美洲电商市场的半壁江山，其总销售额达到了70亿美元，被列为全球第十大电子商务市场；墨西哥是第二大电商市场，目前它占了拉丁美洲12.3%的电商市场份额，虽然电子商务销售额只占全国零售总量的1.5%，但已达到57亿美元；阿根廷在拉丁美洲排第三，但却是发展最快的电商市场，目前占了拉丁美洲8.9%的市场份额，其电子商务销售额达到50亿美元，占全国零售总量的40%。

5. 俄罗斯跨境电商市场

俄罗斯现有1.43亿人口，全球排名第十。俄罗斯智能手机用户规模为3900万，全球排名第五。俄罗斯社交网络发达，SNS普及率达42%，VK最流行。另外，Odnoklassniki.ru的市场占有率也排在Facebook之前。国内重工业和轻工业比例严重失衡，因此俄罗斯的日用消费品进口需求很大。2014年俄罗斯海外电子商务交易额为3000亿卢布，中国商品是市场主力军。

6. 澳大利亚跨境电商市场

澳大利亚在线网购人群达到1480万，电子商务渗透率为51.8%，电子商务年销售额为168亿澳元，对GDP贡献率为8%；其中移动电子商务GDP为49亿澳元，占所有线上贸易总额的20%。值得注意的是，澳大利亚15.6%的跨境贸易是通过智能手机及平板电脑实现的。作为全球最乐于“海淘”的三个国家（其他两个为加拿大和俄罗斯）之一，澳大利亚有60%以上的人“海淘”。“海淘”一族中有84%的人从美国购买商品，75%的人从英国购买商品，40%的人从中国购买商品（这当中有一部分人群是重合的）。

（二）海外买家购物偏好

了解海外买家的购物偏好，一方面是为了掌握买家的心理；另一方面是要了解什么类型的产品在海外市场中的交易量高，这样才能有利于卖家在沟通过程中把握商机，有效地开展跨境电商。以物流速度为例：加拿大是一个注重效率的国家，顾客总是希望下单后可以尽快收到自己满意的商品，所以在设置运费模板的时候要尽量设置效率高的物流。

《2014 年中国跨境电商零售出口产业发展趋势报告》的数据显示，67%的全球购物者每月开支的 10%是网上支出。尽管跨境网上购物消费者来自不同的国家，但是网购时所钟爱的产品品类却十分相似。57%的全球跨境网购消费者的网上购物是实物而非音乐等数字产品。

（三）海外买家信息渠道分析

卖家在分析掌握了买家的购物心理与习惯后，还应该了解跨境电子商务购物者是如何获取境外商家和产品信息的。据调查，网上搜索是买家最主要的消息渠道，58%的跨境电子商务购物者首先选择这一方式，其次是在线广告（39%），最后是口口相传（33%）。

二、跨境电商出口平台选择

据商务部发布的 2015 年数据统计，中国跨境电商业务平台有 5000 多家企业，通过各种平台开展跨境电子商务业务的已有 20 多万家。在许多国内外跨境交易平台上，亚马逊、阿里全球速卖通、eBay、敦煌、Wish 这五个市场占有率达到 80%以上，而新一批精品电子商务网站已经上线，想要在跨境电子商务领域中占有一席之地。除了传统的 PC 端购物模式，随着移动互联网的快速发展，移动购物页开始挑战传统的跨境电商业平台，人们的生活方式和消费态度正在潜移默化中发生改变。对于跨境电子商务从业者来说，选择跨境平台来满足自己的特点和对平台规则的分析是首要的事情。

（一）速卖通

阿里全球速卖通（AliExpress）作为阿里巴巴未来国际化的重要战略产品，适合一些中小企业批发零售，是全球最活跃的跨境平台之一。它自 2010 年 4 月上线以来，目前覆盖 220 多个国家和地区的海外买家。依靠阿里巴巴庞大的会员基础，阿里全球速卖通已成为目前全球产品品类最丰富的平台之一，被广大卖家称为国际版“淘宝”。阿里全球速卖通平台的优劣比较见图 8-1-1。

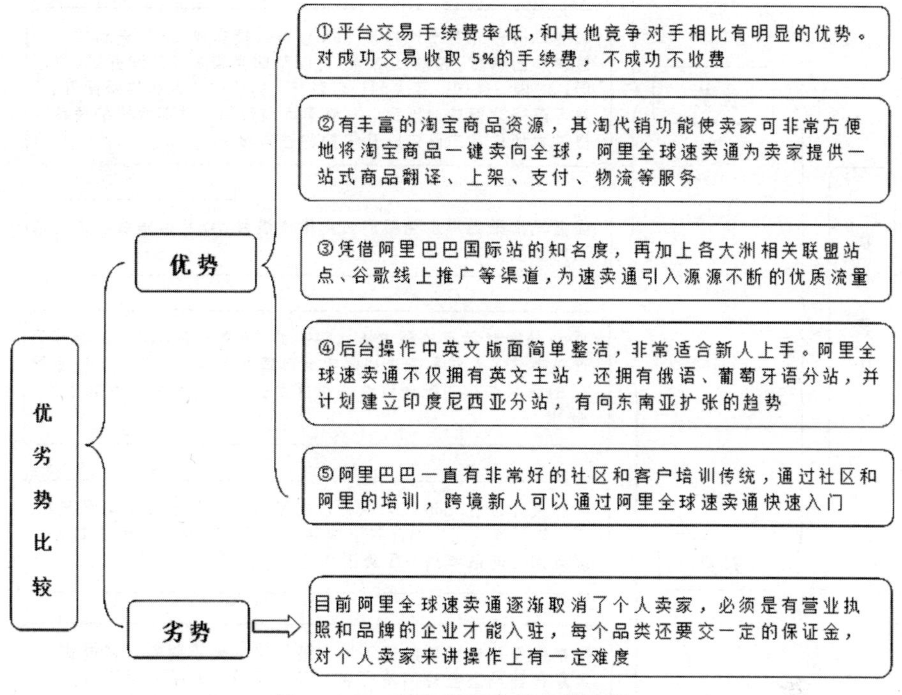

图 8-1-1　速卖通平台优劣势比较

（二）亚马逊

作为全球电子商务鼻祖，亚马逊（Amazon）对于整个世界的影响力是巨大的，中国外贸人选择跨境 B2C 平台时首先认识的也是亚马逊，那时候还没有阿里全球速卖通等其他新兴平台。亚马逊平台的优劣势比较见图 8-1-2。

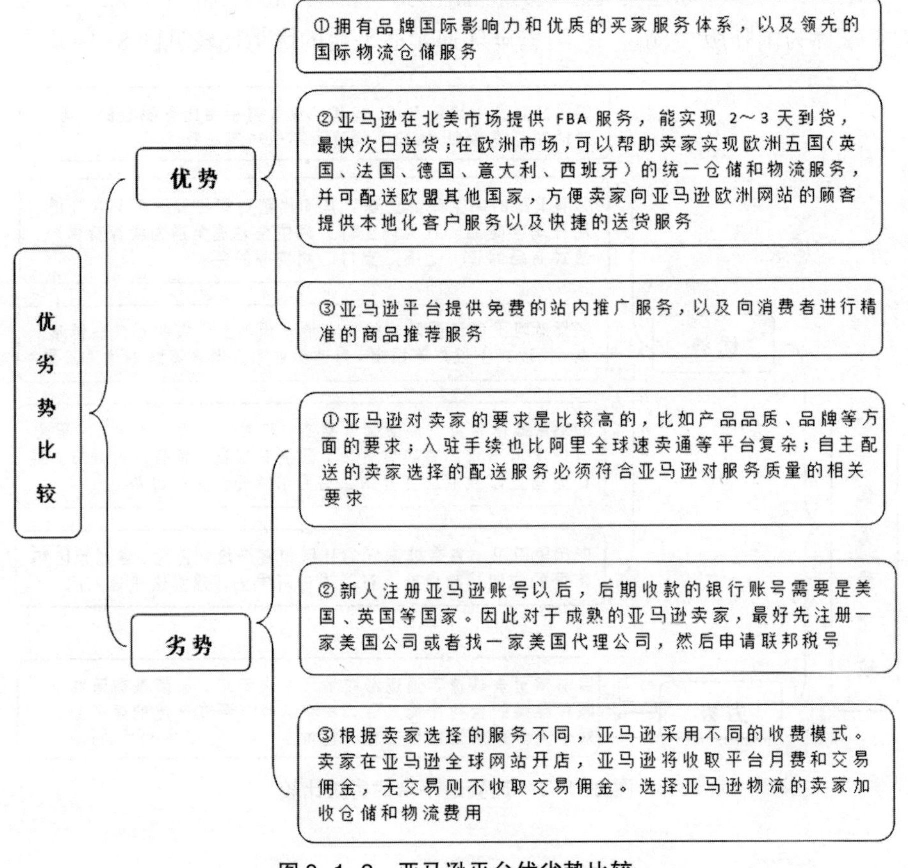

图 8-1-2　亚马逊平台优劣势比较

（三）eBay

eBay 是在线交易平台的全球领先企业，全球拥有 1.2 亿名活跃用户，个人或企业销售的产品超过 4 亿件，采用新一代“一口价”产品，利用其强大的平台 Gem 及其全球市场份额占有第一的支付工具 PayPal，为全球企业提供在线零售服务。通过 eBay 的全球平台，中国卖家的付费、语言、政策、品牌、物流等问题得到了很好的解决，同时 eBay 提供个性化的购物体验，并通过移动应用实现消费者和全球商品的无缝对接。中国卖家可以通过 eBay 推广自己的品牌。eBay 平台的优劣势比较见图 8-1-3。

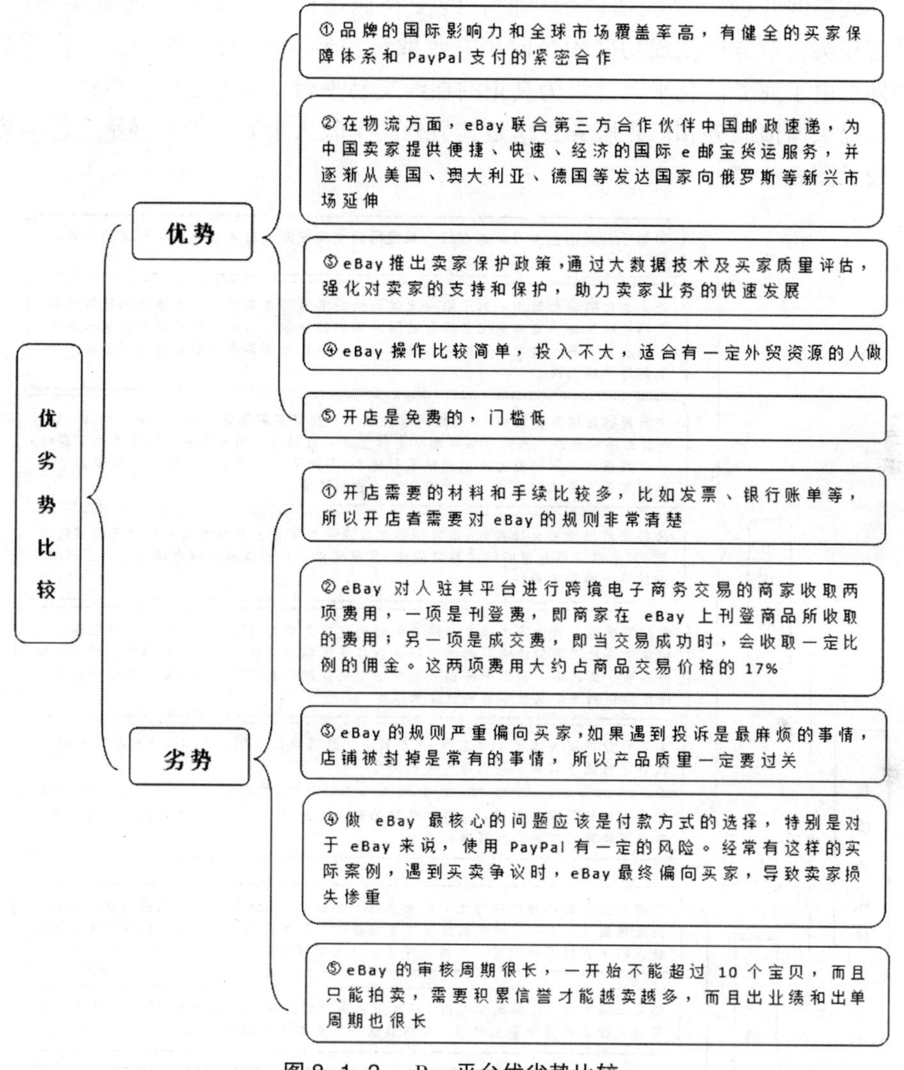

图 8-1-3　eBay 平台优劣势比较

（四）敦煌网

敦煌网（DHgate）是第二代 B2B 电子商务的开创者，是国内首个为中小企业提供网上在线交易的网站，主要是做全球的零售批发，即协助中国广大的中小供应商向海外庞大的中小采购商直接供货。敦煌网有完善的在线交易环境和配套的供应链服务。更为重要的是，敦煌网提供的各项服务，通过集合效应大大降低了交易双方的成本。

敦煌网开创了“成功付费”的在线交易佣金模式，卖家注册是免费的，只有在买卖双方付款成功后才会向买方收取订单额7%～15%的佣金，将传统的外贸电子商务信息平台升级为真正的在线交易平台。除此之外，敦煌网还向会员提供增值服务和广告服务，这是其另外两个收入来源。敦煌网平台优劣势比较见图8-1-4。

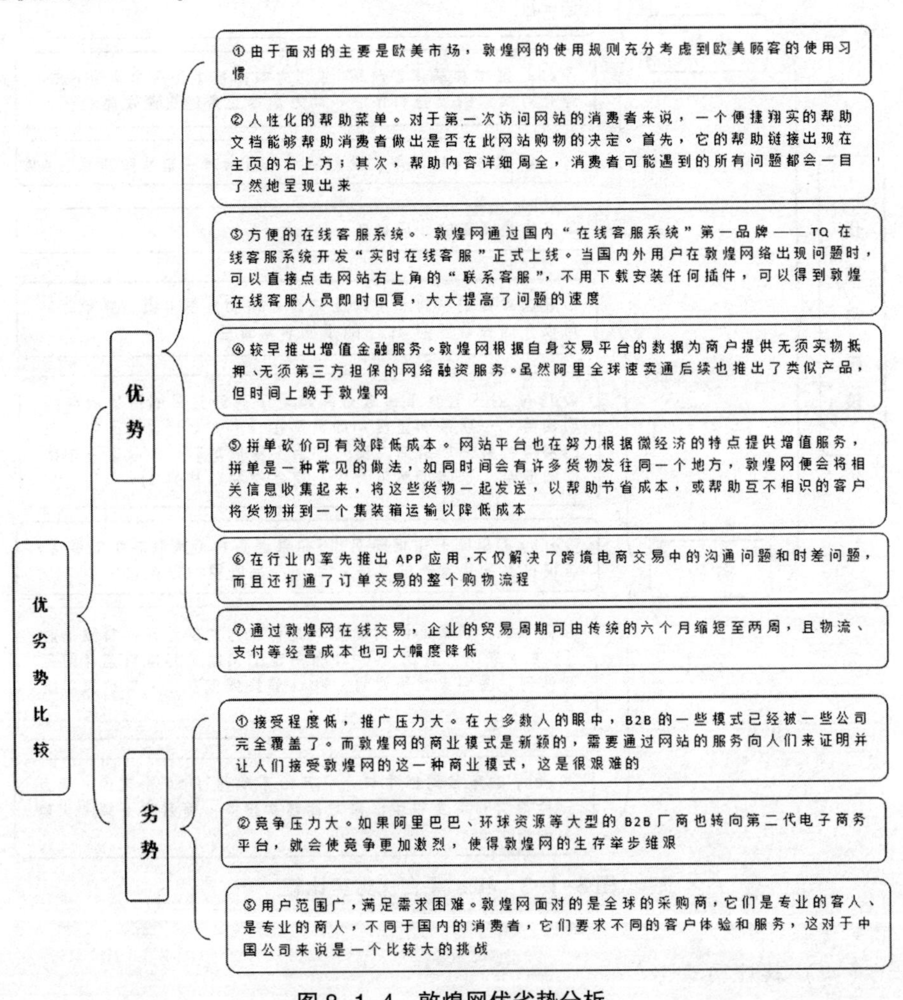

图8-1-4　敦煌网优劣势分析

（五）Wish

Wish是这几年刚刚兴起的基于APP的跨境平台，主要靠价廉物美吸引客户，核心产品品类包括服装、珠宝、手机、礼品等。Wish平台主要的市场是欧美地区客户，在 Wish 平台上主要又以女性为主，大约占了 80%，年龄处于 18~30 岁。作为北美最大的移动购物平台，Wish 购物平台上 95%的订单量来自移动端，89%的卖家来自中国，APP 日均下载量稳定在 10 万左右，注册用户数超过 3300 万，日活跃用户 100 万，重复购买率超过 50%。就目前的移动互联网形势来看，Wish 未来的发展潜力是非常巨大的。Wish 平台的优劣势比较见图 8-1-5。

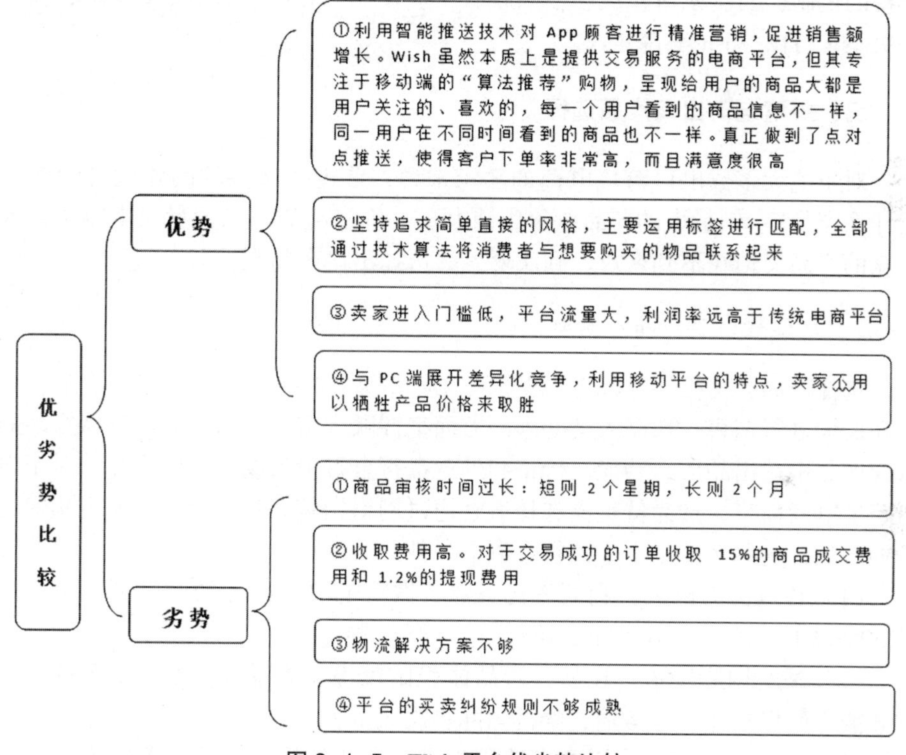

图 8-1-5　Wish 平台优劣势比较

使用 Wish 平台必须遵守该平台的规则。平台支持的应该积极去做，平台禁止的则一点都不能做。下面是 Wish 的几个禁区：

（1）不要出售任何假货或者其他侵权产品，仿品也不允许。Wish 对所有产品进行全面的人工审查，对于仿品，Wish 会给予每个产品 1 美金的惩罚，永久删除该产品，并且所有与仿品有关的应付货款将以扣留方式处理。

（2）上传产品时不得非法使用别人的图片和文字。商品信息或卖家姓名中不得出现亵渎宗教或者种族歧视的语言或图像。

（3）禁止将买家引导至 Wish 以外渠道进行购买以逃避支付佣金；所有商

品必须是可以单独出售的，不得以多买多送、多买减运费或增加额外包装等名义来“促销”。违反规定的商品将暂停销售或删除，相关订单会被取消，违反者将被进行评估以决定是否暂停账户或者关闭账户。

（4）不要以任何方式索要好评，Wish 对这种索要好评和刷单行为是坚决禁止的。

（5）不要试图越过 Wish 解决客户问题，Wish 平台在解决纠纷方面有自己独特的机制，当卖家与客户发生问题时，应按照 Wish 纠纷解决步骤走，实在解决不了可由 Wish 平台介入。

三、跨境电商出口产品选择

对于绝大多数出口跨境电商的卖家来说，首先要回答的问题就是“我要卖什么产品”。销量大的产品竞争店铺太多；价格高的产品销量又上不去；太小众的产品又怕找不到客户。到底要怎么选择出口产品呢？

（一）选择出口产品的原则

选择产品，简称“选品”，是指从供应市场中选择适合目标市场需求的产品在店铺进行销售。选品人员必须一方面把握顾客需求，另一方面要从众多的供应产品中选出品质、功能、价格和外观最符合目标市场需求的产品。对于出口跨境电商而言，选品就是要选择适宜通过网络销售并且适合通过航空快递运输的产品，这些产品基本应该符合以下条件。

（1）市场潜力巨大，利润率比较高。做跨境电子商务的产品利润率基本是 50%以上，甚至是 100%的利润。

（2）适合国际物流。比如，产品体积比较小、重量轻、不容易破碎，这样才能方便以快递方式运输，降低国际物流成本。

（3）售后服务简单。需要有使用指导、安装指导等售后服务的产品不适合做跨境出口，因为后续的投诉率和客户服务成本非常高。

（4）附加值较高。价值低过运费的单件商品不适合单件销售，可以打包出售，以降低物流成本。

（5）具备独特性。有自己独立的产品设计，包括产品研发能力、包装设计能力等，这样的产品才能不断刺激买家购买。

（6）价格合理。在线交易价格若高于产品在目的国当地的市场价，或偏高于其他在线卖家，就无法吸引买家在线下单。

（7）不能违反平台和目的国的法律法规，特别是盗版或者违禁品。这种产品不仅赚不了钱，甚至需要付出法律代价。

（二）选择出口产品的方法

1. 主动选品

主动选品是指通过了解目标市场或者对某个行业的分析，主动开发或寻找产品。例如，蓝牙音响，这就要求我们对蓝牙音响产品的整个市场做一个深入了解，例如，哪一款是用于低成本走量，哪一款是新开发的，哪一款是好音质、高端、高利润的，所以这一次肯定会对公司的具体情况来自主决定选择什么样的蓝牙音响，这就是主动选品。

2. 被动选品

被动选品是指参考其他大卖家的数据，查看它们近期销量比较大的爆款是哪些，从而决定自己销售的产品。

3. 从生活日常品入手

要提前对目标市场进行分析，掌握当地人群的饮食习惯、业余爱好以及节假日等基本情况，同时也要参考国内外相关数据信息，为选品提供依据。下面以加拿大为例进行分析。

首先，对加拿大的重大节日进行分析。最常见的就是圣诞节来临之前，这些需求是最明显的，因为大家都会采购大量的圣诞装饰品来布置家、学校、餐饮店、商超等。再比如说，万圣节期间畅销的服装、道具等节日产品。对于节假日产品的开发，应选择提前一个月，因为要给商家留足备货的时间，同时，也要注意对物流时间的把控。

其次，季节因素同样重要，一般性的规则是：冬天来临前开发帽子、手套、围巾等保暖产品；夏季来临前准备迷你风扇、散热器、笔记本冰垫等降温产品。

最后，生活习惯方面，可以根据目标市场人群的生活习惯来选品。2016年，BrandSpark 进行了“第十三届年度加拿大购物者调查”，这项调查综合性地揭示了加拿大消费者在日常消费品上面的购物习惯。有超过 39000 名加拿大人参与了这项调查，最后选出了消费者百分百支持的“最佳新产品奖”。这次调查结果如下。

（1）加拿大人喜欢创新，愿意为新产品买单。

在加拿大，无论是经济发展时期还是衰落时期，消费者都很喜欢新产品。75%的人支持创新，67%的人称愿意为新产品多付一些钱。报告显示，加拿大消费者在购物活动中购买首次上架新产品的概率为 13%，所以品牌需清晰地向消费者展示他们的创新有哪些好处，即新产品必须要引人注目。

（2）加拿大人对家居用品的购买过程持不同意见。

较多的加拿大人喜欢购买家居用品，因为52%的购物者称寻找划算交易的过程让购物更加有趣；56%的人喜欢在多个店中购物，以寻求最优价格，但随着搭配价格的兴起，这一比例有所下降。仅有33%的购物者称一站式购物的便利比低价格更具诱惑力。46%的加拿大人不愿意多去实体店，由此可见，电商购物将成为必然趋势。

（3）53%的加拿大人喜欢“纯天然”保健品。

对于效果好的保健品，55%的加拿大人愿意付出更多的钱去购买；而53%的人称更愿意购买打着“天然”广告语的保健品，因为他们认为这种产品的效果更好。

（4）加拿大购物者信任有机食品，但却不爱买。

36%的加拿大人承认有机食品更加健康，但是仅有23%的人定期购买有机食品。60%的人称如果有机食品没那么贵的话，他们愿意购买更多的有机食品。

（5）品牌忠诚度降低，加拿大人开始追求更优价格。

45%的加拿大消费者称对品牌的忠诚度不如几年前，一部分原因是产品价格上升，以及加拿大元贬值，所以促销活动比以前更多了。75%的购物者称会查看每周打印的宣传页，而有40%的家居用品购物者每周都会查看数码宣传页。

当然，选品时还有很多其他的依据，譬如目标市场人群的购买能力、喜欢的风格等，这样才能更准确地选品。

（三）货源的选择

出口产品货源的选择有两种渠道：一种是线下货源；另一种是线上货源。

1. 线下货源

线下货源是指在当地可以找到的实体店货源，包括专业批发市场和工厂货源。

（1）专业批发市场。

如果资金比较充裕的话，首选在当地专业市场进货。这样有两个好处：一是可以看到商品的质量；二是有库存就不会出现买家想购买某产品却断货的情形。例如：威海是渔具相关产品比较集中的区域，靠近威海的卖家经营渔具产品就能很轻易地找到比较好的货源。如果能够和批发市场的老板多次交易的话，还可能拿到较低的批发价，在有新货或者热销款时，也会较早得到通知。但是无论选择在哪里进货，一定要记住，首次进货一定要多品类，同件商品进一件就可以了，如果销售情况好就再去进货。因此，专业批发市场货源的优点是方便、运输成本低、可见实物、可议价，且货源比较稳定。

（2）工厂货源。

最好能和工厂达成合作，因为那是最好的货源渠道。利用自己的人脉关系，不但可以节省成本，产品售后也有保障，而且工厂货源是人性化的，可定款、定价、定量，对于未来的发展，工厂货源是最好不过的，缺点是小批量生产对于工厂来说很难合作。

2. 线上货源

线上货源包括两种方式：网上商城批发和做网店代理或代销。

（1）网上商城批发。

这是一个比较常见的渠道，因为没有地域的限制，所以比较方便，成本也比较低，且货源比较稳定，易操作，缺点是见不到实物。例如：阿里巴巴上聚集了各类厂家，很多厂家都提供批发的业务，产品也配有图片，不过都要求大量进货，如果前期资金和经验不足，可以在阿里的小额批发区进货，虽然进价会稍微高一点，但是提高销量后再寻找好的货源就容易了。

（2）做网店代理或代销。

现在很多电子商务的网站上不仅有做批发的，很多还提供代理或代销服务。网代比较适合电商新手，不用什么成本就能将店开起来，但是在找这类代理的时候一定要多对比，可以先买回一两件尝试，因为现在很多网站提供的产品质量没有保障，代理了这样的产品，有问题就会遭到投诉，最后不仅亏了本，还可能会降低店铺信誉。例如，淘宝网上有不少有实力的大卖家，其中有些提供批发或代销的，可以找他们多了解一下，看看他们的客户对产品的评价如何，如果质量和货源都比较稳定的话还是可以的。再比如，手机、计算机周边产品、化妆品等很多产品都可以从网上买进再卖出，因为这些东西的图片和产品说明都是网上现成的，卖家可以先复制发布产品信息，然后等有人下单再去进货也不迟。

（四）选品注意事项

有许多可在国内自由销售的产品，在跨境电子商务交易中是被禁止出售的，比如减肥药。所以，在选择出口电商产品时，一定要先查看平台规则，了解产品政策。下面以敦煌网为例进行说明。

1. 禁限售产品

查看步骤：进入敦煌网站卖家主页面 http：//seller. dhgate. com，单击左侧“规则体系”栏目中的“禁止销售（限售）的产品规则”，分别查看规则、解析与案例分析两项内容。

2. 侵权产品

单击左侧“规则体系”栏目中的“禁止销售侵权产品规则”，查看规则、解析与案例分析、相关问答等内容。

第二节 跨境电商出口平台的操作

一、店铺注册与认证流程操作

敦煌网卖家在进行店铺注册时，通常要经过五个步骤，即进入注册页面、填写注册信息、手机和邮箱认证、身份认证和银行验证。

(一) 进入注册页面

登录敦煌网卖家后台：http：//seller. dhgate. com，单击右上方的“免费注册”或者右侧的“免费开店”按钮，进入注册页面。

(二) 填写注册信息

根据页面提示，填写真实的卖家信息。

填写卖家注册信息时应注意以下几点。

(1) 用户名一旦注册成功后是不能修改的，填写时要谨慎。

(2) 注册用户名时不能使用联系方式（包括邮箱地址、网址、电话号码、QQ 号等）、某品牌名称、名人姓名、不文明词汇等。

(3) 注册人年龄必须在 18~70 周岁。

(4) 目前企业可以注册 10 个关联账户，个人可以注册 3 个关联账户。

(三) 手机和邮箱认证

在基本信息提交后，页面出现“手机验证”和“邮箱验证”的提示。按照页面提示，输入注册手机号收到的验证码，并登录邮箱激活链接，完成认证。

进行手机和邮箱验证时要注意：

(1) 如果长时间未收到手机验证码，可用申请验证的手机编辑短信“申请手机验证—注册用户名—注册人姓名—注册人身份证号”至 15001192207 进行人工验证。

（2）如果申请验证的邮箱没有收到激活链接的邮件，有可能是该邮件进入了“垃圾邮件”栏。

（3）超过 120 天未完成手机验证和邮箱验证的账号，系统将自动视为放弃注册，不予开通账号；未通过身份验证且连续超过一年未登录敦煌网的用户，平台有权注销账号。

（四）身份认证

经过手机和邮箱认证后，卖家便可开启电商之旅了。为了保障卖家在网络交易中的安全，防止网络交易欺诈，卖家还应根据认证的身份类型提交对应的身份认证资料。

选择要认证的用户类型，填写内容后，单击“开始认证”按钮，页面会出现身份认证需要提交的资料，卖家根据页面要求上传相关资料。

进行身份认证时要注意：

（1）每种资料只允许上传一张照片，文件大小在 2M 以内，上传格式可以是 jpg、gif、jpeg、png、bmp。

（2）证件都需要彩色原件扫描件或数码照片。

（3）如果身份证丢失，可以提交护照的个人信息页。

（4）个人类型卖家身份认证将在卖家提交认证申请后的 1 个工作日内完成审核，工厂、贸易公司、个体工商户审核时间稍长。

（5）关联账户将会被连带认证或连带取消认证资格。

（6）上传虚假证件将会被关闭账户。

（五）银行验证

为了保障卖家资金安全，确保卖家的银行账户信息和注册时信息一致，保证卖家在虚拟账户的资金能够安全、成功地支付到银行账户，敦煌网对已经通过注册认证的卖家进行银行账户验证。通过了银行验证后，卖家就可以在敦煌网顺利进行提款操作了。

手机认证和邮箱认证成功后，经平台确认了第一份订单时，系统将会提示卖家进行银行验证（图 8-2-1）。

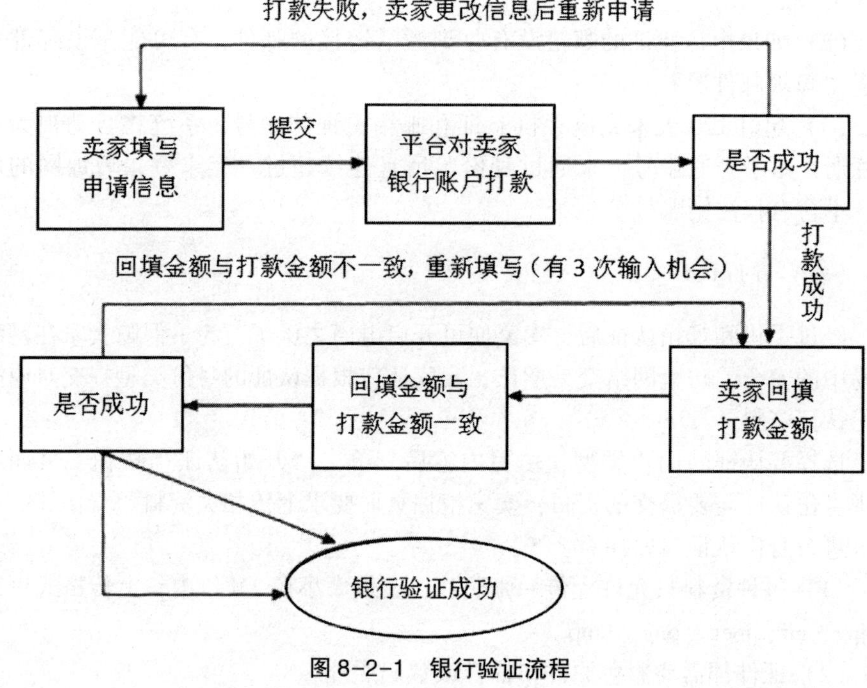

图 8-2-1 银行验证流程

进行银行认证应注意：

(1) 银行验证时间是 1~3 个工作日，每天上午 10 点，系统会自动打验证款（包括周末）。

(2) 卖家需要再将银行验证款回填到后台验证信息中。如果银行信息错误，系统会自动发信息到注册手机进行提醒。

二、产品信息上传与发布

产品信息是由文字和图片组成的，详细的文字描述和清晰的图片展示可以有效地吸引买家的眼球，增强买家的购买欲。产品信息包括以下几项：产品名称、产品短描述、产品属性值、产品详细描述、产品销售信息、卖家服务承诺、其他信息。

进行产品发布时，首先登录 http：// seller. dhgate. com，进入“我的 DHgate”，再进入“我的产品”，单击“添加新产品”按钮进入上传产品页面，就可以根据产品填写相关信息了。

敦煌网卖家在上传产品信息时，通常要经过七个步骤，即：选择产品类目、填写产品基本信息、填写产品销售信息、填写产品内容描述、填写产品包装信息、设置运费、设置其他信息。

（一）选择产品类目

为产品选择最恰当的类目是成功销售的第一步。如果选择了不恰当的类目，会导致买家无法找到你的产品，你发布的产品也有可能被删除或留下违规记录。

选择产品类目有两种方法：使用关键词搜索同类产品类目和通过类目逐级选择。例如要发布婚纱的信息，就可以在类目栏里输入“wedding dress”，单击“快速查找”按钮，就会出现相关类目，也可以在页面下方的类目中进行逐级选择。

（二）填写产品基本信息

产品类目选择好以后，进入上传产品信息页面，填写产品基本信息。

1. 标题

标题是匹配关键词搜索、影响产品曝光率的关键，须使用英文填写，标题要清楚、完整、形象。

填写产品标题时要做到以下几点：

（1）产品标题要包含产品的关键信息及销售亮点，例如：产品名称、性能、特点、颜色、功能等。

（2）包含此类产品常见的关键词。

（3）使用空格间隔，避免使用标点符号。

（4）尽量多填入一些能够让买家在查找物品时会搜索到的词，不超过 140 个字符即可。

（5）对于免运费和批发类的产品，敦煌网会自动标识，因此在标题中不需要写出“Free Shipping”和“Wholesale”。

（6）遵守英文标题的书写规则。

2. 关键词

关键词是用户在使用搜索引擎时输入的、能够概括用户所要查找的信息内容的字或者词，建议使用能突出产品特点和销售优势的词。

关键词的选取方法如下：

（1）核心词，如 Wedding Dress。

（2）属性词+核心词，如 A-line Wedding Dress。

（3）修饰词+核心词，如 2017，New Wedding Dress。

（4）利用 Google Adwords 关键词工具或平台的搜索词分析工具。

3. 产品属性

产品属性是对产品特征的补充说明，在填写时要完整，要尽量详细准确地填写系统推荐的属性和自定义产品属性，这样可以方便买家更精准地搜索到产品，提高产品曝光机会，更重要的是让买家能清晰地了解该产品的属性，减少买家的顾虑和沟通的成本，提升交易成功率。

自定义属性默认显示一行，单击“添加更多”按钮便增加一行，最多可以添加5行。

4. 产品规格

产品规格是对产品名称中不能体现的产品参数信息的补充，一般包含关于颜色、尺寸、款式、配件、贸易方式等的关键词，以便买家能搜索到该产品。产品的规格与产品的售价是相对应的，同类产品的不同规格可以有不同的售价，必要时还可以设置“自定义规格”。

（三）填写产品销售信息

在产品销售信息中，需要一次性填写以下内容：销售计量单位、销售方式、备货状态、备货期及产品价格区间。

产品价格区间与前面的“自定义规格”是相对应的。例如：在自定义规格中设置了颜色“red”和“yellow”，那么产品价格可以采用统一设置价格和按颜色分别设置价格两种方式。在设置产品价格时，会出现“买家价格”和“实际收入”，分别表示买家购买此产品的付款金额和卖家售出此产品的收入。

此外，在设置产品价格时，还要了解佣金的计算方式。

（四）填写产品内容描述

1. 产品图片

跨境电商网店的产品图片可以在店铺没有做任何付费推广的情况下吸引很多流量，为卖家节省大笔推广费用。为了与其他店铺的产品相区别，可以设置图片水印。

无论买家是通过关键词搜索还是通过类目搜索，买家最先看到的图片（即主图中的第一张）叫首图，首图将会在产品的列表页展示出来。首图能够极大地影响买家在产品页面停留的时间，也极大地影响店铺的转化率，因此要选择能够充分展示产品状态的图片。

当单击“查看产品”按钮时，首图下方出现的就是8张产品主图。

上传产品图片时要注意以下几点：

（1）不得抄袭其他卖家的图片，以免受到平台处罚。

（2）要尽量有正面、侧面、背面、细节、包装等图片。

（3）图片格式为 jpeg，大小为 2M 以内，分辨率不低于 400×400，选择正方形且尺寸统一的图片。

（4）最好传够 8 张图片。

2. 产品描述

产品描述是让买家全方位了解产品并形成下单意向的重要因素，分为产品简短描述和品详细描述，也被称为短描述和长描述。短描述使用通畅的语言补充描述产品，切忌重标题及堆砌关键词。长描述是将在产品名称和规格说明中不能涵盖的产品信息进一步展示给买家，将买家比较关注的产品信息展示出来，让买家尽可能多地了解产品，同也体现卖家的专业性，进行自我推销。

通常情况下，产品的详细描述包含以下几个方面：

（1）更多的产品图片（More Pictures）。

（2）产品参数和信息（Specification&Description）。服装类产品建议描述材质、颜色、测量方法、尺码，有的内容可以根据情况自定义。

（3）使用说明（Direction for Use）。

（4）产品的包装、物流方式等（Package&Shipping）。

（5）售后服务及退换货说明（After Sale Service&. Returns）。

（6）关于我们（About Us）。

（7）其他推荐（Recommend Hot Items）。

由于面对的是海外的买家，所以产品描述要使用英文编写。也可以单击产品上传页右侧的“在线翻译”将中文产品信息翻译成英文。另外，敦煌网对产品详细描述的要求是：严禁留下任何形式的私人联系方式、全部描述内容不能超过 400K。

（五）填写产品包装信息

1. 包装后的重量级尺寸

填写产品包装后的重量及尺寸务必准确。因为当买家设置了非免运费运输方式的时候，系统将根据所填写的重量及尺寸自动计算出买家应付的运费，错误的重量及尺寸将会导致买家支付错误的运费，卖家有可能因此而遭到投诉。

2. 产品计重阶梯设定

产品的运费与产品的包装信息密切相关。考虑到部分产品的包装重量不是完全根据产品的数量等比增加的，所以对于产品包装重量比较大、体积比较小的产品，敦煌网提供了自定义重量计算功能，避免系统计算的运费过分高于产品实际运费的情况。

设置了产品计重阶梯设定后，系统便会自动为买家显示购买数量达到几件，可以享受计重阶梯计算出的运费。例如：单个 A 产品包装后的重量是 2 千克，2 件 A 产品包装后的实际重量是 3 千克，3 件 A 产品包装后的实际重量是 4 千克。若不使用计重阶梯计算，买家购买 3 件 A 产品，系统就会按照 3×2=6 千克的产品重量来计算买家需要支付的运费。如果使用计重阶梯计算，将 A 产品的重量信息设置为：买家购买 1 件 A 产品，计重 2 千克；在不超过 3 件时，每多购买一件，重量增加 1 千克。所以如果买家购买 3 件 A 产品，那么系统将按照 2+（3−1）×1=4 千克的产品重量来计算买家应支付的运费。

（六）设置运费

敦煌网的运费设置分为以下四类：

（1）标准运费：这是物流商的官方报价，是根据产品重量、体积、运费折扣自动计算的全部国家的标准运费。

（2）免运费：这是指由卖家承担运费。这种方式易被买家接受，且具有排序优势，但它只是免除部分国家运费，其余国家是标准运费。

（3）自定义运费：这是指卖家设定的运费。

（4）仓库运费：这是指与敦煌网合作的在线发货仓库的报价，比如 DHL 的仓库运费低至 2~3 折。

如果是第一次上传产品，卖家可以使用敦煌网提供的“新手运费模板”。“新手运费模板”提供了适用国家多、运费价格低廉的物流方式。

（七）设置其他信息

在设置产品其他信息时，特别要注意的是产品有效期。产品有效期指的是从发布产品信息成功那天开始，到产品信息在平台上停止展示那天为止的时间段。产品过了有效期，若没有及时更新，产品就会自动下架。所以为了保证产品的正常销售，卖家应及时更新产品有效期。

最后单击“提交”按钮，完成产品信息的上传。为了帮助卖家有效填写产品信息，敦煌网会由系统自动给出上传产品的总评分。

三、物流与运费操作

敦煌网平台目前支持的物流方式有：EMS、UPS、DHL、FedEx、TNT、Ocean Freight、China Post Air、China Post Sal、Hongkong post、Singapore post、TOLL、PARCEL FORCE、HERMES、DPD、ARAMX、USPS、Postlink、Equick、DNJ、捷利安专线（JILLION）、佳成专线（JECX）、悠扬专线（英

国、德国、澳大利亚)、欧洲商务包裹、顺丰国际、RPX、俄速通(Ruston)、俄速递(XRU)、ePacket、e-ulink。选择哪家国际快递向海外买家运送货物,这对卖家来说是至关重要的。

为了帮助那些不了解国际快递的卖家节省物流运费,上传产品信息时,敦煌网会自动为卖家绑定敦煌网合作物流。使用时,直接选择发货地点就可以享受优惠价格。目前,敦煌网合作物流在上海、深圳、广州、惠州、宁波、重庆、东莞7个城市设有仓库,如果卖家不在以上7个城市,可以查看每个城市的敦煌网合作物流服务公司的联系方式,由卖家支付邮费,以快递形式将货物邮寄到设有敦煌网合作物流仓库的城市,物流服务公司收到货物后会将货物再发送给买家。

(一)跨境物流方式分类

1. 国际速递

国际速递包含EMS和四大商业快递,即DHL、FedEx、UPS、TNT。其特点是邮寄速度快,但价格贵。

2. 国际平邮

国际平邮主要包括中国邮政小包、中国香港小包、新加坡小包、TNT Post等。这种物流方式是所有物流方式中价格最低的,但其派送速度是最慢的,通常需要30~50天。

3. 国际专线

国际专线是由国内的大型物流公司推出的,是专门派送某一个国家的线路,如佳成专线、悠扬专线等,其价格和派送速度均介于国际速递和国际平邮两者之间。

(二)跨境物流方式的选择依据

卖家发货选择跨境物流时,要考虑以下要素:

(1)从买家的角度出发。卖家应该为买家所购买的物品做综合的考虑,包括安全性、运送速度、运费、是否有关税等。

(2)卖家要尽量在满足物品安全度和运送速度的情况下,为买家选择运费低廉的服务。

(3)商品运输不需要精美的外包装,重要的是安全快速地将售出的商品送达买家手中。

(4)卖家即使拥有再多的经验,也无法估计所有买家的情况,所以把选择权交给买家更为合适,卖家只需要在物品描述中表明所支持的运输方式,再确定一种默认的运输方式即可，买家有其他需要时自然会主动联系卖家。

（5）有的产品可能适合多种物流方式，卖家可以写出常用的方式及折扣，为买家省去运费开支，也为卖家赢得更多的回头客。

（6）尽量选择平台认可的物流方式，因为使用非平台认可的物流方式会造成发货后无法向平台回填物流信息。

（三）物流运费的设置

一般来说，物流的运费模板设置应该是在产品上传之前就完成的，这样就可以在发布产品信息时候直接选择并使用。

1. 添加运费模板

首先进入运费模板管理。

方法一：进入“产品”管理频道，单击“运费模板”按钮可进入运费模板管理页面。

方法二：在“添加新产品”页面单击“管理运费模板”按钮进入运费模板管理页面，产品添加页面仍然保留，添加成功的新模板在产品添加页面可即时使用。

进入运费模板后，就要添加新模板。

2. 设置运费模板

（1）选择物流方式，进行具体的选择与设置。

（2）选择收费方式。国际物流的运费分为以下几类：免运费、仓库运费、标准运费、自定义运费和不发货。不同的物流公司，其收费方式和折扣是不同的。免运费是由卖家承担运费，会在买家看到的产品展示页面上显示“Free Shipping”；仓库运费是指跨境电商平台与国际物流商洽谈好的折扣价格；标准运费是平台展示国际物流商给出的官方报价，卖家可对不同国家设置不同折扣；自定义是由卖家根据买家购买数量设置运费，购买越多运费越优惠；不发货是卖家对指定国家或地区设置不发货，该国家或地区的买家将看不到设置了此项运费模板的产品。

（3）选择适用于每种收费方式的国家或地区。在敦煌网的物流模板中选择国家或地区时，国际快递分九十区，同一区的国家或地区的运费相同。遇到有个别国家或地区的情况特殊时，可以按照国家或地区分别进行选择。

（4）填写运费模板名称（中英文均可），保存该模板。

3. 使用运费模板

使用运费模板时，进入“产品管理”，对需要设置运费的产品选择“编辑”，在运费设置中就可以选择使用已经设置好的运费模板了。

4. 运费计算方法

国际物流的通用运费计算公式分为以下两种情况：

第一种：当需寄递物品实重大于材积时运费计算方法为：

首重运费+［重量（千克）×2-1］×续重运费

例如：5 千克货品按首重 150 元、续重 30 元计算，则运费总额为：150+（5×2-1）×30=420 元。

第二种：当需寄递物品实际重量小而体积较大，运费需按材积标准收取，然后再按上列公式计算运费总额。

FedEx、UPS、DHL、TNT 所采用的体积重的计算公式是：

规则物品：长（cm）×宽（cm）×高（cm）÷5000=重量（kg）

不规则物品：最长（cm）×最宽（cm）×最高（cm）÷5000=重量（kg）

此外，国际物流有时会加上燃油附加费。当燃油附加费为 9%时，就需要在上述第一种计算方法的结果上加上“运费×9%”，因此，物流总费用的计算公式是：

总运费=（运费+燃油附加费）×折扣+包装费用+其他费用

例：华康公司想邮寄 21 千克普通包裹从北京发往德国，求总运费。

解答：华康公司选择 A 物流，首重运费 260 元 0. 5 千克，续重运费 60 元 /0. 5 千克，燃油附加费 10%，折扣为 8 折。计算如下：

运费=260+（21-0. 5）×2×60=2720（元）

总运费=2720×（1+10%）×80%=2393. 6（元）

第三节　跨境电商出口客户服务

客户服务，是指在与客户接触的过程中要以客户为中心，设身处地地理解客户心理，了解客户需求，满足客户需要。也就是说，凡是能够提高客户满意度的内容都属于客户服务的范畴。

随着市场竞争的日益激烈，客户被视为企业生产和发展的重要资源，尽可能地为客户提供周到的服务逐渐成为市场竞争的焦点，这不仅有利于塑造企业的良好形象，有利于提高成交率，而且有利于提高客户的回头率，维持新老客户关系。

跨境电子商务客户服务主要是为客户提供咨询解答服务，是运用外语了解客户需求，帮助客户解决问题，促进网店产品销售的业务活动。客户服务质量的好坏直接决定了客户是否购买。基于电子通信行业的迅猛发展，跨境电商客户服务依托于电子信息的技术条件，具有无可比拟的服务优势。

跨境电子商务的客服可以细分为文字客服、视频客服和语音客服三类。文字客服主要是指以打字聊天的方式进行的客户服务，视频客服是指以视频演示的方式进行使用指导的客户服务，语音服务主要是指以电话沟通的方式进行的客户服务。

跨境电商的客户服务内容，包括回应售前询盘、进行订单处理、售中售后的沟通、中差评管理、纠纷处理和退换货服务等。

一、订单处理流程

（一）订单处理

产品信息被发布到店铺后，就要做好获得订单的准备。一旦卖家收到了新订单，就要及时处理。当然，有了订单后，平台也会每天自动发一封关于订单处理的邮件给卖家。通常情况下，订单的处理可分为以下四个步骤。

1. 确认订单

买家已经下订单并且付款，同时也通过了平台的确认，这个时候就进入了订单处理流程，卖家就要对该订单进行确认，主要是确认客户购买的是什么产品、是否可以供货，如果可以供货，必须与客户确定收货地址、联系方式及物流方式。如果缺货的话，一定要及时告诉客户，要与客户沟通解决。

2. 配货包装

配货是指卖家按照订单内容，挑拣出客户购买的产品。通常情况下，在这一环节中会同时将产品进行适当的包装。如果客户购买了多个产品，就要按照客户的需求及物流方式来配货，比如拆分成几个包裹分别以小包裹运输，或是一起发快递等。

当产品进行运输包装时，还应该注意下列几点：

（1）在跨境运输中，尽量避免使用太大、表面有太多印刷图案的箱子。

（2）尽量不使用奇形怪状的包装。例如，不使用圆筒状的包装盒子或袋子，以免在运输中滚落，或带来其他不必要的麻烦。

（3）不使用已损坏的或容易变形、不结实的箱子，防止产品在运输过程中受到损伤。

（4）避免使用劣质的填充物。例如，不要用碎纸机里的废纸或其他劣质的材料来填充箱子里的缝隙，如果填充物质量不好，一方面可能无法起到缓冲保护的作用，另一方面也有可能刮伤产品或产品的外包装。

（5）避免在箱子和产品中间留出空隙。因为如果有空隙，产品会在空隙中晃动，造成缓冲材料失去功效，产品有可能因此损坏。

（6）不使用信封寄送高价值或易损坏的产品。实践证明，使用信封寄送物品，很有可能被卡在信件分拣机当中，而且产品也不能受到任何保护。

（7）寄送地址一定要书写详细、准确，特别是不要使用铅笔、彩笔等来书写，以防在运输过程中变得模糊不清，影响派送。

（8）当货物的单件重量超过 70kg 时，请务必使用带托盘的包装。

（9）快件运输的货物，单件重量不允许超过 31kg，尺寸不超过 60cm×60cm×60cm，周长不超过 300cm，超过的话请单独咨询。

3. 打印单据

配货包装完成后，就可以按照出货流程，以及所选用的跨境物流方式打印对应的单据，包括发货通知和商业发票等。

4. 物流运送

上述工作都已完成，客户也没有任何问题时，就可以将货物发给物流公司或物流公司指定的仓库了。

经过一段时间的境外运输过程，产品被派送到客户地址。当客户确认收货后，即意味着交易完成。

以敦煌网为例，客户在该平台下订单，并付款到敦煌网作为第三方担保；敦煌网平台会向卖家发出付款确认，提醒卖家发货；然后作为卖家的国内供应商经过配货、包装、打印单据，将产品交由跨境物流运送到客户地址，当敦煌网收到了客户发出的确认收货无误的指令后，就会自动放款给卖家，完成交易。

（二）发货流程

订单处理效率是影响店铺服务评价的重要因素之一，及时正确地发货是获得顾客好评的重要因素。发货分为线上发货和线下发货。

1. 线上发货

线上发货就是走平台合作的物流方式，把产品发送到平台合作物流所指定的仓库。即卖家只需在线下单，快递公司就会上门取件，并且可以在线支付运费以及一站式在线查询物流跟踪服务。在线发货的模式被敦煌网、全球速卖通等小额外贸平台普遍采用。但目前仅限于小额包裹，大宗物流的在线标准化发货尚在探索之中。

例如，敦煌网的“仓库发货”属于在线发货服务，卖家填写在线发货预报后，首先将货品发往 DHL 的仓库，再由 DHL 统一调配，集中发货。仓库发货采用集中发货的方式，所以整体效率会更高，运费成本也会更低。目前采用敦煌网仓库发货，可以拿到 DHL 正常运费三折左右的折扣。而敦煌网的系统则直接和 DHL 物流跟踪系统对接，可以在线查看送达日期以及货物跟踪情况。

下面就以敦煌网 DHLink 仓库发货为例介绍在线发货的操作步骤：

（1）选择需要使用 DHLink 在线发货的订单，单击“立即发货”按钮。

（2）选择 DHLink。这时，DHLink 中优势渠道的价格会直接显示出来。

（3）此时页面将跳转至 DHLink，货物的目的国信息已被带入，卖家只需选择物流方式“快递”或“小包”，设置包裹重量和体积，单击“计算运费”，选择物流方式，单击“下一步”。

（4）填写仓库发货信息和产品申报信息。

（5）确认发货信息并提交。

（6）发货申请成功。

（7）申请成功后，卖家应尽快将订单产品自送或快递到 DHLink 的对应仓库，同时 DHgate 订单页面左侧的 DHLink 在线发货也会同步该 DHLink 订单状态。卖家填写所选择的国内物流及国内运单号。

（8）在仓库收到货后，订单状态将变为“等待支付运费”，单击“立即支付”进行在线支付，页面将跳转到 DHLink 平台的支付页面，平台支持“余额支付”或者“支付宝在线支付”。

（9）支付完成后返回订单页面，单击“已完成支付”，订单状态将切换为“发货已完成”。

（10）在仓库返回国际运单号之后，单击“填写发货记录”来回填运单号完成发货，其中物流方式和国际运单号将由系统自动填好，同时支持修改，单击“提交”完成发货。

（11）对已经发货的订单，卖家可以单击“物流信息跟踪”进行查询，也可单击“查看”按钮查看该订单的详细信息。

2. 线下发货

线下发货就是卖家自己找跨境物流公司运送产品。线下发货相对简单，根据卖家和物流商的商讨进行打包和贴上辨识内容，然后把包裹交给物流。运输费用可以和物流协商。

（三）国际物流寄送注意事项

1. 物流公司拒收物品

无论是国际物流还是国内快递，对寄送物品都是有限制要求的。总体来说，物流公司拒收的物品主要有：货币、银行本票、汇票、支票、债券、易燃易爆品、军火武器、腐蚀品、液体、粉末状物品、鲜活物品、光碟（少量的光碟可以走）、磁碟、宗教及政治宣传品、淫秽及色情物品、烟草及酒精类、古董文物、珠宝首饰及贵金属、汽车零配件、仿名牌或侵权物品、毒品、厚度在3cm以上的石板、CPU、硬盘、打火机、食品（EMS可以寄食品）。

2. 寄送时应该注意的事项

（1）发国际快递时一定要提供中英文商业发票（Invoice），装箱清单（Packing List）上的品名、数量、价值一定要写清楚，不能笼统地写成样品、服装、礼品、布样、测试品、零件、物品、盒子、玩具、电子零件、工具样品、鞋样品、手套样品、货样、塑料制品等，这些名词都容易被扣关，最好注明是用在哪一方面的。

（2）快递到国外的木箱包装不能是原木的，原木要有杀虫证，或者用甲板（必须是已杀过虫的）包装。

（3）名牌产品一定要有授权书，冲关会被没收和罚款。

（4）印度、越南等国家目的地关税偏高，要先跟客户沟通好，以免客户拒付关税和运费及拒收产品。

（5）美国对于食品、药品管制很严，需要提供美国食品、药品管理局审批的FDA认证；对于液体、粉末、颗粒等化工产品比较敏感；和人体相关的用品，例如医疗、文身机器，在申报品名时需要额外注意；寄往美国的纺织品要求有配额证，没有的话需写上3英寸大的SAMPLE，用洗不掉的大头笔写上，如寄衣服还要注明男装、女装、短裤、长裤、长袖、短袖之类的；私人新衣服寄往美国，有发票的可以走，款式不能是全部一样的，若款式一样，则数量需要控制在3件以内。另外，美国海关在知识产权保护方面较其他国家严格。

（6）如果目的国是澳大利亚，要注意不要邮寄食品、动物和植物；填写包裹清单时要详细，尤其要注明材质，否则将可能被检疫部门抽查，延误转运；不要用装蛋的纸盒、木箱及装水果、蔬菜、肉类的硬纸盒；不要用干草或者植物进行包装；化妆品也是被禁止的。

（7）如果寄件到欧盟国家，应注意不要严重地货值低报；重量大的货物，申报高值，主动交税或者拆分货物发送；就关税事宜，卖家需要主动与买家确认沟通，以免发生不必要的退款或者差评；欧盟不允许未熏蒸的木箱进口，所以需要将木箱做熏蒸，或者不采用纯木质包装。

二、客户沟通

成功的客户沟通是促进在线客户下订单的关键因素。通过网络沟通进行的跨境电子商务的客户沟通可以让销售人员更多更好地了解客户的消费心理和消费需求，从而可以更好地设计销售策略，顺利完成销售任务。成功销售的关键是买卖双方之间进行有效的沟通，尽管误解时有发生，但解决问题最好的办法还是沟通。

（一）客户沟通的特点与原作

1. 客户沟通的特点

（1）无法预知竞争。

在传统贸易中，卖家可以和对手做较多的交流，与对方进行比较，能够比较清楚地看到自己的劣势和对手的优势。但是在跨境电商平台上，成千上万的卖家每天在自己的店铺里进行各种操作，往往无法及时对新出现的情况做出反应。

（2）终端消费者多。

跨境电子商务的特点决定了其终端消费者多。跨境电子商务的客户基本都是有网上购物经验或者愿意尝试网购的海外消费者，他们的购物目的简单，大多是为自己购买并使用，对产品的质量和价格有一定的要求，因此在沟通过程中要抓住客户的心理特征。

（3）注重人性化服务。

客户沟通的根本是以人为本。随着竞争日益激烈，卖家往往不是在打价格战、质量战，而更多的是在打服务战，所以要提供最人性化的服务，从最初的询盘，到最后的下单，每一步都时刻关注客户的心理、需要及顾虑。

2. 客户沟通的原则

（1）换位思考、理解客户意愿。

当遇到不理解客户想法的时候，不妨多问问客户是怎么想的，然后站在客户的角度去体会他的心情。当客户表达不同的意见时，应体谅和理解客户，让客户感受到卖家是站在买家的角度思考问题，感受到卖家的关注和体谅，这样买家也才会理解卖家的想法。

（2）多倾听客户意见。

在进行客户服务的过程中，应先问询了解客户的意图与需要，当客户表现出犹豫不决或者态度不明朗时，也要先问清楚客户困惑的原因是什么，对哪些问题不明白。如果客户自己表述不清楚，客服人员应主动把常见的问题列举告知。

（3）坚守诚信。

网络购物虽然方便快捷，但客户毕竟看不到、摸不着产品。客户难免会有疑虑和戒心，所以客服人员对待客户必须要有耐心和诚意。要坦诚地回答客户的疑问、介绍产品的优点和缺点，并向客户推荐合适的产品。

(4) 凡事留有余地

在与客户进行沟通交流时，尽量不用“绝对”“肯定”“保证”等字词。因为每个人在购买产品的时候都会抱有期望，这种期望如果不能得到满足，就会变成失望或愤怒。所以，为了避免让客户失望、发生不必要的纠纷，最好在沟通的时候留有余地。如果要承诺，最好使用“争取”“尽量”“努力”等。当然，这并不意味着卖家的产品不好或对客户不负责任。

(5) 注意文明用语。

在与客户沟通的整个过程中，要注意使用文明用语。例如，当客户完成付款时，或者客户在确认收货后给予好评时，客服人员应该衷心地对客户表示感谢。当遇到问题时，要检查自己工作不当的地方，向客户诚恳地道歉，而不是推卸责任或指责对方。

(二) 客户沟通技巧

客户沟通的内容主要包括专业的产品介绍、详尽的物流信息、良好的退换货政策等几个方面，使得客户体验到卖家客服的专业化、精准化服务。

卖家在交易过程中最好多主动联系客户，这样能让客户感觉到卖家对自己的重视，促进双方的信任和合作，从而提高客户的满意度，出现问题及纠纷时也能够及时处理。

由于时差的缘故，卖家应在购买高峰时段保持在线，以便及时回复客户的咨询，这意味着卖家要在晚上的时间联络海外的客户，因为这个时间客户在线的可能性大、沟通效果好。例如，海外客户的购买潜伏期一般是在北京时间15：00—22：00，客户会在此时段浏览店铺产品，向客服咨询一些产品的相关信息；客户购买的高峰时段是在24：00至第二天凌晨5：00，这个时段内客户的询盘会比较多，所以卖家客服人员在这个时段保持在线，并及时回复客户询盘，才是正确的做法。通常来说，当客户发出询问30分钟内收到卖家的回复时，订单的成交率会提升79.68%。否则，会让客户因为等待而失去购买欲望。

在客户沟通技巧方面，要注意运用说服客户的技巧和促进交易的技巧。

1. 说服客户的沟通技巧

(1) 消除防范，真诚感化。

网上购物总是会带给消费者不确定感和防备心。消除防备心理的最有效方法就是反复给予暗示，表示自己是朋友而不是敌人，这种暗示可以采用嘘寒问暖、给予关心、表示愿意提供帮助等方式传递。

(2) 争取同情，以弱克强。

如果想说服态度比较强硬的对手时，不妨采用争取同情的技巧，因为渴望同情是人的天性，运用这一技巧可以达到以弱克强的目的。

(3) 缓和气氛，以退为进。

在与客户进行交谈的过程中，客服人员应先调节谈话的气氛。采用一种轻松、友好、平静的提问方式，并维护客人的自尊和荣誉，保护客人隐私。如果气氛和谐而友好，那么说服成功的可能性就越大，结果一定会令人满意。

(4) 寻求一致，以短补长。

卖家要尽量找出与对方一致的地方，先让对方赞同自己远离主题的意见，从而使之对自己的话感兴趣，然后想办法将自己的话题引入主题，最终求得对方的同意。

2. 促进交易的沟通技巧

(1) 积极推荐，促成交易。

当客户拿不定主意时，客服人员应尽可能多地推荐符合客户要求的产品，在每个链接后附上推荐的理由。譬如，“This is new arrived and can not be seen everywhere”“This is one of the most fashionable styles”“This is the most popular, often out of stock”等，以此来尽量促成交易。

(2) 利用客户希望快点拿到商品的心理促进交易。

大多数客户都希望在付款后卖家能尽快寄出商品，所以在客户已经有购买意向但还没有下单的时候，可以这样表达：“The delivery is arranged before 5 O'clock everyday, so if you really like it, take it quickly, and we could send your ordered today.”这种方式对于在线支付的顾客尤为有效。

(3) 利用“怕买不到”的心理，促进交易。

越是得不到、买不到的东西，人们就越想得到它、买到它，这就是“怕买不到”心理。卖家可利用客户这种心理来促成客户下订单。当对方已经有比较明显的购买意向但还在最后犹豫中的时候，可以用以下说法促成交易：“Today is the last day for preferential price, and you would not catch this opportunity from tomorrow on.”

（4）巧妙反问，促成订单。

当客户问到某种产品，卖家刚巧没有库存时，就得运用反问来促成订单。譬如，客户问："Is there golden color?" 这时，不可回答没有，而应该反问道："Sorry，we don't plenish the golden stock，but there are black，purple，blue，which color do you prefer?" 以此来吸引客户对其他有库存产品的关注。

（5）帮助客户拿主意。

当客户一再出现购买信号，却又拿不定主意时，可采用"二选一"的技巧来促成交易。譬如，"Would you like Style 14 or Style 87" 或者说："Which logistics mode do you prefer，snail mail or EMS?" 这种二选一的问话技巧，其实就是帮助客户下定决心。

此外，在沟通服务中还要关注客户对于订单的详细要求，如颜色、大小、尺寸、货期、包装，如果自己的实际备货能力和客户的要求有差距，一定要提前告知并和客户沟通，在客户确认后再执行订单，避免客户收到货物后引起纠纷。

三、客户售后服务

售后服务是一门科学，更是一门艺术，是绝对不能忽视的。维护好一名老客户比开发一名新客户重要得多。要想维护好老客户，卖家关键要做好三方面的工作：评价管理、纠纷解决和退换货处理。

（一）评价管理

每位卖家对每一笔订单都希望得到买家的好评。当买家给予好评时，卖家应撰写好评回复，以感谢买家的肯定、理解与鼓励。但是，当发现买家给出中差评时，卖家一定不能推诿责任，甚至指责对方，而应从以下几个方面着手处理。

1. 中差评处理

首先，要认真分析买家给出中差评的原因是什么。对于跨境电子商务交易，常见的中差评原因不外乎几点：实物与店铺中的产品图片有差异；产品列表中显示免运费，但是在实际付款时却被收取了部分运费或其他费用；使用信用卡付款时被扣除一定比例的手续费等。了解到中差评的原因后，就可以根据不同的情况，采取不同的方法去处理。

其次，在处理中差评时，卖家可以遵循以下步骤：

（1）收到中差评后，卖家应及时主动地通过站内信、电子邮件、Skype 等方式联系买家，首先表达歉意，然后再了解买家对产品或对服务不满意的详细原因。

(2) 对于符合退款或退换货规则的，可以通过退款或换货的方式，使得买家满意并且修改评价。

(3) 如果买家未能按约修改评价，则可以先查看买家的评价是否符合平台评价的投诉规则。例如，买家的评价中带有侮辱性词语，如 fuck、bitch、raast 等，或者评价等级与评价内容不符，如给出了差评，但是却评论“It's perfect. l like it very much.”遇到这样的情况，可以向平台投诉。

(4) 若经过前述步骤仍未能删除或修改评价，卖家可以尝试中差评营销。例如，在客户下单前给客户打预防针，提前解释为什么会出现这样的问题，或者附上产品的使用说明书与注意事项、色差的注意事项，或者给出遇到问题请和客服及时沟通解决，而不要随意给出中差评的提示等。这样的中差评营销主要是为了向潜在买家说明真实情况，表明态度。

(5) 中差评处理结束后，客服人员应该积极查找相同产品的其他评价，如果发现此产品的中差评具有共性，则应及时采取措施，改进产品质量，或将此产品下架而上架无质量问题的新款产品，或采取相应措施提高客户服务的技巧与水平。

2. 中差评预防

按照大多数跨境电商平台的规则，中差评都会给买家带来很负面的影响。因此，卖家除了要分析其原因，并采取具体措施处理中差评外，还一定要学会做好预防工作，主要包括以下四个方面。

(1) 严把产品质量关。

产品质量是根本，它关系到店铺能否长期生存和发展。产品质量差，得不到消费者的支持与喜爱，就很难得到订单。这就要求卖家在选择进货渠道时一定要把好关。如果质量有问题，一定不能将其发送出去，以免客户收到产品后因为质量问题而给出中差评，另外，在发货前应该仔细检查其质量及包装都没有问题才能发货。

(2) 解释色差问题。

虽然跨境电商平台都规定禁止盗用其他网站或店铺的图片，但是仍然有很多卖家都在使用杂志图片、其他网站或店铺的图片而不去拍实物图，造成图片失真，由此产生客户不满意的情况。由于买家无法看到实物，图片就成了买家判断商品的重要依据，所以图片应尽量与商品一致，商品描述要客观全面。同时，在产品描述中应注明“Be careful to purchase because there may be color difference（图片可能有色差，请谨慎选购）”的字样。

(3) 良好的售后服务。

有一些卖家认为接到订单，就算是完成了一笔业务，其实，这才是服务的真正的开始。在买家下单前、下单后的整个过程中，卖家都应该及时准确地回复买家的咨询，特别是在买家下单后，卖家应及时发货，并主动把快递单号和物流信息的查询方式告知买家。使买家感到自己受到重视，卖家是负责任的。

(4) 分析买家特点，区别对待。

在买家下单前，卖家可以事先查看买家的交易经验和信誉度，了解买家对别人的评价侧重点以及别的卖家对该买家的评价，根据买家的特点区别对待。

(二) 纠纷解决

1. 解决纠纷的原则

(1) 及时回应。

当发现买家对于订单的执行或产品的质量不满意时，卖家要马上做出回应，针对买家提出的问题要主动予以解决，与买家进行友好协商，而不能等买家将纠纷升级或者提起投诉时被动处理。

(2) 有效解决。

针对不同的纠纷情况，卖家要采用一定的沟通技巧，有效地解决纠纷。例如，买家要求退款时，尽量引导买家达成部分退款，避免全额退款退货。努力做到如果产品不能让客户满意，那么态度和服务要让客户无可挑剔。

2. 解决纠纷的方法

产生纠纷主要有两大原因：未收到货；产品与描述不符。

(1) 未收到货。

①卖家未发货。如果卖家未能及时发货，导致买家不满意，卖家应及时给买家退款或者重新发货，但需要先征得买家的同意，避免擅自发货后买家因延迟发货而拒签。

②延迟发货。在这种情况下，卖家首先要安抚买家，让买家耐心等待，然后给予适当的补偿。

③产品在运送途中。卖家在发货后应尽早告诉买家运单号、英文查询网址及大致的妥投时间，并安抚买家耐心等待。

④包裹被退回。这时卖家要及时给买家退款。如果是因为买家自身原因导致包裹被退回，可以要求买家补偿物流运费。

⑤扣关。如果货物在海关被扣，卖家要及时联系货代了解扣关的原因，并积极配合买家清关。

（2）产品与描述不符。

①产品质量有问题。当买家反映产品质量有问题时，卖家应首先要求买家提供图片或者视频证据，清楚了解产品问题，或者给出专业的指导和操作说明，或者引导买家接受部分退款以结束纠纷。

②货不对板。出现产品与描述不符合的情况时，卖家首先应道歉，承认作疏忽，然后提出有效的解决方案。

3. 避免纠纷的办法

针对买家在下单的各阶段可能产生的纠纷点，卖家应在以下三个阶段注意避免纠纷：

（1）上传产品阶段。

在这一阶段，卖家应注意：

①提前联系好固定的货源，避免因缺货断货引起纠纷。

②检查产品描述是否存在歧义，如本应以 pair 为单位的产品出现以 piece 单位。

③详细描述要确保客观、准确、完整，对产品的基本属性、瑕疵、保质期等应说明清楚。

④尽量使用实拍图，或图片与实物一致，避免买家因图片而产生与实物不符的期望。

⑤对容易发生纠纷的关键点，应在产品页面给出明显提示。

（2）与买家沟通阶段。

在这一阶段，卖家应注意：

①回应买家咨询要及时。

②留存与买家沟通时的谈话记录，如后期出现纠纷时可作为证据。

③在交易的过程中，要与买家保持顺畅沟通，这样一旦出现问题，买家首先会想到与卖家沟通。

（3）发货前后。

在这一阶段，卖家要注意：

①在发货前要对出售的产品质量及功能、产品包装的完整性进行检查。

②使用买家要求的物流方式发货。

③发货后要及时在系统里填写运单号，保留发货单据，并向买家发送发货通知。

④货物签收后，提醒买家确认收货并给出好评。

（三）退换货处理

作为跨境出口电商，要想拥有稳定的客户群和较低的运营成本，需要具备高效实用的退换货处理办法。

1. 退换货处理办法

（1）制定合理的退换货价格。

退换货价格有两种计算方式：一种是以订单产品成交时的价格全额退款；另一种是在成交价格的基础上计算折扣价。

（2）明确退换货责任。

为了保障买卖双方的权益，应在产品的详情介绍页面中明确退换货的权责问题，并在买家下订单时进行提示，从而减少买家因随意选购而发生退换货的情况。

（3）说明退换货成本。

跨境出口产品被要求退换货时，会面临较长的物流时间、高价的国际运费和退货清关费用，时间与金钱成本非常高昂。在此情况下，多数买家往往会在权衡之后放弃退换货要求。对此，卖家应向退货买家逐一说明清楚。

2. 退换货流程

无论是哪类产品、在哪个跨境出口平台销售，退换货流程基本都是一致的。卖家填写货运单号后的5~90天（四大快递开启纠纷的时间为填写发货单号后的5~90天、一般快递为7~90天、平邮为10~90天），买家可以在订单未完成状态下发起退款或退换货协议申请。当买家提交退款申请后，卖家可以在“退款与纠纷”中查询到该订单。订单进入协议纠纷流程后，买卖双方须协商处理（图8-3-1）。

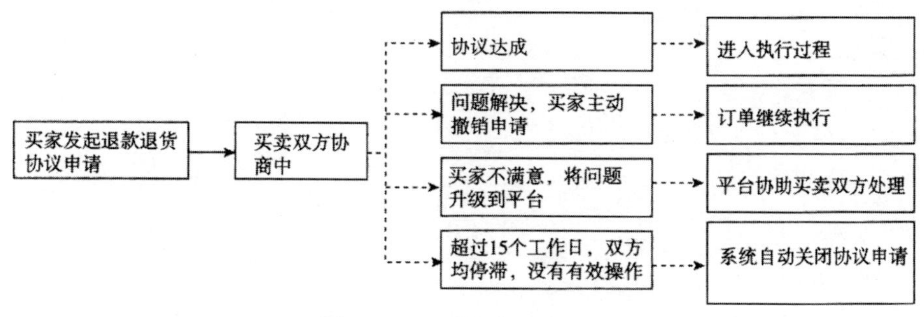

图8-3-1 退换货处理流程

3. 注意事项

跨境电子商务的退换货必须注意反向物流因素，通常要考虑以下两个方面。

(1) 明确退换货规则。

跨境出口电商卖家应当把相关退换货规则设置在店铺页面中显眼的位置，同时将产的特性、有效期限、使用方法等介绍清楚。例如，要注明“Underwear items are not placeable and refundable, please carefully choose and purchase（内衣物品售出概不退请谨慎选购）”，也可以在产品包装盒内附上退换货规则说明。

(2) 采用适当的方式协助买家退换货。

一种方式是通过跨境电商平台的在线退换货系统协助买家退换货；另一种方式是通线下第三方协助买家退换货，即设立退换货服务代理点。

第九章　跨境电子商务人才进口技能培养

2015年，我国人均国内生产总值已接近7600美元，达到中等偏上发达国家水平，国内消费者的消费需求更加旺盛；中产阶级和有中产阶级消费能力的人在2015年已经有1.2亿；“80后”“90后”人群购买商品的关注点倾向于食品安全、品质优良、品类多样、个性化等方面，对价格的敏感度有所下降；出境游及留学人数攀升，使消费者对国外商品更加了解。这些因素都成为跨境贸易电子商务进口飞速发展的动力。本章就跨境电商人才应具备的基本进口操作技能加以论述，以供相关电商企业、培训机构和高校参考使用。

第一节　跨境电商进口准备工作

一、跨境电商进口的内涵

（一）跨境电商进口

跨境贸易电子商务进口分为直邮进口和保税进口。

1. 直邮进口

直邮进口是指消费者在购物网站上确定交易后，商品以邮件、快件方式运输入境情况下的跨境贸易电子商务商品通关模式。也就是说，商品在国外就已经被分装打包，然后以个人物品的形式通关，被送到国内各个消费者的手中。

2. 保税进口

保税进口又称为保税备货进口，指商家将境外商品批量备货至海关监管下的保税仓库，消费者下单后，电商企业根据订单为每件商品办理海关通关手续，在保税仓库完成贴面单和打包流程，经海关查验放行后，由电商企业委托国内快递派送至消费者手中。

从2013年跨境电商试点开始，保税进口已经成为跨境电商的一个主要物流模式。截至2015年底，全国跨境电商试点城市已增加至8个，分别为上海、郑州、广州、深圳、重庆、杭州、宁波、天津。保税进口则是从这8个城市的保税仓库发货。

（二）保税进口的特点

保税进口模式的流程是国外货物运送到境内保税区进行存储，即境外的仓库转为“境内关外”仓库，然后按照订单分批出售给国内消费者的活动。这种模式综合了直邮进口和一般贸易进口的双重特征，但与传统的一般贸易进口和直邮进口有显著的差异。保税进口主要有以下特点。

1. 先进口后销售

从贸易角度看，保税区进口货物进入保税区时并没有订单，从一般贸易进口与保税进口之间的差别只是在互联网上完成的交易，货物和一般贸易进口的形式没有什么不同，供应链利益及相关方责任仍然存在。

2. 化整为零的销售方式

在保税进口方式下，一旦取得了消费者订单，即在保税区进行分包，填写消费者收到的信息后以邮寄的方式出区，海关将在收到行邮税后发放。保税区货物采取“化整为零”的销售方式，从消费者的角度来看，则是非常便利的，因为从订单到收货往往只需要1到2天。

3. 进口产品需求特殊

在保税进口模式下，进口产品多集中在高货值、准入难、消费者需求高的产品，如婴幼儿配方奶粉、保健食品、化妆品等。

4. 货物入区不发生物权变化

在保税进口模式下，货物进入保税区以后往往不发生买卖关系，货物境外至境内运输仅是同一企业货物存放地点发生转移，货物物权未发生实质性变化，从传统行政执法角度来看，检验检疫行政执法的相对人为国外企业。

（三）保税进口的优缺点

作为目前跨境电商进口主要的模式之一，保税进口因其自身优点明显而备受欢迎，与此同时，保税进口也存在一些不足之处。

1. 保税进口的优点

（1）保税进口模式采用的是试点货物暂存模式，消费者在平台下单之后，货物直接从保税仓发出，避免了国际运输线上的时间，消费者能够较快取到货物，对消费者而言能够有较好的消费体验。

（2）保税进口模式因为大幅降低了进口环节税，集中采购又能够大幅降低商品的采购成本和物流成本，所以能够为进口产品带来更高的利润和更具竞争力的价格。

（3）保税进口备货的商品在进口通关方面全程接受严格监控，各流程信息阳光透明，能够更好地保证商品本身的质量以及消费者的利益。

2. 保税进口的缺点

（1）因其为备货存货模式，加上目前各平台对市场把控不是很精准，因此在进口货物的量的把控上一直是各平台很头疼的问题，进货多了怕囤积，进货少了怕爆仓。

（2）保税进口对产品的量有较大的要求，因而无法灵活地根据市场动态做出细节调整，对于新兴、量少的货物覆盖率较低。

二、跨境电商进口模式

（一）“保税进口+海外直邮”模式

该模式的典型代表是天猫国际、亚马逊和 1 号店。

上海自贸区通过与亚马逊、天猫国际和 1 号店合作，在各地保税物流中心建立各自的跨境物流仓。目前，上述商家已与郑州、上海、宁波、杭州、重庆、广州 6 个城市试点跨境电商贸易保税区、产业园签约跨境合作，全面铺设跨境网点。这种方式规避了基本法律风险，同时获得了法律保障，压缩了消费者从下订单到接货的时间，提高了服务的迅捷性，使得跨境业务在“灰色地带”打开了“光明之门”。这也是目前最受青睐的模式。

据监测显示，2015 年“双 11”，天猫国际一半以上的国际商品就是以这种模式进入国内消费者手中的。

模式特点：

（1）优点。该模式可以大幅降低物流成本，提高物流效率，给中国消费者带来更具价格优势的海外商品。提供海外直邮的商家都有海外零售资质和授权，商品从海外直邮，并且可以提供本地退换货服务，用户信任度高。

（2）不足。该模式的性质大多为第三方代运营，所以价位高、品牌端管控力弱。

（二）“直营+保税区”B2C 模式

该模式的典型代表是聚美优品和蜜芽宝贝。

在该模式下，跨境电商企业直接参与到采购、物流、仓储等海外商品的买卖流程，在物流监控及支付体系上都有自己的一套体系。平台在选择自营品类时都会集中于某个特定的领域，如服装、化妆品、母婴用品等。

商家在物流上打速度战，整合全球供应链的优势，直接参与到采购、物流、仓储等海外商品的买卖流程当中，或独辟“海淘”“自营”模式，利用保税区建立可信赖的跨境电子商务平台，提升供应链管理效率，破解仓储物流难题，让商品流通不再有渠道和国家之分。

模式特点：

(1) 优点。该模式下的跨境电商平台因其自营性，平台直接参与货源组织、物流仓储买卖流程，销售流转高，时效性好，供应链管理能力相对比较强，海外商品从采购到送达用户手中的整个流程比较好把控，大大缩短了消费者从下订单到接货的时间。该模式下的大多数平台以母婴用品类作为主打商品，最容易赢得跨境增量市场，刚需、高频、大流量，是大多数家庭单位接触“海淘”商品的起点。

(2) 不足。该模式的不足之处主要是品类受限。目前此模式还是以爆品、标品为主，有些地区商检海关是独立的，能进入的商品根据各地政策的不同而有所限制。同时，平台资金压力大，无论是整合上游供应链，还是提高物流清关时效、在保税区自建仓储，或者做营销打价格战、补贴用户以及提高转化复购，都需要大量资本，爆品和标品的毛利空间极小。

(三)“直销、直购、直邮”C2C 模式

该模式的典型代表是洋码头。

洋码头作为跨境电商的先行者，它向第三方卖家开放，是一家面向中国消费者的跨境电商第三方交易平台。该平台上的卖家可以分为两类：一类是个人买手，模式是 C2C，海外买手（个人代购）入驻平台开店，从品类来讲，以长尾非标品为主；另一类是商户，模式就是 M2C，它帮助国外的零售产业与中国消费者对接，就是海外零售商直销给中国消费者，中国消费者直购，中间的物流是直邮。

(四) 返利导购/代运营模式

该模式的典型代表是 55 海淘、蜜淘、海猫网。

返利导购模式分为商品交易和引流两部分，是一种技术门槛相对较低而又比较轻的电子商务模式。该模式要求企业在 B 方与外国运营商建立合作关系，并从 C 终端用户获取流量。平台通过自主研发的系统自动获取海外主要业务网站 SKU，分析语义、全自动翻译，提供大量的中文 SKU 帮助用户下单，这

是跨境电商业平台最初模式。还有一个中国官方网站代运营，直接与海外电商签约合作，代表其官方网站的运作。

模式特点：

（1）优点。这两种方式有着早期优势，易切入，成本低，解决了信息流的处理问题，SKU 丰富，方便搜索。

（2）不足。中长期缺乏核心竞争力，对库存、价格等信息实时更新的技术要求高，蜜淘等一些早期以此为起点的公司已纷纷转型。

三、跨境电商进口发展分析

随着跨境电商井喷式发展，以及相关政策红利的不断释放，2016 年，跨境电商迎来了更关键的快速发展期。

商务部预测，2016 年中国跨境电商进出口贸易额将达 6.5 万亿元，未来几年跨境电商占中国进出口贸易比例将会提高到 20%，年增长率将超过 30%。未来，跨境电子商务进口发展将呈现如下特点。

（一）母婴、食品保税税率减少

2016 年 3 月 24 日，财政部发布《关于跨境电子商务零售进口税收政策的通知》称，自 2016 年 4 月 8 日起，我国将实施跨境电子商务零售进口税收政策，并同步调整行邮税政策。进口保税模式部分品类的税率提高。

（二）跨境物流的效率和成本改善

未来，跨境物流的流程、模式、成本等将不断优化。

1. 流程进一步规范化、信息化

物流信息将全面对接，使物流、电商、商家、海关多方订单交易信息、物流信息、支付信息共享，监管日趋完善；海关将提高配送效率，减少包裹数量剧增时的清关延迟和扣留现象，提高用户购物体验。

2. 保税物流配套设施逐步健全

保税物流中心除仓储配送外，还将提供商品分拣、贴标、融资、质押监管、退换货等多项增值服务，为企业提供更多便利；同时，商家还可以联合物流公司在保税仓开展保税商品展示业务，通过 O2O 模式促使用户下单。

3. 多方式促进成本不断下降

海外仓有利于以大宗运输替代零散小包运输，海外仓建设力度的加大，将不断降低物流成本，缩短配送时间；同时，将有更多的国内龙头物流企业开展跨境物流业务，引入现代物流技术，国家也将积极引导国际现代物流企业在中国加大投资。

（三）跨境进口用户需求逐步升级

跨境进口用户需求逐步升级，未来，跨境电商必须从模式、选品、转化率等各个方面深入培养用户黏性和忠诚度。用户将从对低价的追求升级为对品质的追求，从对价格较为敏感升级为对时间更加敏感。

1. 模式无法取代性

尽管较轻的平台模式在规模扩张上具有一定优势，较重的平台模式主要以产品为正品作为卖点。但目前很多跨境电商平台仍存在同质化非常严重的问题。未来，模式的轻重不再是关键，关键是打造无法被取代的独特产品体验。

2. 根据用户需求进行选品

目前，受资金、平台影响力、政策等方面的限制，很多跨境电商网站还停留在“能卖什么”的阶段。但基于这一层面的选品很难产生用户黏性。未来，各平台必须围绕其核心用户的需求进行选品。

3. 转化率是根本，跨境电商将回归零售本质

在跨境进口电商发展的初期，多数平台注重做大规模，拼命砸钱进行跨境布局。未来，各电商平台必须综合考虑获取用户的渠道和成本，准确把握用户的需求，提高转化率，减少不必要的成本，使企业走上良性的、可持续发展的轨道。

第二节　跨境电商进口平台跨境通操作

一、跨境通平台阐述

跨境通服务平台由上海跨境通国际贸易有限公司（以下简称跨境通公司）负责运营，跨境通公司成立于 2013 年 9 月 10 日，是中国针对当前跨境电子商贸发展状况，国家发改委委托海关总署实行跨境贸易电子商务服务试点，上海电子港建立跨境电子商务服务平台——跨境通，并与上海海关完成与跨境通配套的海关系统部分建设，针对国内消费者，提供方便快捷的跨境网购新渠道。

该平台是自由贸易实验区首批 25 家入驻企业之一，也是自贸区内一家从事跨境贸易电子商务配套服务的企业，它专注于在互联网上为国内消费者提供一站式国外优质商品导购和交易服务，同时为跨境电子商务企业进口提供基于

上海口岸的一体化通关服务。

（一）跨境通服务平台的特点

1. 实行商户和商品备案

为了实现正品的保证售、售后保障、透明的税收、物流便捷、易于支付等要求，为国内消费者创造良好的购物体验，跨境通和出售商品的商户必须经过海关检验检疫部门备案，为避免消费者购买假货的风险，所有销售商品都有相应的售后服务保证机制。

2. 商品描述详细，配送服务完善

跨境通网站上的每件货品都用中文进行描述，避免了消费者在购物过程中遇到的语言障碍，明确说明货物本身的价格、进口关税和物流成本，使消费者对支付价格结构有明确的认识，并且消费者只需要支付人民币，避免购买过程中外汇兑换的麻烦；完成订单后，跨境通网站还将提供进口关税的纳税证明。

3. 拥有自贸区的独特优势

随着自由贸易试点区的发展，跨境通吸引了更多国外知名品牌的电商企业，从仓库到个人的直销模式得以形成，使得消费者的购买成本大大降低。依托自由贸易区的便利性，各大外资品牌在试点地区设立保税展示基地、设立保税仓库等，方便品牌物流配送高效管理。只要国内消费者订单采购，在试验区域之内的货物可以快速运到消费者手中。

（二）跨境通为入驻商户提供的服务

跨境通为入驻商户提供的服务如下：

（1）企业备案服务。

（2）商品备案服务。

（3）商品交易、导购和推广服务。

（4）通关服务。

（5）跨境资金结算服务。

（三）跨境通的运营模式

由于跨境通是一个专业的海外商品购物平台，供海外商家入驻后将商品卖给国内的消费者。因此，跨境通采用的运营模式为自贸模式和直邮模式。

1. 自贸模式流程

（1）海外商家预先将商品运至跨境通自贸区保税仓库，通过跨境通平台销售。

（2）消费者通过跨境通平台在线订购。

（3）跨境通根据订单以个人物品名义进行入境申报。

（4）清关后由第三方物流快递给消费者。

自贸模式流程如图 9-2-1 所示。

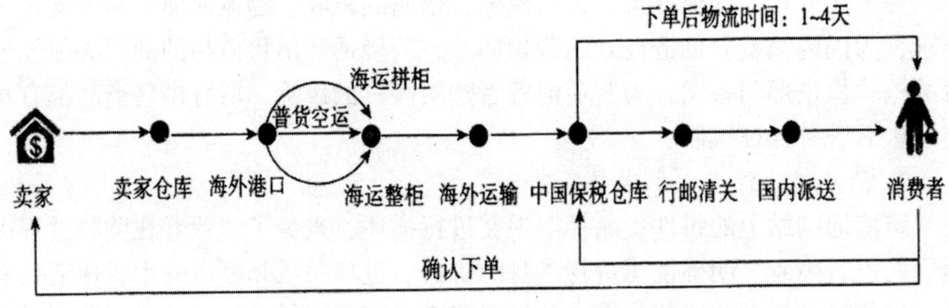

图 9-2-1 自贸模式流程图

2. 直邮模式流程

（1）海外商家只在平台展示商品。

（2）收到消费者订单后在货源地直接发货。

（3）商品通关入境后直接快递给在跨境通上购买商品的消费者。

直邮模式流程如图 9-2-2 所示。

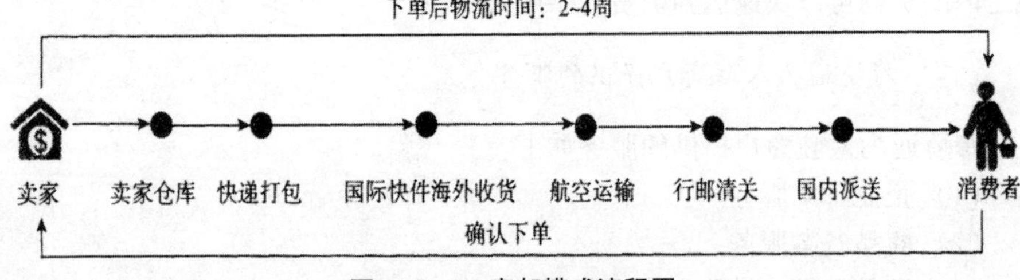

图 9-2-2 直邮模式流程图

（四）跨境通的优势

1. 100%海外原装正品

跨境通上所有商品均为海外生产或销售，且均已通过海关、检验检疫等部门入境备案（商品规格、品名、产地等信息及品牌方授权、采购单、票据等）。

2. 商品准入方便

商品符合境外标准，即可进口，无须中文贴标，方便引入境外商品产品线。

3. 购买方便

消费者以人民币购买商品，跨境通和商家以电子外币结算。

二、跨境通购物流程操作

消费者要想通过跨境通购买进口商品，需要在跨境通平台进行注册和登录，按流程完成购物。

（一）注册和登录

1. 新用户注册

（1）单击跨境通首页顶部的“免费注册”按钮进入注册页面。

（2）进入注册页面后，输入用户名、密码、邮箱及验证码，按照提示完成注册。

2. 老用户登录

单击页面顶端的“请登录”按钮，输入用户名和密码，单击“登录”按钮。

（二）商品查找

1. 分类浏览

消费者可以通过跨境通的分类导航栏找到想要的商品分类，根据分类找到商品。

2. 搜索商品

消费者可以通过在首页“搜索栏”中输入关键字的方法来搜索想要购买的商品，如通过关键词搜索未找到商品，可以减少关键词再次搜索。

（三）购物车操作

消费者挑选好商品后，在商品详情页面单击“加入购物车”按钮，将商品放入购物车。

1. 结算

在“我的购物车”中，购买数量为系统默认的最小购买数，如果买家想购买多件商品，可修改“数量”，也可以单击“清空购物车”后重新选择商品。

2. 继续购物

买家单击“继续购物”按钮，继续添加商品。

（四）订单提交

1. 填写收货信息

买家填写正确的收货人姓名、收货人联系方式、详细的收货地址和邮编，否则将会影响订单的处理和配送。

2. 实名认证

消费者在注册时需要填写个人身份证号，用于订购货品入境申报，跨境通承诺用户的身份证信息将仅用于入境申报，并对此严格保密，绝不泄露。

若订单包含多件商品，因海关个人物品保管有相关规定，在提交订单时可能会自动将一张订单拆分成多张订单。

（五）货款支付

跨境通当前提供“银联在线”“东方支付”“财付通”“微信支付”“网银支付”等支付方式，后续还会提供更多的支付方式以方便用户。在消费者和第三方海外卖家进行的商品交易中，由跨境通提供在线交易保障服务，保障买家已支付货款的安全。

买家支付成功后，在验收货物并完成“确认收货”操作后，跨境通才会与卖家结算。售后退换货服务由国内的公司实体（受海外商家委托且已备案）来提供，保障了消费者的售后权益。

（1）东方支付。首次使用“东方支付”的用户可按提示信息进行注册，进入“东方支付”后可选择网银支付、快捷支付。

（2）银联支付。进入“银联支付”页面，可选择银联卡支付、网银支付。

（六）订单状态查询

查看“我的订单”，单击订单，可查看订单状态。

（七）商品发货

1. 自贸模式

在自贸模式下，商品一般 2~26 小时出库，并从跨境通仓库发出快递给消费者，海外商家先备货到跨境通上海自贸区的仓库，消费者订购后，由跨境通进行清关出库发货。

2. 海外直邮模式

在海外直邮模式下，消费者订购后，商品由海外商家通过国际物流公司发货，一般两周内可以完成清关并从自贸区发货（特殊情况除外）。

（八）售后退换货

跨境通上的海外商家都提供商品在中国大陆境内的正规退货渠道，消费者与卖家协商一致后可以退货到中国大陆境内指定地点，确保消费者的售后服务得到保障，消费者可享受全程无忧的购物体验。

（九）客服咨询

消费者可点击页面左侧位置的“在线客服”向跨境通客服进行咨询，或拨打跨境通客服热线 400 - 921- 8899 咨询。

三、订单作废及申诉流程操作

消费者在购买某商品后，如果对商品不满意，可申请订单作废，如图9-2-3所示。

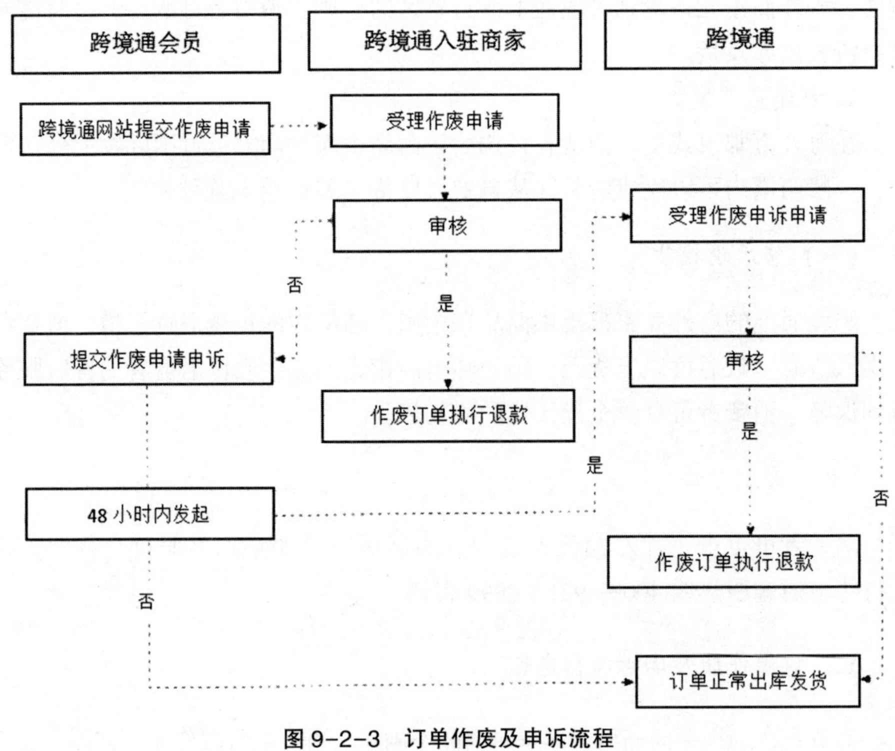

图 9-2-3　订单作废及申诉流程

（一）作废订单提交

登录跨境通会员中心，单击“订单查询”—“取消订单”。支付 1 小时内可直接取消；支付 1 小时以后，订单显示待出库状态时可单击“作废申请”。

（二）作废申请查看

单击“作废申请”，查看订单作废申请记录。

（三）提交申诉

单击菜单“作废申请”—“我的作废申请”，查看作废订单。单击“我要申诉”并填写“申诉理由”，在商家拒绝作废申请后的 48 小时内可发起申诉，超时则商家会正常发货。

四、企业入驻跨境通流程操作

企业入驻跨境通有一套完整的流程，其中需要重点关注注册申请、企业备案、签订合同并缴保证金、商品备案等内容。

（一）注册申请

企业在自贸区内注册成功后，首先要向跨境通平台提交“新商家入驻申请”。

（二）企业备案

企业入驻自贸区，需要在海关和检验检疫部门进行企业备案。

1. 在海关备案

在海关备案企业需要提供如表 9-2-1 所示的材料。

表 9-2-1　企业在海关备案材料清单

企业性质	提供材料	备注
境内企业	境内企业备案表	
	上海跨境电子商务试点企业开户申请表格	
	企业法人营业执照（公章）	加盖公章
	企业法人身份证扫描件（双面）（公章）	加盖公章
	税务登记证（公章）	加盖公章
	组织机构代码证（公章）	加盖公章
	银行账号、开户行、开户证明（公章）	加盖公章
	公司联系人和主要业务人员身份证复印件（公章）	加盖公章
	对外贸易经营者备案登记表（公章）	加盖公章
	海关进出口货物发货人报关注册登记证书（公章）	加盖公章
	东方支付跨境特约商户登记审批表（公章）	加盖公章
	境内与境外企业关系说明范本（公章）	加盖公章
	跨境电商企业和跨境通关系说明（公章）	加盖公章
境外企业	注册国企业注册证明（营业证照）	
	注册国银行企业账户资料：账号、开户行户名、国家、币种	加盖公章

2. 在检验检疫部门备案

企业在检验检疫部门备案需要提供企业安全管理制度及如表 9-2-2 所示的材料。

表 9-2-2　企业在检验检疫部门备案材料清单

需提供材料	文件要求	备注
跨境电商企业检验检疫备案表	Word+PDF（文件≤500kB）	加盖境内公章及境外公章或签字
质量诚信经营承诺书	PDF（文件≤500kB）	加盖境内公章及境外公章或签字
境外注册证明	PDF（文件≤500kB）	加盖境外公章或签字，且提供中文翻译件，无须公证
境内营业执照	PDF（文件≤500kB）	加盖境内公章
跨境电商境内外授权书	PDF（文件≤500kB）	加盖境内公章及境外公章或签字

（三）缴纳保证金

商户入驻跨境通平台，需要预缴跨贸税 1 万元及保证金 1 万元。

1. 扣税预缴

海关在订单生成后，货物申报出关时即刻完成扣税，因此，海关从商户在东方支付的保证金账户中先行扣税预缴，东方支付在结算之后再将税款补充到商户的保证金账户中。

2. 先行赔付

消费者与卖家协商一致申请退款之后，由跨境通先行从商户在东方支付的保证金账户中扣除。由于消费者支付的人民币在跨境通平台上已经购汇，为确保消费者能第一时间拿到人民币退款，同时为避免节约商户重复购汇的手续费及由此可能产生的汇率差，采用先行赔付的做法。

3. 保障账户余额充足

对于销售额较大的商户，需要提供和其业务相符的保证金，保证其账户中有充足的余额。

（四）商品备案

企业在经营过程中，需要对其进口商品进行商品备案。备案需要提供以下材料。

（1）商品备案表格。

（2）购买合同或品牌授权书（新商户需要提供）。

（3）日本食品还需要提供以下材料：所有食品必须提供原产地证明（日本官方出具）；食品中的六大类，如蔬菜及其制品、乳品及乳制品、水产品及水生动物、茶叶及制品、水果及制品、药用植物产品等需要提供放射性物质检测合格证明（日本官方出具）；生产地及运输途经地不为核辐射地的承诺书。

第三节　跨境电商进口平台跨境购操作

一、跨境购平台的阐述

宁波国际物流发展有限公司建立了跨境购电子商务服务平台，跨境购平台通过规范电子商务数据标准、整合基础业务信息资源、构建数据中心，实现数据资源的共享、商业信息、物流、数据交换、对外贸易合作、商业信用等综合服务，并为国内跨国消费者提供实名认证，记录年度消费量、税务查询，商品跟踪等服务。

（一）跨境购服务平台的特点

1. 完善的跨境电商服务

跨境购建立了一套跨境电子商务服务信息平台，该平台可以实现与海关、国家检验检疫等执法部门对接，实现 B2C 跨境贸易清关促进，同时寻找合适的品牌商、贸易商、电商企业（包括平台或独立销售）、仓储企业、物流企业、通关服务企业，共同打造良好的跨境贸易电子商务生态系统。

2. 平台只负责商家接入与商品推广

跨境购是跨境贸易电子商务综合服务平台，入驻商家是在跨境购平台上由不同电商企业所经营的电商网站，电商企业的资质会经过跨境购平台和海关、国家检验检疫部门的审核监督，消费者要完成交易，只能通过选择的电商网站。

3. 商品可靠

跨境购商品与“海淘”、代购的商品相比，在价格优惠的同时品质更有保障，是经过海关商检部门严格审查的，商品更安全可靠，并且加贴了防伪溯源码，可以查到进口商品的详细信息并验证真伪。

4. 电商商户代缴税款

跨境购平台解决了消费者缴税难的问题，很多通过直邮方式运输的商品缴纳关税十分麻烦，需要顾客本人携带相关身份证件去相应邮局办理。现在消费者在平台注册时已经在线签署同意委托电商申报的协议，委托电商商户代缴，在订单提交时根据订单内商品的金额和对应的税率缴纳相应的税款，和订单商品金额、运费等一并付给电商商户，不需要自己再到相应的海关部门单独缴纳，电商商户会根据顾客的订单统一向海关缴纳税款，消费者可以在服务平台查询电子税单。

（二）跨境购为入驻商户提供服务

跨境购为入驻商户提供的服务如下：

（1）企业备案服务。

（2）商品备案服务。

（3）商品导购和推广服务。

（4）通关服务。

（三）跨境购招商对象及条件

目前，宁波开展跨境业务的有宁波保税区、宁波栎社保税物流中心、宁波栎社机场、梅山保税港区、杭州湾新区慈溪出口加工区 5 个现场。

1. 招商对象

跨境通招商对象为从事国内日用消费品电子商务销售的企业。

2. 招商入驻资质要求

（1）从事跨境贸易电子商务服务的企业须通过宁波口岸相关监管部门审核并签订相关协议，其企业信息与销售商品均须通过备案，经过认定方可进行跨境贸易电子商务销售。

（2）企业经营的商品类型为民生日用消费品，主要类别为：食品饮料、母婴用品、服饰鞋帽、箱包、家用医疗保健美容器材、厨卫用品及小家电、文具用品及玩具、体育用品（烟酒、药品不在许可范围内）。

3. 保税区入驻需要具备的条件

（1）企业必须注册在宁波保税区。

（2）注册资本为 200 万元人民币及以上。

（3）取得自营进出口权。

（4）有 B2C 的网站或网店。

（5）交易数据与服务平台对接。

4. 保税物流中心入驻需要具备的条件

（1）取得自营进出口权。

（2）有 B2C 的网站或网店。

（3）交易数据与服务平台对接。

5. 企业入驻流程

（1）单击“我要入驻”，下载《企业招商信息表》，填写公司信息及资质。

（2）填写完成后将《企业招商信息表》发送至邮箱 zhaoshang@nbeport. com。

（3）跨境购在 7 个工作日内进行评估。

（4）根据评估结果，跨境购联系企业进行接洽。

（5）企业与监管部门、跨境购签订三方协议。

（6）开展系统对接，实单上线。

（四）跨境购的运营模式

跨境购采用的是集货模式，简单来说就是电商企业先以货物贸易的形式将进口商品集中采购后储放在保税区仓库。消费者在电商平台下单后，电商企业将商品集中发运至海关特殊监管区域，委托物流企业向海关提交《跨境贸易电子商务进出境物品申报清单》，物流企业在监管区域根据订单进行分装打包，包裹经海关查验放行后，以个人物品出区，由快递公司配送到消费者手中。

（五）跨境购的优势

1. 通关时间短，资金压力小

商品预检验，样品先行送检，货物到达口岸后，3~5 天就可以进入保税区上架销售，大大缩短了通关时间。商品在保税区内保税存储（不需要缴纳进口环节税款），减少了电商企业的资金压力。

2. 成本低，配套服务好

商品批量运输，降低物流成本，从而降低商品售价，让利于消费者；配套提供一站式仓储、物流、清关标准化服务，帮助电商企业快速享受优惠政策，解除其后顾之忧；货物按照个人进口物品方式申报出区，只征收进口物品税，消费者享受免税额，税款由电商企业代收代缴，提供电子税单查询。

3. 用户体验好

保税区备货销售，消费者下单后，商品直接从保税区发出，全国大部分城市 1~2 天到货，运输周期缩短，提升了消费者感受；商品在保税区备货充足，可以及时响应客户的退换货需求，提供便捷的退换货通道，辅助电商企业完善售后服务体系，提升电商企业的售后保障水平；国家监管部门出具官方溯源认证，确保商品来源和商品品质。

二、跨境购购物流程操作

消费者如果想通过跨境购平台购买商品，需要在跨境购平台进行注册登录，按流程完成购物。

消费者下单后，平台后台会进入审批流程。

（一）注册/登录

1. 通过跨境购平台注册

（1）进入注册页面。

单击跨境购平台首页的“注册”按钮进入注册页面。

（2）输入注册用户信息。

在输入用户信息的时候，要使用正确的身份证号和姓名，如果信息不一致，将影响通关和发货。

（3）绑定账号。

选择购物网站，输入购物网站账号进行账号绑定，此项为必填项，可以通过平台电商网站进行绑定。

（4）完成注册。

阅读委托申报协议，单击“同意协议并注册”按钮即可完成注册。

2. 通过电商网站注册

在电商网站直接填写身份证等实名认证信息，在电商网站注册的同时会生成电商账号及跨境购平台账号，不需要另外绑定。

3. 通过天猫国际第三方平台注册

通过天猫国际等第三方平台购物的用户，在下单时，消费者已委托其到跨境购平台进行实名制身份证备案。消费者以其绑定的身份证号码为跨境购账号。可凭此账号登录跨购平台。

(1) 通过天猫国际等第三方平台注册的用户首次登录跨境购时，可单击跨境购平台首页的“注册”按钮进入注册页面。

(2) 输入注册用户身份证号码后，系统会提示消费者验证身份信息，验证成功后即可设置跨境购密码并绑定手机号。

4. 用户登录

注册成功后，消费者可以登录到“用户中心”—“我的账户”查看账户信息或修改个人信息。

（1）在跨境购首页单击“登录”界面。

（2）消费者填写登录名和密码后登录。

（二）商品购买

1. 选购商品

（1）消费者可以通过在首页的电商导航来寻找需要的商品。单击进入任何一家跨境购平台所属的电商，即可开始选购商品，进行购物。

（2）在购物网站/店铺选择带跨境购 LOGO 的商品（切记：一定要选择带跨境购 LOGO 的商品，才是从保税区海关监管仓库发货，因为部分购物网站/店铺还会销售非跨境购商品），每个商品都会标注税前价、税率。

2. 支付结算

（1）将商品放入购物车，生成订单，订单内商品必须都是跨境购商品，不能包含非跨境购商品，每个订单累计金额不能超过 2000 元人民币，同时个人年度（自然年）交易额不能超过 20000 元人民币。

（2）下单支付。消费者在购物网站下单，选择购物网站支持的多种支付方式付款。

3. 订单审核

支付完成后，订单自动递送到跨境购平台，通过跨境购平台传输到宁波海关进行申报，海关系统自动进行消费者购买合法性校验，审核通过后，征收相应税额，通知宁波保税区跨境贸易电子商务专用仓库发货。

4. 仓库发货

仓库根据订单内容对跨境购商品进行分拣打包，每件商品都加贴防伪溯源二维码，使用宁波跨境贸易电子商务进口商品专用胶带封装。

5. 快递配送

目前由 EMS、顺丰速递、中通快递或邮政小包进行包裹派送，由宁波保税区辐射全国各地。

6. 消费者收货

一般情况下，消费者在仓库发货后的 1~3 天可以收到包裹（偏远地区除外）。

第十章　跨境电子商务人才营销技能培养

本章阐述了跨境电子商务数据搜集和数据分析的方法，以及如何利用数据分析方法对跨境电商数据进行科学的分析和预测并制定发展战略。同时对电子商务网络营销的基本策略和新兴电子商务技术在跨境电子商务网络营销中的应用作了分析，以期为相关电商企业、培训机构和高校提供可靠的参考资料。

第一节　跨境电子数据分析

一、数据分析的定义与重要性

数据分析是指用适当的统计分析方法对收集来的大量一手资料进行分析，以求最大化地开发数据资料的功能，发挥数据的作用，提取有用的信息和形成结论，从而对数据加以详细研究和概括总结的过程。

卖家通过数据分析，能将整个店铺的运营建立在科学分析的基础之上，将各种指标定性、定量地分析出来，从而为决策者提供最准确的参考依据。

二、数据分析常用公式和名词解释

UV：Unique Visitor，网站独立访客，即访问网站的一台计算机客户端为一个访客。

PV：Page View，即页面浏览量或点击量，用户每次刷新即被计算一次。

平均访问深度（PV/ UV）：等于 PV/ UV，数值越大，买家访问停留页面的时间越长，购买意向越大。

店铺成交转化率：指成交用户数占所有访客数的百分比，即店铺成交转化率=成交用户数/ 总访客数。

单品转化率：等于单品下单用户数/ 访客数。

PV 点击率：即浏览量（点击量）占曝光量（流量）的百分比。

三、数据分析选品概述

选品是数据化运营的基础，其可以分为站外选品和站内选品两类。

首先来看站内选品。这时我们要用到平台提供的非常好的工具——数据纵横。在数据纵横中，广义上的选品，可以使用“行业情报”和“选品专家”两个工具先选择行业再选择产品。如果是狭义上的选品，就是指从现有的在售产品中选择热销的产品，可以使用的工具为“商品分析”。总之，数据纵横是一个非常好的工具，卖家一定要通过仔细地分析数据纵横中所提供的数据来选品。

其次，站内选品还包括选择平台上热销的款式。我们可以从普通搜索页面中搜索我们想要查询的关键词，找到标题右侧有箭头的产品，单击箭头会看到平台热销产品和平台中销量上升速度较快的产品。

另外，站内选品还包括平台活动中入选的产品，这些产品一般都是平台小二根据买家需求所选拔出来的产品。我们在为店铺选品时可以参考这些产品。

在直通车中也有一个选品工具，这个工具也非常好，它可以帮助卖家选择 4 个不同纬度的产品，分别是“热销款”“热搜款”“潜力款”“不限条件”。卖家还可以根据自己的需求选择不同的筛选条件。

下面介绍站外选品。进行站外选品时，首先要参考其他跨境电商平台中的热销产品。其次可以使用谷歌的“全球商机洞察”工具来分析不同国家买家的需求，还可以利用一些第三方的网站来分析其他跨境电商平台的热销款。最后我们还可以经常浏览一些国外的知名流行类网站来查看潮流趋势。

四、数据化引流概述

“流量为王”是所有网店运营的核心，通过数据化选品以后，接下来我们需要做的就是为产品或者店铺引流。

流量整体上分为类目流量和普通搜索流量两类。

类目流量也就是从左侧类目栏通过层层筛选最后到达产品展示页的流量。普通搜索流量是在首页搜索栏中填写关键词搜索后展示的页面的流量。这两个流量来源都非常关键。

从语言角度来划分，还有小语种流量。在后台的产品编辑页面，我们可以看到有 5 种不同的编辑页面，也就是前台所展示的不同语言的速卖通站点。我们可以通过数据分析工具找出相应的小语种词汇来优化小语种页面，从而最大化地获取小语种流量。

我们还可以通过直通车的数据分析来选择匹配度最高的关键词进行推广，从而为产品精准引流。

从流量的落地页面来看，流量还可以分为店内流量和站内其他流量两类。店内流量相对比较简单，也就是通过店铺内的搜索栏搜索本店产品的流量。而站内其他流量包括的范围比较广泛，但是其核心就是店铺产品与产品之间页面的跳转，也可以称之为流量的共享，主要工作就是关联营销以及店铺装修等环节。

五、数据化优化点击率和转化率

在店铺有了稳定的流量以后，为了更好地提升店铺的业绩，接下来就要开始分析产品的点击率和转化率。

影响点击率的要素相对比较简单，主要是产品的主图和标题。产品能否引起买家的点击，首先要看主图展示的是不是买家想要的产品。下面就通过数据分析，分析出搜索度高的产品属性来优化我们的产品主图。在产品标题中我们要尽量添加一些点击量高的词，这样才能更好地提高点击率。

影响转化率的因素主要有单品的转化率和全店的转化率。单品的转化率重点关注的是流量优化、商品优化以及客服优化。

店铺的转化率更多的是取决于热销款商品的转化率，要从平均停留时间、热销款流量的去向以及老客户营销来提高店铺的整体转化率。

六、整体店铺的数据分析

当我们选好了产品，引来了流量，优化了点击率和转化率以后，接下来要做的就是分析店铺整体的数据。

进行店铺整体的数据分析时，首先要分析的是买家的行为，通过分析店铺的买家具体特征，可以为接下来的运营提供数据支持。

分析完买家行为以后，接下来就要分析运营人员在日常的数据化运营中，每个不同的时间节点都需要做哪些工作。工作细分了，效率才能提高。

利润永远是卖家最关注的问题，而店铺的利润在绝大多数情况下取决于仓库中的库存，也就是我们最关心的仓库的动销率。所以，我们要经常统计仓库中哪些产品是滞销的，从而将其淘汰，哪些产品是热销的，从而将其继续推广。仓库的动销率提高了，店铺的利润自然也会随之增加。

七、无线端数据分析

从 2014 年开始，我们发现店铺里来自无线端的订单越来越多，而且无线端的买家群体增长速度很快，这是因为随着手机智能化以及 Wi-Fi 信号的覆盖率增加，年轻的海外买家们更加喜欢相对简单的移动端购物，那么对店铺运营来说，无线端的数据分析也越来越重要。

无线端的优化和 PC 端稍微有所区别，受屏幕大小的限制，无线端更突出的是主图的重要性以及详情页的适配性。只有做好了无线端的数据分析，才能够更好地服务买家，从而提高店铺的点击率和转化率。

作为付费流量最大的入口，直通车的数据分析也是非常关键的。我们可以通过简单的方法来分析直通车推广的投入产出比。只有投入产出比提高了，直通车推广的效果才能达到最好。

总结一下，店铺的数据化运营阶段包括“选品”“引流”“优化点击率和转化率”“整体店铺的数据分析”这 4 个阶段，每个阶段都非常关键。

第二节 市场营销不同手段

一、搜索引擎营销

（一）搜索引擎的内涵

1. 搜索引擎是什么

搜索引擎（Search Engines）是一个提供查询功能的系统，对互联网上的信息资源进行收集整合后提供查询，其中包括信息的收集、信息的整理和用户查询 3 个部分。搜索引擎是一个服务网站，可以为用户提供有效的“检索”信息，使用某些程序对互联网上的所有信息进行分类，以帮助人们在辽阔的海洋中找到所需的信息。

2. 搜索引擎营销

（1）搜索引擎营销的定义。

搜索引擎营销是一种营销方法，它根据用户使用搜索引擎的习惯，采用付费形式或者技术手段，使网页在关键词搜索结果中排名靠前，引导用户点击，从而达到品牌展示和促进销售的目的。

搜索引擎营销的基本思想是让用户发现信息，并通过（搜索引擎）搜索点击进入网站/网页进一步了解他们所需要的信息。简单来说，搜索引擎营销所做的就是以最小的投入在搜索引擎中获得最大的访问量并产生商业价值。它的方法主要包括：搜索引擎优化（SEO）、点击付费广告（PPC）、竞价排名、付费收录等。

（2）搜索引擎营销的价值

美国知名搜索引擎营销专业服务提供商 iProspect 和市场研究公司 Jupiter Research 联合调查：互联网用户使用搜索引擎越来越不耐烦，越来越多的互联网用户关注搜索引擎结果的第一页，如果是第一个页面对结果不满意，就立即更改关键字或替换搜索引擎重新搜索。

iProspect 调查结果如下：62%的搜索用户只点击搜索结果第一页链接，2002 年这个比率是 48%，2004 年这个比率是 60%。此外，高达 90%的搜索者只查看搜索结果前三页，2002 年和 2004 年这个比率分别是 81%和 87%。

因此，通过搜索引擎营销手段让自己的网站在搜索结果中排到靠前的位置是十分必要的，这样搜索引擎才可能为你带来更多的关注和点击量，同时也带来更多的商业机会。

（二）利用搜索引擎分析市场

对于大部分出口型企业而言，Google 不是一个陌生的名词。在多数人记忆中，Google 就是搜索关键词的竞价广告，要付出大量的成本才能得到相应的推广效果。

事实上，Google 还有很多免费的工具供用户选择和使用，便于我们了解产品及行业情况，指导我们找到最精准的推广方式。下面，我们就分享两个 Google 工具的使用方法。

1. Google 全球商机洞察

Google 全球商机洞察的主界面。

当你单击 http：/ / translate. google. com/ globalmarketfinder/ g/ index. html? locale=zh-CN 链接时，在输入框输入产品关键字，右侧过滤器可以选择你想测试的国家范围，一般初次使用不用改动，用起来再点效果一样。然后会看到一个界面，其左侧框内是一系列详细数据，可以判断我们的产品在下列国家的商机情况。点开国家前面的“+”号位置，会给我们提示，我们的产品在每个国家有几种语言的搜索、每种语言的本土表达是什么，另外还有搜索热点词。

在这里，我们就可以得到以下信息。

（1）我们的产品在哪些国家热度最高。

（2）产品在每个国家的竞争程度。

（3）产品在每个国家的本地化语言表达。

（4）关于本产品，每个国家的热搜词。

通过全球商机洞察，我们可以找到产品的需求国家。

2. Google 趋势

接下来，我们介绍另外一个工具——Google 趋势，该工具主要用来具体分析某个产品在特定国家的需求情况。查看一段时间的热点变化情况，输入热门需求的时间段相关字词，设置你想要看的时间段，如“2004 年至今”，即可得到热门搜索。

你可以将地理位置模块里面的“全球”改为“美国”，“2004 年至今”改为“过去 90 天”，再将“相关字词”右侧的“热门”改为“上升”。那么，波浪图将变成每天的数据。

通过以上选择，我们可以判断：

（1）我们的产品在每周哪几天搜索热度最高。

（2）我们的产品在某一国家具体哪些城市是有需求的，而在其他地区比较淡。

（3）我们的产品哪些型号或者需求是最近目标，是客户的搜索热点。

通过 Google 趋势可以很直观地判断出来，在全球市场，我们的产品需求地区在哪里，而且可以详细分析在当地我们产品的需求趋势、当地对我们国内的进口情况关注度等。

不过，有一点要提醒大家，要理性看待 Google 趋势和 Google 全球商机洞察，因为 Google 所记录的是全球的搜索量和一种趋势，很多时候终端用户的搜索量占很大一块，所以我们认为它对 B2C 的意义要大于 B2B。

（三）利用搜索引擎分析竞争对手

无论是做企业还是做网站，或者任何行业都会有竞争对手，大家亦敌亦友，互相学习、共同进步。我们外贸行业也是如此，在决定进入一个外贸行业之前，首先要做的就是研究行业趋势。当我们对一个行业进行了仔细的分析，发现这个行业有着良好的发展趋势后，下一步我们需要做的就是研究我们潜在的竞争对手，所谓“知己知彼，百战不殆”。

如果我们跳过了分析行业及研究竞争对手这两个环节，就容易贸然进入一个行业。没有一个良好的规划就开始做网站、做推广，最后只能带来两个结果：一是自己想做的关键词排名怎么都做不上去；二是自己认为不错的关键词，排名做到了第一也没有什么流量，进而也不会带来询盘或者订单。

确定你的竞争对手其实很简单，在搜索引擎中搜索产品的核心关键词，排在前两页的网站就是你的主要竞争对手。当然我们还需要从以下几个方面进一步去了解我们竞争对手的网站。

1. 了解网站的基本数据

想深入了解一个竞争对手的网站，就要对这个网站有深入的分析。我们先要从他们网站的基本数据开始进行研究。

在开始进行研究之前我们先要安装必备的分析工具。首先下载火狐浏览器（Firefox），在菜单中找到“获取附加组件”，搜索SEO关键词，我们会看到火狐浏览器为我们罗列出了下载热度最高的附加组件，请选择“SEO Site Tools”或者“SEO Toolbar”进行安装。

安装好工具条之后，我们使用火狐浏览器打开“www. google. com”，在搜索框中输入关键词“Wedding Dresses（结婚礼服）”。

首先我们来看“Wedding Dresses”这个关键词，大家可以使用前面我们提到的工具分析一下“Wedding Dresses”这个关键词的全球搜索量及竞争程度。我们发现这是一个热度很高的关键词，全球每月搜索量非常高并且竞争十分激烈。可想而知对于这样一个热度非常高的关键词，可以排在自然搜索结果前三位的网站一定是非常优秀的网站。无论从网站结构、内容及外链（后面会有详细讲解）建设方面，都有值得我们学习的地方。

我们来具体分析一下，排在第一位的网站 www. davidsbridal. com/，它的DA、PA分别为64、47。对于做垂直类产品的网站来说，这是一个非常不错的得分。我们再来看排在自然搜索结果第二、第三位的两个网站，这两个指标的得分与排在第一的网站相差无几。那么是什么原因决定这三个网站的排名次序呢？

我们再来看一下Alexa排名，这三个网站的Alexa排名分别为7036、65461、85509。这是什么意思呢？大家肯定一头雾水，我们先来了解一下什么是Alexa排名。

Alexa排名，是指网站的世界排名，主要分为综合排名和分类排名。Alexa提供了包括综合排名、到访量排名、页面访问量排名等多个评价指标信息，它也是当前较为权威的网站访问量评价指标。Alexa每3个月公布一次新的网站综合排名。此排名的依据是链接数（Users Reach）和页面浏览数（Page Views）3个月累积的几何平均值。

根据这三个网站的Alexa排名，我们大概可以看出一些端倪了。那么我们又有新的疑问了，是什么决定了网站的 Alexa 排名呢？我需要网站做哪方面的改进来提升 Alexa 排名呢？对用户有价值的网站内容、合理的网站内链结构都是决定网站 Alexa 很重要的因素，除此之外还有一个重要决定因素，那就是外链。

2. 外链

我们看到排名第一的网站该页面总共有 2193476 个 Links、3732 个 RDs。而排在第二位及第三位的网站这两个指标是要远远低于排名第一的网站的。我们都知道，外部链接就像是对一个网页的投票，得到的投票越多，在 Google 看来这个页面就越受欢迎。对于一个网页来说，来自同一个网站的反向链接再多，也还是一个人或者一个网站对你的投票，不能反映外链的广泛度。只有来自成千上万不同域名的反向链接，才意味着得到了成千上万个人的投票，所以我们在判断一个网页的外部链接策略的时候，需要看这个页面获得的 Root Domains 才更加准确。

那么我们又有疑惑了，是不是 Root Domain 的数量越多就越好呢？答案当然是否定的。

当我们多研究一些关键词后就会发现，排名与外部链接数量之间并不是绝对的对应关系。对于有一些关键词来说，一些外部链接很少的网页也可以获得很好的排名。我们有时候常会纳闷为什么我的网站外部链接非常多，排名仍然没有那些外部链接非常少的网站好。下面我们就为大家来解释一个好的外链应该具备哪些条件。

（1）单项链接。

最好的外链是对方网站主动给予的单项链接，而我们不需要链接回去。这表明不是友情交换链接，是对方网站对我们网站内容认同并给予一个投票，在 Google 看来这样的单项外链才是最有价值的外链。

（2）经过编辑的外链。

外部链接其实分为很多种，最有价值的是将链接嵌入到软文中。也就是说，对方网站在一篇专业文章中很自然地提到了我们的网站，并且给予了我们一个反向链接，这表明对方网站认为我们网站上有浏览者需要的最权威、最有用的信息，所以才会提供一个反向链接到我们的网站页面，这种链接才是真正意义上的投票。

（3）内容相关性。

一个与目标网站内容相关的外链才是好外链。例如一个财经评论的网站给做婚纱的网站一个单向外部链接，这在 Google 看来是主题完全不匹配的。即便这个财经网站拥有再高的网站权重，也不能够给婚纱网站的页面带来排名的提升。

(4) 域名权重及排名。

发出单向链接的网站的域名注册时间，以及该网站的域名权重都是很重要的决定因素。总地来说一个网站的域名注册时间越久，域名权重越高，对于获得该网站反向链接的网页来说，排名的帮助越大。

(5) 导出链接数目。

一个网页页面上存在的导出链接数目越多，那么每一个链接所能分得的权重就越少。所以如果一个网站页面上没有内容全部都是各种导出链接，那么即使这个网站拥有再高的权重对网页的排名提升效果也不大。只有实质性内容的新闻或者博客网页上得到的导出链接才对排名有促进效果的价值。

(6) 来自“好邻居”的链接。

我们在寻找外部链接的时候要关注正规网站，不要去寻找违法或者色情网站的外链。搜索引擎对于这类网站的惩罚是非常严厉的，如果我们在这些类型的网站上加了外部链接，也有可能被搜索引擎一起惩罚。

(7) 来自“gov，edu”等域名的外链。

“gov，edu”这类域名是不可以随便注册的，这些域名大多与政府机构、大学或者科研机构有关系，域名本身就很难获得，加上这种类型的网站上存在垃圾内容的可能性相比起其他后缀的域名要小很多。所以来自这些域名后缀的外链也是非常有价值的。

(四) 利用搜索引擎寻找买家

除了参加世界各地的展会，购买阿里巴巴、中国制造等第三方平台的会员等方法外，外贸从业人员还应该掌握一个强大又经济划算的工具——用搜索引擎来搜索客户。在以下内容中，我们会从几个方面向大家详细介绍如何用搜索引擎寻找到全世界的买家。

1. 关键词法

搜索产品相关的关键词，会出来成千上万甚至上百万的网页，这些网页都与我们搜索的产品有着千丝万缕的关系。将这些搜索结果进行深度挖掘可以找到很多我们潜在的买家，或者是非常有价值的行业内论坛。例如当我们在Google 中搜索“solar energy products”的时候，可以看到搜索引擎给出了几个关键词推荐，这些被推荐的关键词并不是随便出现在这里的，这都是 Google 通过算法计算出的与我们输入的关键词最相关而且搜索热度较高的长尾关键词，这些都是我们用来搜索客户很好的关键词。

当我们选中关键词之后，下面会出现相关的搜索结果，我们可以看到有付费的广告也有自然搜索结果。一般来说，除去像“Wiki”“Youtube”等此类网站，剩下的能够排在自热搜索结果第一页的都是权重较高的企业网站或者是行业内论坛。这些企业网站本身就可能是我们的潜在客户，他们有可能就是我们的产品在相应国家的大型代理商，需要从中国进口商品到本国销售，那么我们要果断把此类网站的联系方式（如邮箱地址、电话等）保存下来；如果是一些行业内论坛那就更要引起关注了，因为很多潜在买家会在论坛中发布一些求购信息。

2. 纵向法

除了利用搜索引擎寻找可能的直接买家之外，我们还可以利用纵向思维去寻找客户。比如销售的产品是“PPR Pipes”（家用上下水输水管），我们就要思考，在国外什么样的人群可能是我们的潜在买家。如果新房需要装修肯定需要这类产品，那么房子的主人一般会到什么地方购买呢？第一种情况在装修公司的推荐下直接从他们那里购买，第二种情况则是到类似于建材大卖场的地方购买。那么这两种人群不正是我们要寻找的潜在买家吗？那么我们到什么地方可以找到这两种人群的联系方式呢？想来，他们也是做生意的，也需要发布广告，我们可以到 Google 中搜索这类公司发布的广告，比如说装修公司发布的广告，那么我们拿到联系方式之后就可以与之联系。按照纵向法我们又可以扩展一大批潜在客户。当然，潜在客户信息的获得还是要基于我们熟练使用搜索引擎。

3. 横向法

除了专业性很强的产品之外，大多数客户的采购类别都是可以延展的。比如我们搜索到一个客户的求购信息是办公桌，那么我们可以类推这个客户可能也需要采购办公椅。有的客户的求购信息提到了金属相框，那么同样这个客户很有可能也会对木质相框感兴趣。依此类推，我们会发现我们的潜在客户范围是在不断地扩大。

但是使用横向法寻找客户切记不要急躁，因为客户目前求购的产品并非我们所推荐的产品，我们需要耐心跟客户沟通，让他们对我们的产品品牌有一个好的印象，也许当时客户对我们的产品并没有需求，但是假以时日，当客户需要采购类似产品的时候可以第一时间想到我们的品牌，这就够了。千万不能抱着很急躁的心态，一定要记住一句话：“欲速则不达。”

二、社交网络营销——Facebook

（一）社交网络营销的基础和作用

社交网络即社交网络服务，源自英文“SNS”（Social Network Service），中文直译为社交网络服务。社交网络含义包括硬件、软件、服务及应用，由于四字构成的词组更符合中国人的构词习惯，因此人们习惯上用社交网络来代指“SNS”（http：/ / baike. baidu. com/ link？url=oL9GpmhXIDbryB4DPAlovOYLGnlspB91mmWbMoij6Pb55CIA9pllQKqtehQme2a4hoUAyCSw05TzlvOuxQFuOK）。

社交网络主要是根据人脉理论，通过朋友介绍来认识新的朋友，并且这个关系网可以无限地扩展下去。社交网络营销是一种非常时髦并且高效的营销方式。

因为社交网络这个关系网是基于真实存在的人，所以比起传统的广告渠道，社交网络可以找到更精准的客户，提高成交率，并且因为社交网络具有很强的互动性，可以使我们的广告得到很快的反馈。社交网络营销可以帮我们推广品牌，让我们的潜在客户对我们的品牌有一个很强的认知度。在某些情况下，即便不能够直接快速带来询盘，社交网络也可以与其他营销渠道结合带来很好的推广效果。很多时候我们的潜在客户会在社交平台反复看到我们的品牌甚至与我们进行互动，但是当时这个潜在客户并未有采购需求，当他某一天有采购需要的时候可能会直接在搜索引擎中搜索我们的品牌，从而直接带来询盘甚至订单。在这整个过程当中虽然 SEO 是询盘来源的直接渠道，但是我们不能够否认 SNS 在推广品牌方面有着不可替代的作用。

（二）社交网络营销——Facebook

目前，全世界有 20 多亿人在使用社交媒体，而这个数字还在以惊人的速度增长。大量的受众带来了巨大的机遇，商家们当然不想错过。那么，营销人员应该如何设定“正确的”全球社交媒体目标呢？

有效的社交媒体营销不仅有助于成功企业的建立，而这些策略将有助于提高社交媒体营销效果，从而对销售及公司的发展产生积极影响。Shareaholic 进行了一项研究，通过在 4 个月内对 300000 家网站的追踪，结果显示，社交媒体的推荐将会为一个网站贡献 30%的浏览量。

围绕不同的需求、兴趣和技术，全球有上百个社交媒体网络，而它们的共同点就是对话。对于品牌商来说，对话使品牌变得更吸引人，能让价值超出简单的产品和服务。由于社交的个人属性与传播性，可以做到更精准的推送与更佳的传播效果，所以现在做品牌推广和市场营销，不谈社交网络都会觉得落伍。不过遗憾的是，尽管具有诸多优点，但是在实际应用中，社交网络并未起到中流砥柱的作用，仍然处于起步阶段。

1. Facebook 简介

Facebook 是美国的一个社交网络服务网站，于 2004 年 2 月 4 日上线。主要创始人为美国人马克·扎克伯格。Facebook 是世界排名领先的照片分享站点。截至 2016 年 3 月，Facebook 拥有约 13.5 亿用户。

Facebook 的总部设在门罗帕克的 Hacker Way。从 2006 年 9 月 11 日起，任何用户输入有效电子邮件地址和自己的年龄段，即可加入。

Facebook 是一种综合社交网络，创造性地将人与人之间的线下关系搬到线上，通过 Facebook 可以维持与朋友、客户之前的关系，也可以建立新的人际关系。通常用户在 Facebook 中上传的照片或者头像都是真实的，通过这种真实的与客户之间的互动，使得客户与我们之间有了一种可信任的良性交流，从而更容易基于信任而建立业务关系。Facebook 具有信息传播快、信息量大、客户精准、广告效果可量化等显著特点，是目前国内企业出海开展国际贸易的主要渠道之一。

2. Facebook 寻找客户的操作流程

（1）主动寻找客户。

第一步：用邮箱、手机号注册 Facebook 账号，手机号具有唯一性，不可随意更换。尽量完善我们在 Facebook 的注册信息，使客户更容易信任我们。

第二步：登录 Facebook 账户。

第三步：输入产品关键词，打开链接。查看用户“详细资料”“联系方式”等信息。如果判断该客户为潜在客户则可加为好友，那么该用户的相关信息中可能还有我们其他的潜在客户。如果我们搜索到的是一个企业的公共主页，我们则可以在该公共主页中找到该公司的相关联系方式，可以关注该主页，并且在该公共主页已关注的其他主页中找到我们其他的潜在客户。

单击 about 会看到该公共主页公司的详细介绍。

（2）建立公司公共专页。

除了主动寻找客户以外，利用 Facebook 我们也可以完善自己公司的公共主页，等待客户主动联系。专业的名称要与我们现在的品牌和业务地区相关。Facebook 专业地址要与品牌或者公司网站、网址一致。例如“alibaba 国际站”在美国地区的 Facebook 专页地址为：“https：/ / www. facebook. com/ AlibabaUS/ ”，客户看到这个 URL 可以一目了然。

专页的设置需要与公司网站大体保持风格一致，可以设置专页的名称和网址、联系方式，并且创建 Facebook 短网址。如果已经在其他社交平台有过推广，还可以在 Facebook 中添加其他应用，如 Twitter、Pinterest、Coogle 等。当公共主页建立好之后，可以开始在专页中发布内容，内容要有独创性、有吸引力并且图片要抓人眼球。我们在正式开始建立内容之前，可以参考竞争对手或者其他行业公司的专页，看他们是如何撰写内容以做到让更多的 Facebook 用户关注自己的公共主页。

当我们建立好 Facebook 专页之后，还要持续地发布对用户有帮助或者他们感兴趣的内容，才能吸引访问者成为我们的粉丝。专页上的粉丝通过浏览我们发布的高质量内容，可以进行分享，让他更多的好友知道我们的品牌并且形成广泛传播，进而得到更多用户的认同。所以说专页上发布的内容信息是至关重要的。在建立品牌专业之初，如果我们不知道要发布哪些内容，可以通过研究竞争对手或者同行的 Facebook 粉丝专页，研究他们每天发布的文字、图片甚至视频内容，仔细研究他们发布的每一篇帖子的评论数量、被点赞的数量，借此来分析这篇帖子的内容是不是被用户所喜欢，是否形成了广泛的传播。如果是一篇高质量的具有被广泛传播潜力的帖子，则这篇内容的浏览者会主动分享到他自己的朋友圈，这就产生了极大的病毒式传播效应。而这种品牌效应的传播都是不需要额外付出成本的。

在编辑内容的过程中，我们要切记，图片是非常重要的。Facebook 是一个非常看重图片的社交平台。如果我们拥有丰富的产品图片，可以将这些高质量的产品图片制作成相册，并且带上网站链接，从中精选出一张图片作为 Facebook 分享相册的封面图片，吸引更多的浏览者点击我们的图片相册进而访问我们的网站。

因为 Facebook 专页没有好友概念，只有粉丝，那么如果一个浏览者没有成为我们专页的粉丝，是不是我们更新的内容他就没有办法看到了？理论上来说是这样的，那有没有什么好的解决方法呢？如果我们认为某个浏览者可能是我们的潜在客户，并且我们希望让他持续看到我们内容上的更新，我们需要怎么做呢？我们可以在个人 Facebook 主页上添加这个人为好友，然后把我们每天在 Facebook 专页中更新的内容分享到个人页面的时间线上，这样我们个人页面上所有的好友都可以看到这些更新的内容，当他点击这些内容进入我们的粉丝专页的时候，就有可能成为我们专页的粉丝。Facebook 会对我们分享的像素超过要求的图片进行压缩，所以我们上传的图片尽量是正方形，保证图片不会变形，不会影响用户体验。如果我们需要分享的链接过长，可以使用 Facebook 提供的短网址服务，将网址缩短，这样更容易吸引访问者点击链接。有些访问者会直接在 tagacebook 搜索框中搜索 Facebook 的信息，我们可以在分享的内容中加上关键词“tag”，这样可以增加用户搜索到我们帖子的概率。切记，标签是一个词，中间不能有空格，可以在标签中添加数字但是不能添加（$或者%）等特殊符号。

3. Facebook 案例分析

一个澳大利亚客户通过 Facebook 找到了我。在我们成交第一个订单之后的很长一段时间里，我一直认为是我自己运气好，碰到一个能主动送上门的客户。这个客户说他正是通过搜索看到我分享在 Facebook 相册中的图片，并且被图片的描述所吸引，进入我们公司网站详细了解了我们公司的各方面信息之后，才给我发出了第一封询盘。这么想来这个客户其实并非自己送上门的，而是得益于我前期在 Facebook 分享的精美图片，并且每张图片都有详细的描述和链接。

这次谈话使我认识到 Facebook 推广的重要性，我们可以发散思维一下，既然客户可以看到我分享的图片进而联系到我，为什么我不能主动出击，通过客户分享的内容或者图片去找我们潜在的客户呢？于是我开始在 Facebook 搜索框中进行产品关键词的搜索，看到了很多与该行业相关的公司专页及个人主页。如果我们发现了不太熟悉的公司名字，就说明这个公司很有可能是我们的潜在客户。可以提出好友申请，如果客户不接受我们为好友的话，可以看看该客户的个人主页或者是公司专页中是否有公司邮箱电话等详细的信息，拿到这些信息之后我们就可以发出第一封开发信或者打电话给客户。也许有人认为这是碰运气，但是我们需要知道 Facebook 搜索信息得来的这些客户信息其实是相关性非常强的，并不是大海捞针、漫无目的。所以 Facebook 不但能够找到客户，而且还是一个效率高、成本低的有效渠道。

（三）如何在 Facebook 上作企业推广

对一个企业来说，Facebook 上针对企业的专页（以下简称 FB）意味着属于你的在线社区，也是你企业文化的宣传栏。理想状态是，访客经过这里，很快地了解你、欣赏你，一段时间以后信任了你。

在 FB 上推广自己的企业要注意以下几点：

（1）增加粉丝。没有捷径去增加 Facebook 上的粉丝，只有在一切需要填写资料的地方留下链接，同时附加上一个让别人关注你的一个理由（比如新品、折扣、活动）。

（2）企业信息的描述尽量使用图片，因为人们喜欢图片，胜过其他。

（3）展示的重要性大于叙述，不要在 FB 上面直接发布产品信息、服务内容这些硬性推销的东西，而是要尝试着讲一下你品牌和企业背后的人和故事。

(4) 用好 Snag It、PicMonkey、Instagram。

(5) 发布更新的时候要注意多样性。链接、优质文章、能带动情感的图片、短小精悍的视频、平白的纯文字，甚至于名人名言都用一些，页面内容要多样化一点。推文结尾处留个问题，带动讨论、议论、争吵、掐架……

(6) 纯文字信息。每周放一条原创的纯文字信息，比如你的一些新东西。要看看同行最近在谈论什么话题，参与讨论。

(7) 删除一切价值不高的、只是你网站的链接分享的垃圾更新，否则这可能会让你的活跃粉丝跑光。

(8) FB 运营人员需了解企业，把企业的在线风格定位好并保持一致，而90%的人可能忽略了这一点。

(9) 文章用短句写，因为人人都很忙。

怎样提高你的专页用户参与度，降低你的广告费？如果你利用好 Facebook insight 这个工具，你就可以找到很多方法。Facebook insights（受众分析）不仅可以帮助营销人员精准投放自己的广告，而且可以帮助营销人员了解自己的用户，目标市场的用户习惯甚至是分析竞争对手的用户情况。具体的操作是，首先，进入你的 Facebook 广告管理后台，在“工具”里面找到“受众分析”，在位置中把“美国”移除，然后在“感兴趣的更多关键词中”输入 Anker，你就可以看到 Anker Official 的选项，选择 Anker Official，这时候 Anker 粉丝的情况就出现在你的眼前了（这里也可以输入你自己的粉丝专页或者其他的粉丝专页）。然后我们就可以从不同的维度分析粉丝的情况了。

三、社交网络营销——Linkedin

（一）社交网络营销 Linkedin 的介绍

Linkedin（领英）创建于 2002 年，致力于向全球职场人士提供沟通平台，并协助他们事半功倍，发挥所长。作为全球最大的职业社交网站，Linkedln 会员人数在世界范围内已超过 3 亿，每个《财富》世界 500 强公司均有高管加入。

Linkedln 有三大不同的用户产品，也体现了三种核心价值。

1. 职业身份

职业身份呈现为个人档案。Linkedln 平台可以便捷地制作、管理、分享在线职业档案，全面展现职场中的自己。完善的个人档案是成功求职、开展职业社交的敲门砖。

2. 知识洞察

关注行业信息、汲取人物观点、学习专业知识、提升职业技能、分享商业洞察。在飞速变化的互联网时代，把握市场脉动，获取知识见解，是保持职业竞争力的基础。

3. 商业机会

在 Linkedln 寻找同学、同事、合作伙伴，搜索职位、公司信息，挖掘无限机遇。在这里，建立并拓展人脉网络，掌握行业资讯。

（二）社交网络营销 Linkedin 找客户的操作流程

第一步：注册 Linkedin 账号。

第二步：登录 Linkedin。

第三步：搜索产品关键词，选择群组“Group”，如果群主是“View”模式的就单击“查看”。如果群组是“join”模式的就单击“加入”，等待审核通过后查看。

第四步：在“View”这模式下，我们可以在个人页面当中看到“contact info”，通常我们单击“company website”会跳转到该用户的公司网址，这个时候我们可以把该公司的“email address”找到，发邮件联系，也可以直接打电话过去。

第五步：如何判断该用户是否是你的潜在客户？查看该用户近期发布过的消息是否跟我们的产品相关，也可以根据用户的姓名或者所在公司去阿里巴巴买家栏目查看他是否发布过求购信息，如果符合以上两点，说明他有意向从中国采购并且是我们的潜在客户：

第六步：拿到客户的姓名、E-mail 地址之后我们再给客户写开发信就不会被轻易删除了，因为通过此前这一系列的沟通彼此之间已经建立了基本的信任，这是成功吸引客户的第一步。

（三）跨境电子商务企业如何利用 Linkedin 进行海外推广

Linkedin 是针对专业人士（在某个领域的工作人员，可以是医生也可以是软件编程人员）的 SNS 社交网络，利用 Linedin 的群组、公司专页、个人介绍以及问答系统都可能找到客户，所以是海外推广的最重要的社会化营销工具平台之一。

1. 个人主页

注册个人主页，先登录 Linkedin，注册真实身份。如果做外贸，需填写自己的英文名称。

Linkedin 有两种会员模式，一种付费，另一种免费。最大的区别是付费的版本可以发信息给不在自己好友圈子里的用户。用户可以在熟悉后尝试付费。注册后需完善个人的照片、公司名称、学校等各种信息，其中公司行业、公司简介等非常重要。填写完毕后，需验证邮箱。

尽可能地导入和自己相关的客户，特别是自己积累的潜在客户。

2. 公司专页

注册公司主页，需单击 Linkedin 导航中的“Companies”，然后选择右侧的“Add a Company”，输入自己公司名字及公司邮箱。个人邮箱会收不到验证链接。

单击“继续”按钮后，系统会向公司邮箱发送确认信。单击激活后就完成了公司页面的注册。

完成认证后，填写公司介绍、网址、产品或者服务介绍等信息，单击“Admin Tools”，然后选择“Edit”。

在这里可以添加一些有用的内容。同时在首页申请分享链接，放到公司的英文网站上。这样方便国外客户加入，成为好友。

之后可以邀请或者加群组，加相关行业的群组，同时可以建立相关群组。经常分享给群组相关的行业内容，培养潜在客户。

和百度知道一样，Linkedin 问答里面同样有很多潜在客户。经常在 Linkedin 问答区回答和自己行业相关的问题，并且质量高的话，可能会被选中最佳答案，贴上“Expert”的标签。客户看到后，可能会主动找上门。

四、社会化媒体营销——微信营销

（一）微信营销

微信是 2011 年 1 月 21 日由腾讯公司推出的免费应用程序，是为智能终端提供即时通讯服务的。微信支持跨通信运营商、跨操作系统平台，通过网络快速发送（需要消耗少量网络流量）语音留言、视频、图片和文字。在微信营销一年多之后，微信的用户数达到了 1 亿多。毫无疑问，微信已经成为最热门的互联网聊天工具，开发空间还是很广泛的。

（二）微信营销平台的功能

微信营销离不开微信公众平台的支持。微信是移动端的一大入口，正在由火热的社交信息平台演变成一大商业交易平台，并开始对营销行业带来颠覆性影响。消费者只要通过微信公众平台对接微信会员云营销系统，就可以实现微推送、微会员、微储值、微官网、商品查询、会员推荐提成、体验、互动、选购、订购与支付的线上线下一体化服务模式。主要功能如下：

（1）商品管理：商城后台具备商品上传、分类管理、订单处理等与网上店铺都具有的功能。

（2）自动智能回复：卖家可以设置系统自定义内容，当用户首先关注卖家的商城时，可以自动将此消息发送给客户，还可以设置关键字回复。当用户回复指定的关键字时，系统将自动响应相应的内容设置，以便客户在最快的时间内获得所需的消息。

（3）支付功能：支持支付宝、财付通及货到汇款等支付方式。

（4）促销功能：积分赠送、会员优惠等。

（三）微信营销平台的运营

1. 营销推广

企业在决定开通公众平台之前，首要应考虑想通过这个平台实现什么目标？定位是什么？需要微信实现哪些功能？然后开始选择注册订阅号还是服务号（两者的具体区别可以参考公众平台页面的官方解释）。一般企业通过微信要达到的最主要目的是营销推广，因此商家应定期推送一些产品信息给用户。很多商家还会关注新政策、新信息，借助第三方功能开发机构来做一些增强型服务。

2. 第三方开发平台的选择

众多企业目前越来越重视微信第三方功能的开发。在选择从事第三方功能开发的企业时，应首先考查这家企业之前的合作案例，看看其都与哪些公司合作过。如果是各个行业内的龙头企业，那值得合作。因为一般大企业在选择合作伙伴时会有非常严格的筛选。其次，可以关注这些合作过的企业的官方微信，体验下他们开发的功能。如果觉得有些功能不太符合自己企业的需求，可以提出细化的修改方案。

3. 企业客户关系管理

企业客户关系管理就是留住老客户。企业通过营销活动获取了大量客户关注后，需要有意识地对客户按照各个属性进行分组，发送定制化的内容。对年轻客户群多使用新潮语；针对中年客户群的文案应成熟、稳重，提供有价值的内容。对于客户的留言要及时、高效、热情地处理。很多企业会自定义关键字回复，但对这一功能不能过分依赖。需定期检查用户的提问是否跟关键字回复是否匹配。不要让用户感觉自己被忽视而取消关注。

4. 内容运营

公众号的定位不宜只是狭窄地发布自己产品的宣传文，应泛行业化。这样不仅不会弱化自己产品的存在感，反而把企业提升到了行业标杆的高度，挖掘到更多的潜在用户，提升品牌的知名度。

第十一章　跨境电子商务未来发展的趋势

当前，我国的跨境电子商务正处在快速成长期，改革创新举措的陆续出台使其发展更具有规范性。未来我国跨境电子商务将更加注重"互联网+分销"模式的培育、跨境电子商务信用体系的建立、物流服务的高效化与专业化，同时也会创建更多的为中小型企业服务的外贸综合服务平台，大力发挥行业协会的引导作用。

第一节　跨境电商发展趋势

一、跨境电商发展规模及特点

（一）跨境电商发展规模

中国电子商务研究中心发布的《2014 年度中国电子商务市场数据监测报告》显示，2014 年中国跨境电商交易规模约为 412 万亿元人民币，比 2013 年增长 33.3%，我国跨境电子商务平台已超过 5000 家，企业超过 20 万家；从进出口结构看，2014 年中国跨境电商中出口占比达到 85.4%，进口比例为 14.6%。

据商务部预测，2016 年中国跨境电商进出口贸易额将达 6.5 万亿元，未来几年跨境电商占中国进出口贸易比例将会提高到 20%，年增长率将超过 30%，大大超过贸易总体增速（年 8%左右）。目前跨境电商交易额已占我国进出口贸易额的 12%左右，已经开始改变我国对外贸易的格局。

从 2013 年中国跨境电商业进出口结构看，2013 年中国跨境电商出口占 88.2%，进口占 11.8%。目前，我国进口的跨境电商业务还处于起步阶段，随着海外商品对国内市场的刺激，预计未来几年，跨境电商业务份额将继续增加，但由于国家政策对跨境电商进口影响较大，所以跨境电商业务进口份额将保持持续稳定的发展。

2013年，中国跨境电商交易额达3.1万亿元，占进出口贸易总额的11.9%，同比增长31.3%。由于国家先后出台了利好跨境电商发展的政策、逐渐完善的行业产业链以及行业参与者的积极推动，跨境电商将在未来几年保持持续健康的发展，预计在2017年进出口贸易总额中跨境电商的渗透率将达到20%。

跨境电商的业务模式从海淘到跨境电商进口再到跨境电商出口，从B2C到B2B再到B2B2C，新的业务模式层出不穷。跨境电商出口使中国商家直接面对外国消费者，这种结构的改变将有效地提升中国相关行业的制造与服务水平。跨境电商进口让中国消费者购买到更多物美价廉的商品。随着中国与韩国、澳大利亚等国纷纷签订自由贸易协定，大批产品都将实现零关税，未来的跨境电商商品流动数量恐怕远超想象，将创造出更多的需求。

（二）当前跨境电商呈现的新特点

近两年来，随着整个社会对跨境电商的关注度不断提高，跨境电商各参与主体对行业发展的共同推动，整个跨境电商行业开始出现了一些新的特点，具体主要包括以下几个方面。

1. 参与主体多样化

2012年以前，个体商户、小微的草根企业以及网商是跨境电商的主要参与者。2013年以来，传统贸易中的主流参与者如外贸企业、工厂和品牌商家开始进入这个领域，并逐渐走向规模化运作。

2. 产业链逐渐完善

为了发展跨境电商的营销、通关检疫、物流、支付交易等方面的问题，跨境电商企业和服务企业继续延伸到产业链的其他方面，综合多方资源提供一体化的服务，不断涌现出新的服务商，越来越清晰和完善的产业链和生态系统的服务链正在出现。

3. 运营方式品牌化

早期跨境电商借助中国制造大国的优势，以销售物美价廉的产品及OEM代工为主。近两年来，大量企业开始考虑走品牌化运营之路，特别是一些较大的企业开始考虑规模化，建立自己的平台，把品牌引向海外市场，通过品牌来提升自己在跨境电商中的价值。

（三）当前跨境电商呈现的问题

跨境电商在不同形式的贸易中出现的问题会有一些差异，根据一般贸易进出口的大额交易，尚未完全实现无纸化贸易，这在一定程度上影响了电子商务在贸易中的应用以及贸易的便利化。鉴于贸易量不足以及不平衡贸易无纸化的影响，在产品、物流和通关方面存在一些行业问题，这是限制跨境电商业务发展的重要因素。

1. 产品同质化严重

近年来由于跨境电商的迅速发展，行业竞争加剧，一些热销且利润较大的产品像3C产品及附件等，正在吸引着大量的商家涌入。由于大多跨境电商公司都在销售同一种产品，势必会导致行业内产生恶性竞争，这些都是产品同质化加剧现象所引起的。

2. 品牌化尚未建立

当前中国在世界上作为一个制造大国，其产品低廉的价格优势能够很好地吸引消费者，在一定程度上对跨境电商的发展产生深远的影响。目前，一些小工厂为跨境电商行业提供货源，包括服装、3C等。大部分的跨境电商企业尚未开始进入品牌化发展的阶段，所以对整个产品质量的把控还是有一定的问题的。

3. 物流时间长且浮动范围大

由于各国之间政策的差异以及跨境的复杂性，跨境电商在跨境交易过程中所产生的跨境物流问题，很难通过自建物流快的方式给以解决。跨境电商的跨境物流周期相对非跨境的物流交易周期一般较长，就目前来说，到南美洲、巴西以及到俄罗斯一般物流周期需要25～35天，到北美洲的美国以及西部的欧洲国家时间相对较短一些，大约需要1～2周。跨境商务除了存在物流时间长的问题，还存在着收货时间波动大、投递不稳定的问题，有时7天收到，有时要20多天才能收到。

4. 通关结汇难

随着逐渐向小批量碎片化的跨境贸易的发展，除了B2C在跨境贸易中存在通关的问题，以小额贸易为特性的B2B企业在跨境贸易的过程中同样面临着通关的问题。由于与普通的一般出口跨境贸易不一样，小额贸易的B2B和B2C企业在跨境贸易电子商务的出口过程中，存在不能有效快速通关、规范结汇和难以享受退税等一些问题。

5. 跨境电商人才缺口大

在跨国电子商务贸易快速发展的过程中，复合型外贸人才缺乏的问题逐渐暴露出来。主要原因：一是语言限制。目前，从事跨境电商务人员或来自外贸行业或来自英语专业，而一些小语种业务存在着普遍的人才缺乏。二是要求较高的能力。除了语言限制外，还要了解交易方式、消费习惯以及国外市场的需求等；另外我们必须了解主要的平台交易特征和交易规则。基于这两个特点，符合跨境电商人员要求的很少，跨境电商人才的缺乏已成为业内普遍的现象。

二、跨境电商竞争力分析

美国哈佛商学院的迈克尔·波特（Michael Poter）1990年提出了一种理解国家或地区全球竞争地位的全新方法，即“钻石”模型，亦即“国家竞争优势”理论。揭示了一个国家在某个特定行业能够获得国际性的成功并进而取得垄断性的行业地位的根源。

（一）资源要素

资源要素指一个国家的生产要素状况，包括人力资源、天然资源、知识资源、资本资源、基础设施。

波特把各种要素按等级划分成基本要素（或初级要素）和高级要素两大类，前者包括自然资源、气候、地理位置、人口统计特征，后者包括通信基础设施、复杂和熟练劳动力、科研设施及专门技术知识。波特认为，高级要素对竞争优势具有更重要的作用，它与自然赋予的基本要素不同，高级要素是个人、企业及政府投资的结果。因此，政府在基础教育和高等教育的投资是通过提高人口的普通技能和知识水平，通过刺激和鼓励在高等教育与科研机构的高级研究，从而极大地提高国家的高级要素质量。

高级要素与基本要素之间存在着复杂的关系。基本要素可以为一国提供一些初始的优势，这些优势随着在高级要素方面的投资得到增强和扩展。反过来讲，基本要素方面的劣势地位会形成一种向高级要素方面投资的压力。

（二）需求条件

需求条件指对某个行业产品或服务的国内需求性质。

波特理论十分强调国内需求在刺激和提高国家竞争优势中的作用。波特认为，如果一国的消费者是成熟复杂和苛刻的话，会有助于该国企业赢得国际竞争优势，因为成熟复杂和苛刻的消费者会迫使本国企业努力达到产品高质量标准和产品创新。波特指出，推进企业走向国际化竞争的动力很重要，这种动力可能来自国际需求的拉力，也可能来自本地竞争者的压力或市场的推动力。

（三）辅助行业

辅助行业指国际竞争力供应商和附属行业的存在。在具有国际竞争力的供应商和附属行业的国家，是一个行业获得国家竞争优势的第三个条件。相关行业及辅助行业在生产中的高级因素方面，投资效益将逐步向行业拓展，从而为行业取得国际竞争力的有利地位做出贡献。这个行业发展过程的结果之一是，一个国家的成功行业倾向于聚集形成一个相互关联的产业集群。

（四）企业战略

国内企业的战略、结构以及竞争的状况，是在波特的第四个模型中提到的促进国家竞争优势的条件。在此波特模型中有以下两个观点被提到：其中一个观点为，在不同的国家内形成的有着其独有特色的非同于他国的“管理意识形态”，在一定程度上能够帮助该国形成强有力的竞争优势，同样也是这种特色各异的“管理意识形态”一定程度上也妨碍着国家竞争优势的形成和发展。另一个观点为，一个行业如若在国内有着激烈的国内竞争，那么该行业必然保持着良好的竞争优势，这两者之间有着密切的关联。国内激烈的竞争环境能够有效地引导企业去努力地在竞争环境中寻求提高生产和经营效率的途径，反过来这种竞争带来的激励和促进作用也促使他们成为更好的具有国际竞争力的企业。激烈的国内竞争能够给企业带来寻求创新，改进产品和服务的质量，降低生产及服务的成本，通过加大投资提升更为高级的生产要素等这样一系列的压力。这样的一些改进能够促使产生具有国际竞争力的企业。

波特把企业战略、结构和同业竞争、生产要素、相关及支持产业和需求条件这四个方面特质构成一个菱形，并且认为某些行业或者行业内部门的菱形条件处于最佳的状态时，这个国家的企业就有最大的可能性取得成功。波特菱形同样也是一个相互件促进增强的系统，四个方面中某一个特质方面是否发挥作用及发挥作用的程度取决于其他特质方面状况的良好程度。例如，较好的生产要素条件不能形成良好的竞争优势，除非竞争的状态（压力）及需求条件已达到促使企业对其能够做出反应的程度（图 11-1-1）。

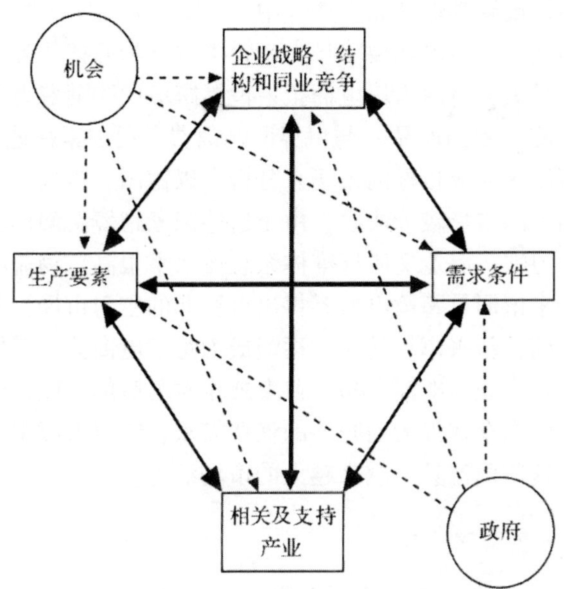

图 11-1-1　“国家竞争优势”理论示意图

（五）政府的支持

政府应为工业的发展及进步提供和创造一个良好的环境，企业发展所需要市场资源政府应能够积极响应并提供。政府若想成为扩大“钻石”体系的力量，就要发挥自身的政府作用，并创造新的机遇和压力。在企业无法涉足的行动领域，政府应该直接投入。通常也就是我们所说的外部成本，比如发展基础设施、开放资本渠道、培训信息的整合能力。

三、跨境电商未来发展趋势

（一）产品品类和销售市场更加多元化

随着跨境电商的发展，跨境电商交易产品向多品类延伸、交易对象向多区域拓展。

从跨境电商销售产品的种类来看，跨境电商所出售的产品种类范围比较广泛，包括服装、珠宝首饰、计算机以及计算机配件、3C 电子产品、生活中的食品药品等，种类繁多。根据 eBay 数据显示，eBay 平台在跨境电商销售中增速最快的三个产品类别分别是汽车配件、家庭园艺和时尚，并且 64% 的跨境电商大卖家计划扩展到其他产品生产线中，71%的大卖家计划将现有的产品类别加以扩大。当前，跨境电商要将扩大销售类别作为开拓业务的重要渠道，随着产品类别不断扩大，将对跨境电商抢占世界跨境网购消费力起到推波助澜的作用，同时，也使“中国产品”与世界网购消费者更加紧密地连接起来。

从跨境电商销售完成目标的市场来分析，以德国、英国、澳大利亚和美国为代表，这些国家的市场较为成熟。由于这些国家跨境网购概念的普及、人民比较成熟的消费习惯、商业文明标准体系总体水平很高、物流配套设施较为完善等优势，在将来依旧是跨境电商零售出口行业的主力市场，并且会持续健康快速地增长。当前，新兴市场的兴起逐渐成为跨境电商公司零售业出口的新引擎新动力。对于自身国内电商贸易企业发展相对落后的印度、巴西和俄罗斯等国家来说，因为国内存在强大而旺盛的消费需求，制造大国中国所生产的物美价廉的产品将在这些国家具有越来越大的市场潜力。

（二）交易空间更加广大

跨境电商 B2C 这种商业模式逐渐受到企业的关注，近两年来一直呈现爆发式增长，原因主要是跨境电商 B2C 有一些明显的优势。与传统的跨境模式相比，B2C 模式可以跳过传统贸易的所有中间环节，建立从工厂到产品的最短路径，从而获得高额利润。中国对铸造业和贸易企业不再满足，中国品牌可以利用跨境电力来尝试“走出去”战略，熟悉和适应海外市场，将中国制造、中国设计的产品推向世界开辟新的前线。在 B2C 模式下，企业直接面对终端消费者，有利于更好地把握市场需求，为客户提供个性化定制服务。与传统产品和市场单一大贸易相比，小 B2C 贸易更灵活，产品销售不受地域限制，可以销售到全球 200 多个国家和地区，可以有效降低单一市场竞争压力，市场空间巨大。

（三）在交易渠道上，移动端成为跨境电商的助推剂

在移动技术不断发展和进步的情况下，线下和线上商务之间的界限日益变得不明显。以无缝、互联、多屏为核心方式的“全渠道”购物正在加速发展。B2C 这块，市场的需求正在被移动购物方式大大刺激，这样就促使消费者能够随时随地随心地进行购物活动，从而进一步增加了跨境零售出口电商的机会。B2B 这块，国际商贸量小，分散发展趋势明显，这样就可以通过移动技术实现无缝的跨境贸易完成，卖家和买家均不再受制于时间和位置的限制，卖家白天可以在工厂或者仓库利用手机图片上传存储，实现实时销售，同样卖家亦可以通过移动技术实现实时地回复查询并接收买家订单。正是由于移动技术的发展

做媒介，买家和卖家双方的交流沟通变得越发方便快捷。

（四）各环节协同发展促进和完善产业生产的发展

跨境电子商务涵盖实物流、单证流、资金流、信息流，随着跨境电子商务经济的不断发展，网上支付、代表运营公司、软件公司、物流公司等配套企业围绕跨境电商服务包括图片翻译描述、店铺装修、营销、退货、金融服务、质检、网站运营、物流、保险等内容，整个行业形成了越来越健全的生态系统，分工更明确，并逐步展现生态特色。目前，我国跨境电力服务业已初具规模，有力推动了跨境电力业务的快速发展。

第二节 跨境电商创新热点

一、跨境电商企业战略、结构和竞争

（一）跨境电商平台竞争加剧

2016 年跨境电商平台之间的竞争越来越激烈：敦煌网海外流量稳定，继续稳步发展；eBay 是跨境电商业务的发起人，但其平台规则太过复杂；速卖通后来居上，国际流量的快速增长吸引了中国卖家争相加入；亚马逊受益于其对卖方品牌的宣传和保护，已成为中国商人发展欧美市场最重要的平台；Wish 低准入门槛和移动端用户的快速增长使其越来越受到中国卖家的关注。

独立网站（兰亭集势、环球易购、DX、Shein、执御）流量成本高涨，生存环境持续恶化。从“无牌产品的低价”转向“品牌产品的性价比”。平台卖家（棒谷、有棵树、纵腾、赛维、傲基、泽宝、Anker、通拓）、传统制造业、传统外贸业、国内电商大举进入。从“泛供应链”转向“精细化品牌”。

由此看来，可供中国商家开店的跨境电商平台越来越多。对于卖家来说，这是好事。然而，对于平台来说，激烈的竞争已经构成其生存的压力。

（二）跨境电商主体商业模式不断创新

跨境电商平台亚马逊、eBay 和速卖通很早就布局了移动端，Wish 平台依靠独特的商业模式，如闪亮的星星。打开 Wish 应用程序，我们看不到传统的商品展示在电商网站上，而是以瀑布图片的形式吸引消费者的关注。更重要的

是，Wish 可以根据用户信息和浏览记录，个性化推荐相应的商品。可以看出，创新的模式是希望成功的关键。

在模式创新方面，位于杭州的创业型企业 Ownonly 也值得关注。这种出口跨境电商企业放弃了传统的 B2C 模式，秉持 C2B 西装定制理念，为欧美消费者提供个性化的在线定制服务。此外，Ownonly 在法国、美国、日本等国家设有线下实体体验店，以 O2O 的形式寻求销售突破。

除创业型企业外，老牌跨境电商大龙网的模式革新也在 2015 年完成。大龙网起初的创业模式是 B2C 模式，后来转化为 B2B2C 模式，现在大龙网是“移动跨境贸易 O2O 平台”。总之，现在大龙网做的是 B2B 业务，网上为移动端的“约商”APP，线下是全球贸易网络的分布。

此外，阿里巴巴国际站大力推广“信保”，通过信用保障服务，出口商和进口商可以在线签订合同，并以一达通为媒介完成付款交易。很明显，这是阿里巴巴在跨境 B2B 闭环交易中的创新尝试，不仅最大限度地保护了买方的权益，而且提升了中国出口商的品质。

亚马逊将“Amazonsupply. com”与“Amazon. com”的商业、工业、科学部门整合，推出“Amazon Business”，大举进军 B2B 领域。当中国的出口商注册成为“Amazon Busmness”的卖家时，便构成了跨境电商 B2B 交易模式。此外，敦煌网转型 B2B，Wish 持续火热并再推“Geek/ Mama/ Cute”，创业者掀起移动端热潮（如 Getone、Patpat、Bellabuy、Surprise）等，都是模式创新的体现。

（三）品牌化经营称为跨境电商发展创新点

越来越多的中国卖家选择品牌化的经营模式，借助跨境电商平台进行国际市场的拓展。

Anker 品牌是于 2011 年成立的，主要产品有 USB 充电器和移动电源。在跨境电商业务平台亚马逊、eBay 等的帮助下，Anker 成立一年多以来销售额就突破了亿元，产品远销北美、欧洲和日本等国家和地区。

eBay 大卖家傲基国际于 2015 年成立自己的品牌 Aukey，成立当年就实现销售额超过 3000 万。2016 年，Aukey 品牌业务快速增长，仅第一季度销售额就超过 2015 年全年。可以看出，产品品牌将成为主要卖家的关键业务。

在出口跨境电商行业中，所有分行业都在不断涌现，受到外国消费者欢迎的中国品牌。在跨境电商业务的帮助下，“中国制造”有望实现品牌升级，然后摆脱 OEM 和代加工廉价形象。

二、辅助行业发展的助推

(一) 外围生态圈进一步完善

跨境营销方面，除 Google 谷歌外，Yandex 也大力开发中国 B 端市场；Facebook/ Twitter 放开中国代理。跨境物流方面，邮政小包依旧是主流，但更细分化，如 DHL 小包。海外仓竞争激烈，成为红海市场。跨境支付方面，B2C 结汇已经阳光化（7 号文），银行与第三方支付既合作又竞争。

(二) 资本运作持续发酵

在 A 股市场上，2014 年 7 月百圆裤业全资收购跨境电商企业环球易购。今年为了突出跨境电商业务的概念，百圆裤业改名为“跨境通”，并进行了一系列资本运作：2015 年 2 月，入股广州百伦、前海帕拓逊；5 月，入股深圳通拓股份；7 月，入股跨境电商企业跨境易和易极云商。此后，跨境通投资了上海飞书广告和深圳澎湃孵化器等跨境电商企业服务公司，并于 12 月对前海帕拓逊进行高估值控股。可以说，资本运营后的百圆裤业已经完全转型为跨境电商企业，其股价从转型前的 15 元一次飙升至 115.5 元。

(三) 移动端持续增速

2011 年硅谷创业公司成立了 Wish，最初只是在图片社交应用。直到 2013 年 3 月，Wish 在平台上加入商品交易功能，使得中国的商品能够销售给美国用户。这一变化使得 Wish 成为跨境电商的移动端的又一匹黑马：2013 年平台交易额达到 1 亿美元，2014 年增加到近 10 亿美元。Wish 专注于电子产品的 Geek 应用、Mama 应用母婴类应用、美容应用 Cute 的应用、家居类应用。这些在销售中的应用取得了很好的表现，Wish 在 2015 的整体交易量达到了 100 亿美元。正是在这种情况下，一批批企业家进入跨境电商业务领域。

三、资源要素

(一) 市场监管体系建立和完善

目前，我国只有《电子签名法》《互联网信息服务管理办法》等几部相关法律法规，国务院及地方政府虽大力支持跨境电商发展，但有关政策措施仅限于国务院、海关总署和国家质监总局规范性文件的政策指导，缺乏法律、行政法规的有力支撑，对于涉及跨境电商交易、税务、市场监管以及消费者权益保护等方面，并没有出台具体的专门的法律法规和执行标准，跨境电商企业准入退出机制不完善。另外，国内外产品执行标准体系不统一等问题也限制了跨境电商的发展。

（二）产品质量安全主体责任的落实

由于跨境电商业务门槛较低，跨境电商业务的质量控制参差不齐，缺乏专业的手段和标准意识，特别是在没有严格的市场准入制度的情况下，一般情况下由电商平台企业自己设立较低的准入门槛，导致部分电商业务质量管理标准不高。一些跨境电商企业在制定保护消费者权益方面的制度并不完善，在处理消费者纠纷或因产品质量安全问题而引起的纠纷的情况下，消费者权益极难得到维护，特别是境外的电商平台，跨国维权之路更为艰难。

如美国婚纱与礼服行业协会 ABPIA 对中国婚纱跨境电商的指控，其主要任务就是利用法律手段打击销售假冒伪劣婚纱礼服产品的中国外贸电商网站。2012 年年底，ABPIA 指控了 45 家侵权网站（绝大部分是中国出口跨境电商婚纱网站）。法院立即签发了 TRO（临时禁止令），意味着法院对此特别重视，在没有做任何听证会（hearing）的情况下就支持了 ABPIA。2013 年 1 月，在听取了 ABPIA 的证词后，法院签发了正式禁止令（Formal Injunction）。该禁止令要求被告（侵权网站）停止侵权活动，同时要求产业链相关的公司停止协助这些侵权活动，包括 VeriSign/ Go-Daddy 等域名管理组织、Google 等线上广告公司、PayPal/ Visa/ MasterCard 等支付公司、FedEx/ UPS/ DHL 等运输公司。这也是为什么 PayPal 主动冻结了相关网站的账户资金，Go-Daddy 主动转移了相关网站域名。2014 年 2 月，ABPIA 取得里程碑的胜利。法院对 1100 多家侵权婚纱网站签发“Preliminary Injunction Order”，内容包括：第一，冻结所有这些网站在第三方支付公司的账户资金；第二，关闭这些网站域名。在美国，“reliminary Injunction”是法院在最终判决前签发的一种禁止令。这种禁止令签发后，几乎意味着 ABPIA 将在随后的判决中获胜。2015 年 7 月，ABPIA 得到法院的最终判决：超过 1500 家的侵权网站将被永久性关闭并转移给 ABPIA，之前所冻结的资金约 220 万美元（大部分在 PayPal 账户中）归 ABPIA 所有。这个判决终结了 ABPIA 长达两年多的诉讼，也彻底摧毁了涉案中国婚纱网站拿回域名和 PayPal 账户资金的任何希望。这起案件有可能导致美国海关一段时间内大量封杀从中国跨境电商渠道出口的婚纱类产品。

这一类知识产权侵权行为既影响了中国制造企业的信誉，也阻碍了中国制造企业的创新，是中国制造业的大毒瘤。这类案件的症结在于没有理顺商业秩序和竞争秩序。中国的外贸企业需要从知识产权入手，建立自己的品牌，而从更远的角度看，中国到了规范竞争秩序的时候了。政府也已从长期发展的角度看待和解决这类案件。在 2015 年 12 月，李克强总理三天内两次强调对知识产权的保护，不仅在国务院常务会议上要求确定改革完善知识产权制度的措施，而且要求在“十三五”规划中增加知识产权保护的相关内容。

（三）不断完善的通关服务

跨境 B2B 贸易的申报清关大多采用传统的通关方式，由于传统的检验检疫、通关和清关程序烦琐，使得跨境电子商务产品的及时性无法保证。我们大多数小企业没有进出口权，没有申报、检验资格，结算、退税等难以操作。另外，随着跨境电子交易量的增加，返工产品和退回产品将会增加，这些产品目前被视为进口产品，要缴纳进口关税，这是未来需要解决的问题。

（四）网上信用评价的体系的加强

目前电子商务信用体系模式在信用收集，评估或使用结果方面存在重大缺陷。一是信用收集、评估体系的分散，权威信用组织缺乏。目前，中国电子商务征信领域仍然缺乏权威机构为客户提供综合网络信用评估产品。对于信用状况的评估、客户交易的行为积累，是由于电子商务网站分散、独立运作，导致客户网络交易信息分散，评估指标和方法不统一，难以为网络客户整体信用状况的做出综合评价。二是信用评估机制有缺陷，使得数据欺诈可行性行为发生。电子商务网站的信用数据，由于评估系统的评估标准不同，各种遗漏，导致评估结果不可避免地出现失真现象。如目前多数网站以交易成功数量为依据积累的信用数据，不考虑交易金额、交易内容，导致一段时间内出现大量使用的虚假交易信息，以迅速提高信用评级问题。

（五）跨境电商人才培养力度的加大

例如，近几年教育大省浙江在产业园建设、产业龙头企业电商业务发展以及大型电子商务平台快速发展的带动下，促使电子商务企业进入了快速发展的关键期，店长、运营、美工、软件开发、平台架构、微营销等人才岗位处于紧缺状态。电子商务领域岗位中的电商运营总监和经理就占了 7 个属于红色预警的极度紧缺岗位中的 2 个。2014 年，宁波市也发布了人才紧缺指数，指数较高的岗位数量增多，电子商务人才全线紧张。杭州市商务委邀请了多家新老电商企业参加电商企业座谈会，分别来自物流、外贸、家装等领域，座谈会上不少企业都表示，目前产品、美工、运营等岗位最紧缺。虽然阿里巴巴启动

“百城千校，百万英才”项目，预计 3 年培养 100 万跨境电商大学生，但还是赶不上跨境电商业务发展的需求。

四、机遇和政策

2015 年是跨境电商大发展的年份，世界各国都高度重视跨境电商的发展。在 TPP 背景下，中国政府更是把发展跨境电商上升到国家战略高度。

2012 年 8 月，国家启动跨境电商服务试点，杭州成为 5 个首批试点城市之一。2013 年 7 月，中国（杭州）跨境电商产业园开园，是全国首个进入实单运作的园区。2015 年 3 月 7 日，中国（杭州）跨境电商综合试验区经国务院同意批复设立。2015 年 6 月 29 日，省政府召开中国（杭州）跨境电商综合试验区建设推进大会，吹响了综合试验区建设的进军号。2016 年 1 月 6 日，国务院常务会议决定部署新设一批跨境电商综合试验区，将先行试点的中国（杭州）跨境电商综合试验区初步探索出的相关政策体系和管理制度，向更大范围推广。

第三节　发展跨境电商相关政策建议

一、行业与企业

（一）加大政策支持力度

（1）尽快落实跨境电子商务企业的电子商务出口经营主体地位，包括自建跨境电子商务销售平台的电子商务出口企业、利用第三方跨境电子商务平台开展电子商务出口的企业、为电子商务出口企业提供交易服务的跨境电子商务第三方平台。对电子商务出口经营主体办理注册、备案登记、收结汇、跨境电子支付等方面提供方便，在资金融通、出口退（免）税等方面给予大力支持。

（2）探索跨境电子商务企业享受高新技术企业待遇的方法。为扶持和鼓励高新技术企业的发展，2008 年我国就颁布了《高新技术企业认定管理办法》及其附件《国家重点支持的高新技术领域》。2012 年，电子商务第一次被列入国家战略性新兴产业，但承担这一战略性新兴产业的企业并没有随之进入高新技术企业的范畴。电子商务试验区应当在这一方面进行大胆地探索和尝试，引导、支持符合条件的跨境电子商务企业享受软件企业、高新技术企业、技术先进型服务企业等相关扶持政策。

（3）积极支持传统企业与电子商务企业的融合发展。传统企业经过长时期的发展，在实体市场竞争中具有极大的优势；电子商务企业具有互联网思维的优势，在虚拟市场中保持了高速发展的态势。两者的结合取长补短，就能够获得长足的发展。要出台支持政策，鼓励传统企业与电子商务企业的融合，实现传统企业的快速转型，并使电子商务企业尽快做大做强。

（4）加大跨境电子商务资金支持。通过战略性新兴产业发展专项资金、现代服务业综合试点、服务业引导资金等扶持政策支持跨境电子商务创新发展。引导、支持符合条件的电子商务企业享受软件企业、高新技术企业、技术先进型服务企业等相关扶持政策。鼓励区县和产业园区结合区域定位和发展规划出台支持电子商务发展的财税优惠政策。

（5）充分发挥国家4个自由贸易试验区（上海、广东、天津、福建）和1个跨境电子商务综合试验区（杭州）的引领作用，积极探索利用试验区优惠条件发展跨境电子商务的新模式。全面落实2016年1月6日国务院常务会议决定，加快部署新设一批跨境电子商务综合试验区，用新模式为外贸发展提供新支撑。

（6）利用区别倾斜政策和鼓励优惠措施，鼓励传统企业、中西部地区和边远地区利用跨境电子商务方式发展对外贸易。

（7）增加政策的稳定性和透明度。由于跨国交易的特殊性，在运输成本、关税和其他费用等方面。加之政府监管体系的不完善，使得这些成本存在着不确定性因素，这些因素将直接关系大跨境电子商务的健康发展。政府部门应当明确税费制度及各项费用准则，提高政策的稳定性，保持透明，让跨境电子商务企业服下“定心丸”，让消费者清楚核算成本，提高贸易的便利性与确定性。

（二）促进产业结构的升级

发展跨境电子商务的重要目标之一是利用信息技术的力量促进产业结构的转变。

由于贸易周期在真实性（非名义性）的冲击下产生了变化，其要素密集度将会发生转化，从而引起比较优势演进的路径变化。当跨境电子商务技术应用达到一定程度，世界实体市场和虚拟市场将达到一种均衡状态。跨境电子商务发展策略的设计，应该能够促进这种市场均衡结构的跃迁，即从低技术水平均衡向高技术水平均衡演进，从而促进新技术的应用和产业结构的调整。

为了促进中国跨境电子商务的发展，需要设计一个合理、有效的激励机制来激励企业参与电子商务，有效地解决个体企业与国家整体经济市场的利益之间的一致性，最终形成资源的最优配置和最终目标的实现。因此，扶持电子商务发展的激励政策是有效解决利益一致化问题的重要方法。

（三）充分发挥电子商务专项基金作用

我国已经设立了若干电子商务专项基金，如国家发改委的“电子商务专项基金”、信息产业部的“电子发展基金”等。但这些基金主要用于企业电子商务，且大多针对大型企业，专门针对跨境电子商务的很少。建议在电子商务专项基金中设立跨境电子商务专项，重点培养跨境电子商务示范典型，推动跨境电子商务的应用。

（四）加强跨境电子商务示范区和示范企业的建设

由于跨境电子商务在国内出现的时间较晚，目前，我国跨境电子商务的发展中缺少令人满意的典型样本企业和园区，在跨境电子商务的推广中没有说服力。大多数企业都希望政府重视试点推广在发展电子商务中的作用。通过典型企业总结经验，大面积推广。

（五）确定跨境电子商务发展的重点区域建设

统筹规划关系到跨境电子商务发展全局的事宜。对跨境电子商务示范点的确定，应考虑地区分布、行业分布。对于电子商务发展具有共性的环节，应统筹规划，统一标准和步骤，避免各行其是。

二、通关检疫

（一）优化配套的海关监管措施

加快推进电子通关，优化跨境电子商务海关进出口通关作业流程，进一步完善跨境电子商务进出境货物、物品管理模式，形成跨境电子商务出口的新制度和新模式。

（二）完善检验检疫监管政策措施

在跨境电子商务进出口商品检验检疫环节中实行集中申报、集中检查、集中发布等方便措施。加强跨境电子商务质量安全监督，实施对跨境电子商务实体和商品记录管理制度，突出主要业务质量安全责任和商品质量安全风险监督。

（三）降低通关成本

一方面，社会和企业要求进一步提高通关效率，降低贸易成本，解决外贸电商结汇、退税难的问题；另一方面，跨境快件、邮件数量的快速增长，对海关的监管提出了新的挑战。针对这两方面的问题与挑战，我国政府的相关部门应做出快速反应，在通关与税收方面颁布制度。在交易成本较低的情况下，有助于跨境电子商务的发展，因此，可通过提高通关便利性、税制调整方式减少成本。海关可通过先进的电子化、信息化监管手段，使保税仓库管理和运营实现高效率、高收益，使保税仓储的缓税功能、现货优势得以充分发挥。

三、配套设施建设

（一）提高跨境物流水平

跨境电子商务物流业作为现代新兴物流业，已经展露出蓬勃发展的活力，随着小额跨境电子商务市场的进一步成熟，跨境电子商务物流企业也将具有巨大的上升潜力。跨境电子商务物流企业的未来应更加重视全球供应链整合角色的作用，通过有效的仓储、库存、订单处理、物流等相关环节的整合，利用最优质的资源，为小额跨境电子商务提供全面的供应链解决方案。

（二）优化跨境电子商务物流配送服务

深化跨境电子商务配送物流体系建设，加强各类分销主体的主要规范指导，提高物流配送的效率分配，提高跨境电子商务物流服务质量。支持物流信息专业服务平台的发展，促进物流信息系统的广泛应用，促进物流信息服务外包。加强对快递行业的治理引导，探索建立快递准时率通报机制和旺季电子商务配送保障机制，鼓励快递企业的合作与兼并，促进快递资源的整合和服务水平的提高。

（三）建立电子商务信用服务体系

研究建立网络运营商信用指标体系，促进网络运营商信用信息收集和管理服务，鼓励社会中介机构开展网络运营商信用评估活动，研究开发跨境贸易电子商务企业身份管理系统，促进电子商务市场的主体、对象和交易过程的基本信息的管理和服务，开展电子商务信托交易支持服务试点工作。支持行业协会建立电子商务第三方信用服务示范平台，发挥诚信示范的作用，建立电子商务诚信联盟。

（四）健全和建立信息基础设施和安全保障体系

提高互联网服务质量和访问速度，加快新一代移动通信网络和城市无线宽带网络的建设和覆盖，加快推动互联网数据中心建设和相关资费结构优化，促进跨境电子商务企业降低网络运营成本。建立完善重点电子商务企业信息安全保障制度，推动第三方电子数据保存系统建设，鼓励电子商务企业开展交易信息委托保存，加强安全认证基础设施建设。

（五）解决跨境数据机制建立的领导与协调问题

跨境数据交换机制（或平台）是沟通我国与外国商务信息的重要媒介，需要大力发展。目前，商务部已经做了大量这方面的工作。一方面，商务部已经建设了中俄、中新、中韩、中美、中欧网站。另一方面，商务部中国国际电子商务中心也在积极建设跨境数据交换平台，沟通我国外贸机构和企业与国外的联系。

现在的问题是商务部中国跨境电子商务中心在收集和发布信息方面，存在信息不全、发布层次低的问题。现在需要解决跨境数据交换机制（或平台）建立的领导与协调问题。

另一个问题是怎样使平台功能得到充分的发挥。网络的普遍应用使得很多产业发生融合。除了贸易信息之外，需要考虑旅游局有关服务贸易的信息、文化部有关动漫产品的交易信息等，以及怎样能够利用这些网站走出国门。

四、市场环境建设

（一）形成跨境电子商务发展的市场氛围

跨境电子商务的发展需要有良好的市场氛围。这种氛围的营造需要通过多种途径：

（1）通过组织有国内外影响力的跨境电子商务专业会议，扩大中国在跨境电子商务领域的话语权。

（2）加大宣传力度，加强相关政策的解释，组织主要新闻媒体采访报道跨境电子商务龙头企业。

(3) 组织传统外贸企业和电子商务企业跨境电子商务转型的专业培训。

(4) 在高校组织宣讲，鼓励大学生进入跨境电子商务领域创业。

(5) 形成全社会发展跨境电子商务的良好氛围。

(二) 打造创新创业的良好环境

跨境电子商务是一个崭新的行业，需要大量的创新创业人才。由于外界环境的影响，青年创新创业意识淡薄，创新创业阻力较多。政府需要通过培育规范良好的创新创业环境，通过市场配置人才资源的作用，鼓励各类人才在释放创新活力，诞生一批富有朝气的跨境电子商务企业。

(三) 充分发挥行业协会的作用

2014 年，上海跨境电子商务行业协会正式成立。它是由东方航空物流、1 号店、上海希游网络技术有限公司等近 20 家企业通过深度协商共同发起的。

上海跨境电子商务行业协会是全国第一家跨境电子商务行业协会，它的成立，有助于营造公平竞争氛围、加强企业间的相互合作，加强政府与企业间的沟通。政府部门应充分发挥行业协会的作用，制定相关行业标准，支持行业协会建设跨境电子商务第三方信用服务示范平台，发挥诚信示范作用，引导企业为 B2C 交易模式下的进出口业务建立起一条阳光、便捷的交易渠道，以带动进口、鼓励出口，促进国民经济加快转型升级步伐。

(四) 强化跨境电子商务的培训与引导

跨境电子商务人才不仅需要懂得电子商务知识，也需要懂得国际贸易知识，同时还要求了解电子商务技术。虽然我国企业在中高层管理人员的培训方面不断加大投入，但在外贸实际应用方面仍然成效不大。目前，国际上许多一流公司都实行了“领导力开发项目（leadership development program）”“高级人才工程”来建立应对变化环境的人才培养体系。这一经验可以在跨境电子商务领域中广泛推广，形成联系实际、学以致用的人才培养体系。

五、法律法规建设

信息技术的普及，一方面大大推动了整个世界的发展；另一方面，也加大了发展中国家和发达国家之间的“数字鸿沟”。许多发展中国家在总结近年来发展的经验教训时已经意识到，要想赶上世界前进的步伐，不仅需要在新技术、新领域内占有先机，也需要在标准、法律建设中争取主动。

2010 年和 2011 年，联合国国际贸易法委员会先后启动了《跨境电子商务交易网上争议解决：程序规则》和《电子可转让记录示范法》。中国代表团多次参加了两个电子商务法律文件的起草。2015 年 2 月，中国代表团在《跨境电子商务交易网上争议解决：程序规则》讨论中独立提出的提案被列为第三提案，并成为整个文件起草的基础。

现在需要解决的问题是人员和经费问题。目前，在这一领域，我国没有专门的人员予以跟踪。这种状况使我国对有关条约、协议的起草活动的参与程度大大降低。

参考文献

[1] 阿里研究院.2016 中国跨境电子商务发展报告 [R]. 杭州，2016.

[2] 蔡剑. 电子商务案例分析 [M]. 北京：北京大学出版社，2011.

[3] 崔立标. 电子商务运营实务 [M]. 北京：人民邮电出版社，2013.

[4] 董志良. 电子商务概论 [M]. 北京：清华大学出版社，2014.

[5] 郝戊. 网络营销 [M]. 北京：机械工业出版社，2015.

[6] 黄成明. 数据化管理：洞悉零售及电子商务运营 [M]. 北京：电子工业出版社，2014.

[7] 黄敏学. 电子商务（第 3 版）[M]. 北京：高等教育出版社，2007.

[8] 李宏伟. 电子商务实训教程 [M]. 北京：中国商务出版社，2008.

[9] 李怀恩. 电子商务网站建设与完整实例 [M]. 北京：化学工业出版社，2014.

[10] 李琳. 网络营销 [M]. 北京：电子工业出版社，2015.

[11] 李一岚. 我国电子商务法律构建之研究 [D]. 北京：中国社会科学院研究生院，2014.

[12] 林康有，宋钢. 国际贸易电子商务 [M]. 北京：中国商务出版社，2005.

[13] 鲁丹萍，梁莉芬. 国际贸易实务 [M]. 北京：中国商务出版社，2010.

[14] 乔辉，曹雨. 网络营销 [M]. 北京：机械工业出版社，2015.

[15] 商务部. 中国电子商务报告（2014） [M]. 北京：中国商务出版社，2015.

[16] 史达. 电子商务经济学与国际贸易理论和政策研究 [D]. 南昌：江西财经大学，2001.

[17] 淘宝大学. 阿里巴巴电子商务资格认证考试指定教材：电商运营 [M]. 北京：电子工业出版社，2014.

[18] 淘宝大学. 电商精英系列教程：网店推广 [M]. 北京：电子工业出版社，2014.

[19] 万莹．我国跨境电子商务物流的现状、挑战及对策［J］．中国物流与采购，2014（20）．

[20] 汪洋．跨境贸易以人民币结算：路径选择与风险［J］．国际经济评论，2011（2）．

[21] 王才举．美国电子商务政策对中国的启示与借鉴［J］．江苏商论，2006（8）．

[22] 王淑华．电子商务基础与应用［M］．北京：科学出版社，2009.

[23] 王占仁．中国创新创业教育史［M］．北京：社会科学文献出版社，2016.

[24] 翁晋阳，Mark，管鹏，文丹枫．再战跨境电商［M］．北京：人民邮电出版社，2015.

[25] 武亮，王跃进．一本书搞懂跨境电商［M］．北京：化学工业出版社，2016.

[26] 薛晓燕．电子商务实务［M］．北京：中国农业大学出版社，2013.

[27] 易观智库．2016 中国跨境支付市场专题研究报告［R］．中商情报网．2016.

[28] 章学拯．电子商务与物流信息化技术应用［M］．北京：中国商务出版社，2007.

[29] 郑志辉．跨境电子商务支付瓶颈有望被第三方支付打破［N］．新快报．2016.

[30] 中国电子商务研究中心．2015—2016 年中国出口跨境电子商务发展报告［R］．杭州，2016.

[31] 中华人民共和国商务部．中国电子商务发展报告（2013）［M］．北京：中国商务出版社，2014.